Couvertures supérieure et inférieure manquantes

LES DUCS D'AQUITAINE

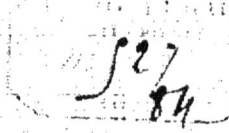

Propriété des Editeurs.

LES
DUCS D'AQUITAINE

PAR

ARMAND DE SOLIGNAC.

Alma loca duces saevos parit atque cruentos.

LIMOGES
EUGÈNE ARDANT ET Cⁱᵉ,
ÉDITEURS.

PRÉFACE.

L'histoire des anciens ducs d'Aquitaine n'a pas encore été écrite, tandis que les autres grands feudataires de la couronne de France, les ducs de Bretagne, de Bourgogne, de Normandie, ont trouvé d'illustres historiens. Les chefs de cette vaste contrée, qui forment une chaîne non interrompue de souverains presque indépendants pendant six siècles, et dont plusieurs ont porté le sceptre, sont presque inconnus même dans le pays où ils ont vécu.

Il est cependant peu de provinces, peut-être même n'en est-il pas sur notre territoire, qui aient une démarcation plus nette et plus ancienne que l'Aquitaine. Elle existait déjà du temps des Romains, dont un auteur a pu écrire : *Sunt Galliæ, cum Aquitania.* Je dirais presque qu'elle existe encore aujourd'hui; car les mœurs, l'idiôme et les traditions, qui liaient entre eux les peuples de cette grande région ont à peine achevé de disparaître. On peut affirmer qu'en dehors même des limites naturelles, rien n'est mieux marqué dans notre histoire que la nationalité aquitanique.

Le cadre restreint dans lequel j'ai renfermé cet essai, indique suffisamment que je n'ai pas la prétention de combler une lacune regrettable : j'ai voulu seulement tracer un sillon dans lequel je serais heureux de voir s'engager un écrivain plus habile et moins occupé que moi.

ARMAND DE SOLIGNAC.

Limoges, le 1er novembre 1869.

LES
DUCS D'AQUITAINE.

CHAPITRE PREMIER.

Origines gauloises de l'Aquitaine. — État de cette province sous les Romains, géographie, mœurs, arts, lettres, religion, histoire. — Invasion des Barbares, conquête de l'Aquitaine par les Wisigoths; douceur de leur gouvernement; prospérité du pays. — Apparition des Francs: conquêtes de Clovis dans le Midi; résistance des Wisigoths; bataille de Tolbiac et ses suites; derniers princes Wisigoths d'Aquitaine; désordres des successeurs de Clovis jusqu'au règne de Dagobert; époque de l'établissement des ducs héréditaires.

Les anciens donnaient le nom de Gaule (Gaule transalpine) à cette étendue de terre qui est placée entre les Alpes, les Pyrénées, la mer Méditerranée, l'Océan et le Rhin.

Une cinquantaine de petites peuplades, familles devenues tribus par le développement de la filiation, et plus ou moins célèbres, plus ou moins puissantes, plus ou moins connues les unes des autres, y vivaient, différentes entre elles par les mœurs, par la forme de gouvernement, par le costume, par le langage, mais unies par les liens d'une religion commune et d'une haine égale pour les ennemis de leur indépendance. « Les Gaulois, dit M. Verneilh-Puiraseau, ne formaient point un corps de nation : Ils étaient partagés en plusieurs petits états confédérés, ayant chacun sa constitution particulière; les uns, sous le nom de république, étaient régis par le peuple ou par des citoyens élus par lui; d'autres étaient gouvernés par des princes et quelques-uns par des rois. » On est donc porté à croire que pour se faire une idée exacte de cette grande confédération, on ne peut mieux faire que la comparer soit aux tribus de l'Algérie française, soit aux Etats-Unis d'Amérique, soit aux cantons de la Suisse, ou bien encore à la confédération naissante du nord de l'Allemagne.

Vers l'an 170 avant Jésus-Christ, lorsque les Romains, vainqueurs du monde, maîtres du Latium, de l'Afrique, de la Macédoine, de la Grèce, de l'Asie mineure, commencèrent à frapper aux portes de la Gaule et à chercher les moyens d'installer leur empire dans ces fertiles plaines, les peuplades gauloises formaient trois grands cercles ou fédérations, non pas séparées, puisque l'esprit d'indépendance patriotique y subsistait toujours, mais distinctes par un intérêt plus prochain et une parenté mieux reconnue.

C'étaient, au nord, la *Gaule belgique*, ayant à peu près pour base le cours de la Seine, et s'étendant entre l'Océan et le Rhin jusqu'aux embouchures du fleuve.

Au-dessous de la Gaule belgique, la *Gaule celtique*, beaucoup plus étendue que la précédente, occupait tout l'espace compris entre la Seine, l'Océan, la Loire, les Cévennes, la Méditerranée et les Alpes.

Enfin une ligne partant des sources de l'Ariège, suivant la crête des Cévennes jusqu'à Saint-Etienne, pour remonter le cours de la Loire jusqu'à l'Océan, et descendre ensuite par la côte jusqu'aux Pyrénées, marquerait assez exactement les limites de la région connue sous le nom d'*Aquitaine* (1)

Cette région, qu'il importait de bien circonscrire, car elle fut le théâtre des principaux événements que nous avons à décrire dans cet ouvrage, et l'héritage des princes dont nous entreprenons de retracer la vie, renfermait tous le pays compris plus tard dans les provinces de Poitou, Touraine, Berry, Auvergne, Limousin, Périgord, Quercy, Rouergue, Saintonge, Agenois, Bordelais, Gascogne, Armagnac et Béarn.

---

(1) C'est par erreur que quelques écrivains ont limité l'Aquitaine ancienne à ce qui forma plus tard la Vasconie ou Gascogne, c'est-à-dire entre la Garonne et les Pyrénées; l'Aquitaine proprement dite s'entendait au contraire des pays entre Loire et Garonne, et la Vasconie n'en était qu'une dépendance. (*Essais sur les Mérovingiens d'Aquitaine, par le professeur Rabanis.*)

La conquête de cette vaste contrée, non plus que celle du reste de la Gaule, n'offrit une très grande résistance aux armées de la république. Commencée par Q. Fabius Maximus, 118 ans avant Jésus-Christ, elle fut terminée, ou à peu près, par César et ses lieutenants vers l'an 50 avant notre ère. César, dans ses immortels *Commentaires*, s'est fait lui-même l'historien de ce grand événement. Il constata l'héroïque bravoure de la plupart des chefs de la confédération, et en particulier d'Ambiorix, rusé et vindicatif comme un sauvage, mais idolâtre de liberté et fier de sa patrie, qui avec une petite troupe d'Éburons, sut ruiner l'armée des lieutenants de César, réduire à sac le camp fortifié de Cicéron, mettre en péril la vie du proconsul lui-même et le sort de ses armes, et ne craignit pas d'aller jusqu'au delà du Rhin chercher des ennemis au vainqueur de la Gaule : de Dumnorix, brouillon ambitieux mais fier, qui voulait se faire du conquérant des Gaules un instrument pour ses propres projets ; du vieux Camulogène, le défenseur de Lutèce (Paris), qui eut le courage de s'enfermer dans l'île de la Seine avec ses compatriotes pour y lutter contre Labiénus, lieutenant de César, et sut décourager cet habile général ; de Vercingétorix, enfin, le plus célèbre des défenseurs de la liberté nationale, héros « si pur, si éloquent, si brave, si magnanime dans le malheur, et à qui il n'a manqué, pour prendre place parmi les plus grands hommes, que d'avoir un autre ennemi que César (1). » Mais quelle que fut l'incontestable bravoure des Gaulois, depuis longtemps mise hors de doute par les expéditions de Rome qu'ils avaient réduite à deux doigts de sa perte (393), et de Grèce, où ils commirent des désastres (279) dont la mémoire se perpétue encore d'âge en âge, il leur était devenu impossible, à cause de leurs dissensions d'abord, et ensuite à raison de leur petit nombre, de lutter avec fruit contre des armées disciplinées comme celles de Rome, et conduites par un général tel que César.

On se ferait en effet une idée très fausse de la Gaule à cette épo-

---

(1) Amédée Thierry : *Histoire des Gaulois*, t. I, introduction.

que si on se la représentait comme est aujourd'hui la France, couverte de moissons, de prairies, de villages, de villes, ne renfermant presque aucune terre inculte, et n'ayant de forêts que ce qui est nécessaire à ses provisions de bois; afin d'avoir une image exacte de son aspect, il faudrait visiter les états de nouvelle fondation de l'union américaine, ou bien les plaines de l'Algérie, dont les villes naissantes sont espacées de vingt ou trente lieues, et dont les vallées les plus fertiles présentent seules une petite agglomération de cultivateurs, tandis que tout le reste est abandonné à la vaine pâture, à la végétation spontanée des bois et des broussailles, et aux animaux féroces qui en parcourent les solitudes.

« Entre le Rhin et la Seine, dit un des historiens, le pays, ordinairement exposé aux incursions des barbares du dehors, était peuplé de races à demi sauvages, plus étrangères que les autres aux besoins du luxe, plus disposées à demander les satisfactions bornées de leur existence aux produits de la guerre, à la force matérielle, au pillage même. Cette contrée s'adossait à l'une de ses extrémités à la chaîne des Vosges, et le pays, entrecoupé de fleuves, descendait jusqu'à l'Océan, disparaissant parfois sous les eaux croupissantes, parfois sous des bois ténébreux et inaccessibles. L'air y est brumeux et froid; les longues pluies faisaient déborder les fleuves, les bois impénétrables entretenaient une perpétuelle humidité, et plus on se rapprochait des bouches de la Meuse et des côtes de l'Océan, plus la nature se montrait rude et rebelle, plus la barbarie et l'ignorance se trouvaient accrues par la misère et la pauvreté (1). »

La partie habitée par les Celtes offrait un aspect moins uniforme de désolation, mais à côté de quelques riches vallées où les chefs de tribus entretenaient autour de leur demeure des champs, de belles cultures et de nombreux troupeaux, et de quelques villes naissantes où se tenaient l'entrepôt du commerce, l'industrie et le gouvernement, les populations des sommets de la Gaule centrale, de la Bretagne inculte et du Poitou couvert de bruyères, vivaient dans une pauvreté extrême, sans routes, sans richesses agricoles, au milieu des loups,

---

(1) Am. Gabourd : *Histoire de France*, t. I.

des renards et des sangliers qui leur disputaient le gland des chênes et les fruits des arbustes sauvages. Les Celtes avaient par-dessus tous les autres Gaulois l'amour de la guerre, l'honneur du courage que rien ne peut abattre, la fierté de l'indépendance; mais ils étaient querelleurs et avides d'aventures. Ce sont eux qui avaient porté au loin la renommée de la bravoure gauloise. C'est à un Celte qu'est due cette belle parole: « Nos pères nous ont appris à ne rien craindre, si ce n'est la puissance du ciel. »

Plus favorisés que leurs voisins par la fertilité de la terre et la douceur du climat, les Aquitains jouissaient déjà au temps de César, de cette réputation de gaîté, d'agilité, d'adresse et d'industrie qu'ils ont conservée jusqu'à nos jours. La contrée habitée par eux était célèbre par ses vins, par son blé, par ses porcheries, son fromage, ses mines et ses forges de métaux précieux, ses fabriques d'armures et de vases d'argent ou de cuivre étamé, sa marine, son commerce et son génie inventif. Arrosée par de nombreuses rivières qui, paraît-il, lui ont valu son nom d'*Aquitania*, elle nourrissait vingt petites peuplades dont les noms sont parvenus jusqu'à nous, parmi lesquelles on remarquait : les *Tarbelli* (terre de labour, Béarn); les *Bigerriones* (Bigorre) ; les *Auscii* (Basques); les *Bituriges vivici* (Bordelais); les *Bituriges cubi* (Berrichons); les *Rhuteni* (Rouergats); les *Picti* (Poitevins); les *Lemovices* (Limousins); les *Arverni* (Auvergnats); les *Petrocori* (Périgourdins); les *Santones* (Saintongeois); les *Tolosates* (Toulousains); les *Garumni* (Bordelais), etc.

Les Aquitains étaient généralement de belle taille, comme le reste des Gaulois, sauf dans les tribus les plus voisines des montagnes. Ils avaient les uns le type brun, d'autres la chevelure blonde. Leur vêtement se composait d'un pantalon ou *braie* très étroite, par opposition à celle des Belges, d'une chemise à manches, et d'une casaque ou *saie* rayée ou bariolée de fleurs ou de broderies plus ou moins riches, qui couvrait le dos et les épaules et s'attachait sous le menton avec une agrafe en métal. Ils montraient un goût très vif pour la parure, les colliers, les bracelets, les anneaux, les armes, et en particulier la hache, le sabre, la flèche, la pique, et ces caques de peau de bêtes dont ils aimaient à se coiffer pour augmenter la terreur de leurs ennemis.

Ils habitaient de préférence les lieux élevés. « Leurs maisons, spacieuses et rondes, étaient construites de poteaux et de claies, en dehors et en dedans desquelles on appliquait des cloisons en terre. Une large toiture, composée de bardeaux de chêne et de chaume ou de paille hâchée et pétrie dans l'argile, recouvrait le tout (1). »

Leurs villes étaient entourées de murs et défendues par un système de fortification qui leur était particulier. C'était une double palissade de pieux et de poutres dont les intervalles étaient remplies de pierres et de terre représentant des carrés en échiquier. Ce mode de fortification avait de grands avantages pour la défense, car la pierre bravait le feu, tandis que le bois résistait au bélier. C'est derrière ces forteresses qu'au premier cri de guerre la population rurale, désertant ses chétives cabanes, courait se renfermer avec ses troupeaux. Les géographes indiquent comme principales villes de l'Aquitaine au temps de César : *Raliacum* (Limoges), *Limonum* (Poitiers), *Mediolanum* (Saintes), *Noviomagus* (Saint-Paul), *Burdigala* (Bordeaux), *Aquæ* (Dax), *Uxellodunum* (Martel), *Ducona* (Cahors), *Vesuna* (Périgueux), *Avaricum* (Bourges), *Aginum* (Agen), *Cossium* (Bazas), *Anteredum* (Quessac), *Tarta* (Tartas), *Augusta* (Auch), *Gergovia* (Clermont), *Ruenium* (Rieux), *Agodunum* (Rodez), *Lugdunum colonia* (Saint-Bertrand), *Tolosa* (Toulouse), *Lugdunum convenarum* (Comminges), *Elusa* (Eause), *Argentomagum* (Argenton), *Noviodunum* (Neuvy), *Turones* (Tours).

Les villages ouverts étaient beaucoup plus nombreux que les villes ; la plupart d'entre eux avaient à peine un nom à cette époque : ils sont aujourd'hui des cités populeuses, et plusieurs ont survécu à la ruine de leur ancienne métropole.

« Outre son habitation de ville, le riche gaulois en possédait ordinairement une autre à la campagne, dans la profondeur des forêts, au bord de quelque rivière. Là, durant les jours pesants de l'été,

---

(1) A. Thierry : *Histoire des Gaulois*, t. II.

il allait se reposer des fatigues de la guerre; mais il entraînait après lui tout l'attirail : ses armes, ses chars, ses écuyers, ses chevaux ne le quittaient point. Assailli par ses ennemis dans la paix de la retraite, souvent le maître changeait sa maison de plaisance en une forteresse, et ces bois, cette rivière qui charmaient la vue et lui apportaient la fraîcheur savaient aussi rendre au besoin de plus chers et de plus importants services (1). »

Deux castes, celle des guerriers et celle des prêtres dominaient en Gaule le reste de la population.

La noblesse était héréditaire, et imposait la profession des armes. Soit que le petit état fut république ou monarchie, il contenait des nobles descendant des anciennes familles et possédant la terre. Autour d'eux se rangeaient, comme à Rome, les clients dont ils avaient promis, moyennant redevance, de défendre la vie et la propriété, et les valets ou esclaves attachés à la culture de leurs biens. Au premier signal, le noble était armé en guerre, tantôt pour conduire sa tribu contre une tribu voisine, tantôt pour la défense commune de la patrie, dont l'indépendance était menacée. Ni les infirmités, ni l'âge ne dispensaient les hommes de la race de marcher au combat. Ils se battaient sans tactique, il est vrai, regardant la guerre comme une chasse à l'homme, mais ils mettaient dans l'attaque et la défense une incroyable énergie, et, comme les Arabes de nos jours, mesuraient la renommée de leurs compagnons au nombre de têtes d'ennemi que chacun apportait pendues à la selle de sa monture. Ces hideux trophées étaient quelquefois cloués aux portes des villes et des maisons, ou embaumés et enduits d'huile de cèdre pour être conservés dans les familles comme des témoignages irrécusables de la bravoure de leurs ancêtres. « C'était le livre où le jeune Gaulois aimait à étudier les exploits de ses aïeux, et chaque génération en passant s'efforçait d'y ajouter une nouvelle page. » Plusieurs faisaient enchâsser dans l'or la tête de leur ennemi transformée en coupe, et les convives y buvaient à la gloire du vainqueur et aux triomphes de la patrie.

---

(1) Am. Thierry : *Histoire des Gaulois*, t. II. — César : *de Bello Gallico*.

Assez ignorante, mais vaine et batailleuse, la jeune noblesse aimait à s'exercer aux jeux de la parole et de la guerre; elle était fanfaronne et prodigue, versant à pleines mains sa fortune et celle de ses clients pour parvenir au pouvoir ou pour capter la multitude. Certains jeunes seigneurs faisaient tomber sur la foule une pluie d'or et d'argent chaque fois qu'ils paraissaient en public. La vue des nombreux objets plaqués et étamés dont il se servaient, dit M. Augustin Thierry, soit pour les usages domestiques, soit pour la guerre, tels que les armures, harnais de chevaux, jougs de mulets, et jusqu'à des chars entiers, avait exagéré aux yeux des étrangers l'idée de la richesse de la Gaule, et notre pays passait parmi les Romains pour le Pérou de l'ancien monde.

La seconde caste était composée de l'ordre des prêtres ou druides. Celui-ci était électif et se recrutait indistinctement dans tous les rangs. On a trop parlé des druides pour qu'il soit nécessaire de s'étendre ici sur leurs mœurs, sur les dogmes de la religion qu'ils enseignaient et sur l'influence qu'ils exerçaient dans les conseils de la nation et dans la vie privée des individus. Ils jouissaient de la plus grande considération et de plusieurs priviléges, notamment de l'exemption de l'impôt et du service militaire; ils commandaient le respect, non-seulement par l'élévation de leurs doctrines qui semblent avoir enseigné l'unité de Dieu, la vie future et l'immatérialité de l'âme, mais aussi par la renommée de leurs écoles, où tous les jeunes Gaulois étaient obligés de venir chercher les éléments de la grammaire, de la philosophie, du droit, de la médecine, et surtout par le côté mystérieux et cruel à la fois de leur culte qui parlait aux sens et aux yeux de la multitude plus qu'à son esprit, et l'enlaçait dans un réseau de superstitions et de croyances bizarres, dont quelques-unes ont traversé dix-huit siècles d'enseignements chrétiens et se retrouvent encore dans nos campagnes. Le rituel de la récolte du gui sacré, les sacrifices humains et la recherche des lieux les plus sauvages pour les cérémonies religieuses indiquent cette tendance.

Au-dessous de ces deux ordres se trouvait le peuple, rattaché à eux par la politique, la religion et la propriété, mais vivant dans une condition beaucoup plus élevée que celle des esclaves de Rome ou de la Grèce, condition assez semblable à ce qu'est encore le métayage dans quelques-unes de nos provinces, où la terre, le troupeau et les instruments aratoires appartiennent au maître, mais où l'ouvrier prend pour sa peine la moitié du gain et n'aliène son libre arbitre que temporairement.

Un auteur contemporain, Strabon, nous fait de ces peuplades le portrait suivant : « En général les Gaulois sont belliqueux, vifs, prompts à se battre ; d'ailleurs d'un naturel plein de candeur et sans malice. Pour peu qu'on les irrite, ils courent aux armes, sans dissimuler leurs projets et sans y apporter la moindre circonspection. Qui veut les provoquer au combat, quelque soit le temps ou le lieu, et sous quelque prétexte qu'il lui plaise, les trouvera toujours prêts à l'accepter sans qu'ils y apportent autre chose que leur force et leur audace. Leur force vient non-seulement de l'avantage de leur taille mais de leur union. La franchise et la simplicité de leur caractère rend chacun d'eux solidaire de son voisin et prêt à s'armer pour venger ses injures. »

Posidonius, qui s'est souvent assis à leur table, décrit ainsi leurs repas : « Autour d'une table fort basse on trouve disposées par ordre des bottes de foin ou de paille : ce sont les sièges des convives. Les mets consistent d'habitude en un peu de pain et beaucoup de viande bouillie, grillée ou rôtie à la broche, le tout servi proprement dans des plats de terre ou de bois chez les pauvres, d'argent et de cuivre chez les riches. Quand le service est prêt, chacun fait choix de quelque membre entier d'animal, le saisit à deux mains, et mange en mordant à même. On dirait un repas de lions. Si le morceau est trop dur, on le dépèce avec un petit couteau dont la gaîne est attachée au fourreau du sabre. On boit à la ronde dans un même vase en terre ou en métal que les serviteurs font circuler ; on boit peu à la fois, mais on y revient fréquemment. Les riches ont du vin d'Italie et de Gaule qu'ils prennent pur ou légèrement trempé d'eau. La boisson des pauvres est la bière et l'hydromel. »

II

Ce peuple à demi sauvage, ce vaste territoire fertile, mais inculte, ces mœurs primitives et patriarcales ne résistèrent point à l'occupation romaine. Comment l'auraient-elles pu? quelles sont les traditions qui puissent survivre à une occupation armée de quatre cents ans, quel est le patriotisme que douze générations d'esclavage ne puissent suffire à éteindre ?

La révolution insensible qui s'opéra dans les mœurs des Gaulois pendant ces quatre siècles et transforma peu à peu leurs habitudes, leur manière de voir, leur vêtement, leur religion, leur agriculture, leur commerce, leur architecture, et jusqu'à l'aspect de leur sol, suivant la manière de vivre, de se vêtir, de se loger, de cultiver la terre et d'acquérir la gloire en usage chez les Romains, est la partie la plus obscure de notre histoire.

Une colonie romaine était une image, ou, pour parler comme un écrivain ancien, un rejeton de la cité romaine transplanté sur le sol étranger. Les vainqueurs à peine maîtres du territoire, s'empressaient d'en opérer la transformation. Pour ne parler que de la province d'Aquitaine, les vainqueurs y furent à peine établis qu'ils permirent à toutes les anciennes villes qui formaient sous les Gaulois un centre de population de se gouverner elles-mêmes par des magistrats de leur choix, sous la simple réserve de suivre la loi romaine. De ce nombre furent Saintes, Bourges, Bordeaux, Toulouse, Poitiers, La Rochelle, Limoges, Périgueux, etc.

On organisa, comme à Rome, dans les provinces ou parties de province, des préteurs qui cumulaient tous les pouvoirs, à la fois commandant les armées, rendant des arrêts, administrant la justice; puis au-dessous d'eux des questeurs chargés de la levée des taxes, des consuls dans les villes curiales, des édiles, et toute la série d'autorités nécessaires pour maintenir les esclaves dans le devoir, les citoyens dans l'obéissance, les soldats dans la discipline, et les revenus de l'État dans leur intégrité.

Il n'est pas probable qu'on parvienne jamais à réunir les noms des divers proconsuls ou gouverneurs romains d'Aquitaine, encore moins à écrire d'une manière certaine l'histoire de leur gouvernement. Voici les principaux noms qui sont parvenus jusqu'à nous.

Lucius Capreolus, sous l'empire d'Auguste, vers l'an 5 de Jésus Christ. Il éleva à Limoges un palais pour son gouvernement et un temple à Jupiter.

Léocadius, sous l'empire de Tibère, vers l'an 30 de notre ère, suivant Noguier, gouverna l'Aquitaine avec prudence. On le regarde comme le père de sainte Valérie. Pendant une absence d'une année qu'il fit de son proconsulat en 34, il fut remplacé par le jeune Sergius Galba. Il fut, dit-on, enterré à Uzerche (1).

A la nouvelle de sa mort, l'empereur Claude donna le proconsulat d'Aquitaine à Décimus Junius Silanus, de la famille impériale, qui se rendit dans sa province avec un grand cortége. Après le règne de Claude, il fut transféré au gouvernement de Syrie, où il mourut empoisonné.

Sabinus Calminus le remplaça sous Néron, et se retira lorsqu'il apprit que Julius Agricola était nommé à son emploi.

Celui-ci était le beau-père de l'historien Tacite. Il dut son élévation à Vespasien, vers l'an 51 de Jésus-Christ. Homme vertueux et prudent, il fit bénir son proconsulat qui ne dura que trois ans, et se retira ensuite à Rome.

Sous l'empire d'Adrien, le proconsul Salvius Julianus rédigea le célèbre *édit perpétuel*, ainsi nommé parce qu'il devait servir de règle à l'avenir à tous les préteurs.

Caius Pivesuvius Tétricus, de famille consulaire, fut gouverneur d'Aquitaine sous Valérien et Gallien, de 254 à 267; il finit par prendre la pourpre à Bordeaux. Une médaille d'or fut frappée à cette occasion. Mais bientôt, fatigué des conspirations qui naissaient sans cesse sous ses pas, il écrivit, dit-on, à Aurélien, une lettre commençant par ces mots de Virgile : *Eripe me his, invicte, malis*, et alla finir ses jours en Italie.

---

(1) M. Ardant : *Bulletin de la Société archéologique du Limousin*, t. VII

Sextius Julius Saturnius, cité par M. de Verneilh (1) comme ayant gouverné l'Aquitaine sous Aurélien, vers 273. Après avoir pacifié sa province il fut envoyé en Afrique, où ses soldats le proclamèrent empereur en 280.

Enfin, les historiens appellent encore l'attention sur Flavius Dalmatius Hannibalianus, frère du grand Constantin, qui se rendit célèbre par ses prodigalités. On a de lui plusieurs médailles. Il alla se faire tuer par ses soldats en Bithynie, en 337.

On ignore quelle fut, pendant la domination romaine, la résidence officielle des proconsuls d'Aquitaine. Quoique Limoges passât pour la ville la plus importante de la contrée — *arcem regni Aquitaniæ tenens*, — il n'est pas probable qu'elle possédât seule ce privilège. Bordeaux et Toulouse pour ne rien dire de Poitiers, durent le lui disputer plus d'une fois.

Quoiqu'il en soit, cette province fut une de celles de l'empire qui vécurent le plus à l'abri des discordes et des guerres intestines dont l'empire romain fut ébranlé pendant les trois derniers siècles de sa durée, et amenèrent la fatale catastrophe de l'invasion des Barbares.

Le seul grand événement de la paisible histoire fut la substitution au milieu des masses, de la religion de Jésus-Christ au mélange de polythéisme et de druidisme qui formait le culte populaire et la réforme morale qui en fut la suite.

On n'est pas d'accord sur l'époque où le christianisme fut introduit dans l'Aquitaine; mais c'est une tradition populaire que saint Martial vint y prêcher l'Evangile sous l'empire de Claude, vers l'an 46 de Jésus-Christ.

Le savant abbé Arbellot a démontré péremptoirement que l'apôtre d'Aquitaine est l'enfant qui avait eu le bonheur, en Judée, d'offrir à Jésus-Christ les cinq pains et les poissons dont saint Jean raconte la multiplication dans son évangile. Étant à peu près âgé de soixante ans, il fut envoyé par saint Pierre, qu'il avait suivi à Rome, pour

---

(1) De Verneilh : *Histoire d'Aquitaine*, t. I.

aller porter la foi sur la terre des Gaules dont on parlait tant et si diversement dans la capitale de l'empire.

L'apôtre menait avec lui deux disciples, portant comme lui toute leur fortune dans une besace, et toute la puissance du Christ dans leur cœur. Sa première conversion à Limoges, qu'il choisit pour le siége de son apostolat, fut sainte Valérie, fille du gouverneur Léocadius. Il porta ensuite la lumière de la foi dans tous les autres pays d'Aquitaine, à Tulle, Poitiers, Bordeaux, Cahors, Toulouse, Agen, Bourges, etc. Il vécut jusqu'au temps de Vespasien, et eut la consolation de ne mourir qu'après avoir converti la plus grande partie de la province d'Aquitaine, et occupé pendant vingt-huit ans le siége de Limoges (an 72 de Jésus-Christ). Son corps fut enseveli dans sa ville de prédilection, et une église fut bâtie sur son tombeau qui ne tarda pas à devenir célèbre par les miracles qui s'y opéraient.

Les autres premiers prélats connus de l'Aquitaine furent saint Ursin, à Bourges; saint Austremoine, dans l'Auvergne; saint Front, à Périgueux; saint Ausone, à Angoulême; saint Saturnin, à Toulouse; et saint Amateur, à Cahors.

Ces pieux serviteurs de Dieu, après avoir passé leur vie à prêcher l'Evangile, à baptiser les infidèles, à construire des églises, à renverser des idoles, eurent le bonheur de laisser dans tout le Midi un troupeau nombreux, dévoué, enthousiaste, et capable de résister à la persécution qui, pendant les premiers siècles, n'épargna pas plus les provinces de l'empire que sa capitale. L'Aquitaine, comme le reste des Gaules, paya son tribut de martyrs.

Les chrétiens commencèrent à être assez nombreux pour que le fanatisme des empereurs romains pût en prendre ombrage sous le règne de Claude. Par les ordres de ce prince éclata également contre les druides une persécution aussi sévère que celle qui bannissait les chrétiens. « Partout où pénétraient les légions, les temples étaient profanés, les autels renversés, les prêtres égorgés, les colléges de femmes consacrées livrés à tous les outrages de la soldatesque, et les vieilles forêts, sanctuaires des mystères de leur religion, tombaient l'une après l'autre sous la hache. Les druides s'enfuirent devant la persécution. De proche en proche ils reculaient vers l'ouest à mesure que s'avançaient les légions. » De grands troubles eurent lieu en Bretagne à cette occasion, et la commotion s'étendit jusqu'en Aquitaine. Claude n'obtint point cependant le but qu'il se proposait. « Le druidisme, saignant et mutilé, se réfugia dans les landes solitaires de l'Armorique, et, resserrant dans l'ombre ses secrètes affiliations, il conserva assez de vitalité pour tenter, peu d'années après, de redoutables efforts contre l'empire. »

Le seul bienfait qu'on puisse attribuer à cet empereur en faveur de la Gaule, c'est d'avoir rendu, « malgré l'opposition virulente des vieux patriciens, un sénatus-consulte qui ouvrait aux habitants de la Gaule l'entrée du sénat et l'accès à toutes dignités de l'empire. Le discours que Tacite a mis dans la bouche de Claude à cette occasion est très remarquable. Il fut gravé sur des tables d'airain et exposé devant l'autel d'Auguste, à Lyon. On a retrouvé un fragment de ce monument précieux (1). »

Les premières années du règne de Néron, successeur de Claude, firent concevoir de grandes espérances ; il déchargea les provinces de l'empire d'impôts onéreux, et y rétablit un peu d'ordre dans l'administration ; mais bientôt ses excès et son acharnement à poursuivre les chrétiens le fit détester aussi bien en Gaule que dans le reste de l'empire. C'est même d'Aquitaine que partit le brandon de révolte qui devait le renverser du trône.

Galba, Othon et Vitellius ne firent que prendre et quitter la pourpre, et ne laissèrent pas même le souvenir de leur nom dans l'esprit es populations de la Gaule.

Vint après eux Vespasien, l'homme de son temps le plus digne de l'empire et le plus capable de gouverner. Son règne et celui de Titus, son fils, furent des plus tranquilles et des plus heureux.

Domitien n'imita pas leur exemple. On ne connaît de lui qu'un seul acte qui intéresse spécialement la Gaule, et c'est un acte de barbarie. Je veux parler de l'édit par lequel il ordonna d'arracher les vignes, dans la crainte que la trop grande extension donnée à cette culture ne nuisît à la réputation des vins d'Italie. Il fallut deux siè-

---

(1) M. Martin : *Histoire de France*, t. I, p. 320.

cles pour réparer le mal qu'un caprice du maître faisait naître ainsi sans raison.

La sagesse et la modération de Nerva et de Trajan, successeurs de Domitien, qui montèrent successivement sur le trône de l'empire, firent oublier la dureté du règne de ce dernier (1). Cependant on reproche à Trajan de s'être laissé persuader par les faux rapports contre les chrétiens dont il était à même d'apprécier la doctrine et la conduite. Ce fut sous son règne que parurent les premiers apologistes chrétiens commençant à élever la voix en faveur de ceux qu'on persécutait sans examen.

Il eut pour successeur Adrien, qui s'occupa beaucoup de la Gaule, et mourut l'an 138. C'est à lui qu'on attribue la division de l'Aquitaine en trois parties. — La première Aquitaine eut pour capitale Bourges (*Avaricum*); elle comprenait, indépendamment du Berry, l'Auvergne, le Rouergue, le Gévaudan, le Velay, l'Albigeois, le Quercy et le Limousin. — La seconde eut pour capitale Bordeaux (*Burdigala*); outre le Bordelais, elle comprenait l'Agénois, le Bazadois, le Poitou, la Saintonge, l'Angoumois et le Périgord. — Enfin la troisième Aquitaine ou *Novempopulanie* eut pour capitale Auch (*Civitas Auscorum*); elle renfermait les différents peuples, au nombre de neuf, qui habitaient entre la Garonne, les Pyrénées et l'Océan. — Les historiens donnent encore à ce prince la gloire d'avoir fait élever l'amphithéâtre de Nîmes et plusieurs autres monuments de la province, entre autres le pont du Gard.

Après Adrien vinrent les deux Antonin, Titus et Marc-Aurèle. « Tout a été dit sur ces hommes admirables qui réalisèrent l'utopie de Platon en faisant asseoir la philosophie sur le trône. C'est cependant sous le règne du dernier que s'alluma dans les Gaules la grande persécution qui laissa à Lyon et à Vienne de si sanglants souvenirs et valut à saint Pothin une éternelle renommée.

Sous l'empereur Commode, qui, en s'asseyant sur le trône de Marc-Aurèle, ne succéda ni à l'esprit ni aux excellentes qualités de ce prince, les Gaules furent désolées par la *Guerre des déserteurs*.

---

(1) Dom Vaissette : *Histoire du Languedoc*, t. I, p. 120.

Sa mort tragique vit se succéder rapidement sous la pourpre, Pertinax, Julien et Septime Sévère. Ce dernier seul a laissé un nom dans les Gaules, dont il avait été gouverneur avant d'aspirer à l'empire. On lui reproche d'avoir persécuté les chrétiens. Ses fils, Caracalla et Géta, ne le suivirent que trop sur cette pente glissante.

Depuis la mort de ce dernier (217) jusqu'au règne de Valérien (202), la pourpre fut souillée par une foule de princes qui ne méritent pas de figurer dans l'histoire, et qui n'eurent aucun souci de la Gaule autrement que pour en tirer des impôts. Valérien, proclamé empereur par les légions de la Gaule, n'oublia pas le pays qui l'avait fait empereur. Il ne put cependant le défendre de l'invasion d'une armée germaine qui descendit, dit-on, jusqu'en Auvergne, et y détruisit un temple fameux bâti depuis plus de deux siècles aux frais communs de toute la Gaule.

La mort tragique de Valérien fut le signal de la dilapidation de l'empire, que tous les ambitieux se disputaient à la fois, et la date funeste de l'apparition des Barbares aux frontières de l'état qu'ils devaient bientôt envahir, piller, et enfin détruire pour s'implanter à sa place. Au milieu de ces luttes sans raison et sans profit rien ne sort d'intéressant pour l'histoire jusqu'au règne de Constantin (312).

La bataille de Rome, la conversion au christianisme, la liberté des cultes accordée aux chrétiens, et la clôture de l'ère de persécution, suffiraient pour la renommée d'un prince ordinaire. Constantin y joignait tout ce qui pouvait faire de lui un grand guerrier, un grand politique et un grand législateur; mais ce fut en vain qu'il essaya de rendre un peu de vie à ce vieux cadavre romain usé par la corruption. L'armée des barbares, prête à s'en disputer les lambeaux, comme une bande de loups autour d'une proie, grondait déjà à toutes les portes de l'empire, et la Gaule allait changer de maîtres.

Sa soumission aux Romains avait duré quatre siècles. Elle en avait pris les mœurs, le langage, la politesse, la science, la religion, et, il faut bien dire aussi, les défauts.

L'Aquitaine surtout, si semblable à Rome par le climat, par sa fertilité, par l'aptitude de ses habitants aux arts et aux lettres, avait complètement perdu son ancienne individualité pour s'identifier, pour ainsi dire, avec sa métropole.

Entre toutes les provinces elle était renommée par la douceur de son ciel, la richesse de ses campagnes, la politesse de ses habitants; mais là aussi, en revanche, les mœurs étaient dissolues, sensuelles, et la corruption avait fait les plus effrayants ravages. « Personne ne doute, dit Salvien, que la contrée occupée par les Aquitains ne soit comme la moelle de la Gaule entière, comme une mamelle d'inépuisable fécondité, et non-seulement de fécondité, mais ce qui semble bien souvent préférable aux hommes, savoir de beauté, d'agréments et de délices. Toute cette contrée est en effet tellement entrecoupée de vignobles, fleurie de prés, parsemée de champs cultivés, plantée d'arbres à fruits, délicieusement ombragée de bosquets, arrosée de fontaines, sillonnée de rivières, chevelue de moissons que ses possesseurs semblent avoir obtenu en partage une image du paradis plutôt qu'une portion de la Gaule. Que devait-il arriver de là ? Certes, des hommes si particulièrement comblés des bienfaits de Dieu devaient en être d'autant plus dévoués à son culte. Mais qu'est-il arrivé, sinon tout le contraire ? Les Aquitains sont parmi les Gaulois les premiers en vices comme en richesses. La recherche des voluptés n'est nulle part si effrénée, la vie si impure, la conduite si relâchée (1). »

De bonne heure le goût des lettres, apporté de Rome par les rhéteurs et les grammairiens, s'était répandu dans le midi de la Gaule. Les peuplades établies entre les Cévennes et les Alpes, soumises les premières aux Romains, et décorées du nom de *provincia*, province romaine, aujourd'hui Provence, avaient été les premières à donner naissance à des érudits et à des poëtes ; Varron était né à Narbonne, Cornélius Gallus, rival gracieux de Tibulle et de Properce, et l'historien Trogus Pompeius avaient vu le jour dans la même contrée. Pétrone, le licencieux auteur du *Satyricon*, Votienus qui, aux dons de la science et du génie, joignait toutes les vertus civiques ; et Domitius Afer, célèbre dans un genre opposé par la vénalité de son talent, étaient aussi originaires de la Narbonnaise. L'Aquitaine était trop voisine pour que le goût des lettres n'y fît pas promptement de

---

(1) Salvien, cité par Am. Gabourd : *Histoire de France.*

rapides progrès. Tolosa (Toulouse) aussi bien que Vienne et Narbonne, renfermait déjà, du temps de Pline, des dépôts de l'ancienne littérature latine aussi complets que ceux de Rome même, sans préjudice de la littérature contemporaine, car on s'y procurait les ouvrages les plus récents aussi promptement qu'en Italie. L'éloquence était applaudie, payée, cultivée avec ardeur par cette race spirituelle, vive, ouverte à toutes les impressions de l'esprit. Les noms d'Ausone, de Paulin, d'Eudélichius, de Rutelius, etc., nous mènent jusqu'au cinquième siècle et témoignent du goût permanent des lettres dans le pays.

« L'architecture et la sculpture suivaient le progrès des lettres. Tandis que la Narbonnaise se couvrait de forums, de temples, de capitoles, de cirques, d'amphithéâtres, de basiliques, d'aqueducs qui se disputaient en magnificence avec les plus belles constructions de Rome, l'Aquitaine ne restait pas en arrière. Ses villes riches construisaient à leurs frais communs, d'abord des temples, ensuite des forums. De somptueux édifices s'élevaient sur l'emplacement des anciens lacs sacrés et des forêts druidiques. Le plus illustre des sculpteurs en bronze, le grec Zénodore, fondit pour la cité arverne une statue colossale de Mercure, chef-d'œuvre de beauté et de grandeur (1), et chacun des musées de nos départements possède quelques richesses de la même époque, indice certain du luxe et de l'amour des arts chez nos aïeux.

» Possesseur de grandes richesses, le noble gaulois s'empressait d'aller les étaler à Rome, où il consumait et son patrimoine et la substance de ses clients. Dans un temps où les grandes familles romaines étaient appauvries, il éblouissait par sa magnificence et rivalisait avec les affranchis des empereurs; c'était un premier pas pour s'élever. Son esprit souple, son éloquence facile et complaisante, sa bravoure dans les armées, ses largesses dans les palais faisaient le reste; il devenait chevalier, sénateur, préteur, consul, quelquefois même avant d'être bien solidement, bien légitimement citoyen

---

(1) Am. Thierry; *Histoire des Gaulois*, t. II.

romain. Il se passa dans le premier siècle de l'empire peu de grands événements ou quelque Gaulois ne se trouvât mêlé. Sous Tibère, J. Africanus, originaire du pays des Santones, fut mis à mort comme complice de Séjan (1). » Julius Vindex, né dans l'Aquitaine et devenu gouverneur de la Lyonnaise, fut un des conjurés que leur indignation contre Néron et ses excès portèrent à jeter la pourpre sur les épaules du vieux Galba, qui commandait alors les légions d'Espagne avec une grande réputation d'intégrité; Antonius Primus, né à Tolosa (Toulouse), habile et dangereux orateur fut un de ceux à qui l'on dut la chute de Vitellius et l'arrivée de Vespasien au pouvoir.

Pour ne pas allonger indéfiniment cette étude, je citerai seulement dans l'ordre religieux deux noms plus célèbres que tous les autres, et qui eurent une influence extrême sur les destinées de l'Aquitaine.

Le premier est saint Hilaire, évêque de Poitiers. Il était né dans cette ville d'une illustre famille des Gaules. Il employa sa jeunesse à l'étude de l'éloquence. Nous apprenons de lui-même qu'il fut élevé dans les superstitions du paganisme, et que Dieu le conduisit par degré à la connaissance de la vérité. Parvenu à un certain âge, il embrassa le christianisme avec sa femme et sa fille, et fut, peu de temps après, élu évêque de Poitiers. C'était l'époque la plus brûlante de l'hérésie des ariens qui, déjà répandue dans une grande partie de l'orient, menaçait d'envahir la Gaule. Hilaire n'hésita pas à s'unir aux évêques qui soutenaient l'antique tradition de l'Église. Dans un concile de Béziers, en 353, où la cause des catholiques succomba, Hilaire ayant osé résister avec une éloquence qui mettait en relief son vaste génie, ses ennemis obtinrent de l'empereur Constance qu'il fût exilé en Phrygie. Il y vécut de longues années, se consolant des rigueurs de la fortune par son ardente piété et la composition d'énergiques écrits sur la controverse religieuse. Il rentra vers 360 dans sa ville épiscopale, où il fut reçu comme un guerrier qui revient triomphant du combat. Il mourut vers 368, laissant une réputation d'ora-

---

(1) Am. Thierry : *Histoire des Gaulois*, t. II.

teur qui l'a fait surnommer le *Rhône de l'éloquence latine*, et un renom de sainteté qui ne tarda pas à faire de son tombeau un des lieux de pèlerinages les plus fréquentés de l'ouest de la Gaule.

A côté de ce savant docteur dont l'opinion servait de règle aux conciles gallicans, l'Eglise d'Aquitaine doit encore revendiquer saint Martin, l'homme d'action, le saint Vincent de Paul de son époque. Il était né, en 317, en Pannonie, de parents païens. Son père, qui était tribun militaire, en fit de bonne heure un soldat; mais, sous la cuirasse, le jeune légionnaire, déjà instruit des mystères du Christ, s'appliquait à en suivre la doctrine. Il se contentait d'un seul esclave pour le servir, et souvent c'était le maître qui servait l'esclave. Il lui déliait ses chaussures, lui lavait les pieds après la route, et mangeait à la même table que lui. Pendant un rude hiver dont la rigueur causa la mort de beaucoup de gens, il rencontra à la porte d'Amiens un pauvre tout nu qui suppliait les passants. Martin ému de compassion, tire son glaive, coupe son manteau en deux, et en donne la moitié au pauvre. Deux ans après, le temps de sa vétérance étant arrivé, il se retira du service et vint se fixer près du siège de saint Hilaire, où il fonda le monastère de Ligugé, un des plus anciens de la Gaule. Mais il ne demeura pas longtemps absorbé dans la vie contemplative. Le peuple de Tours le choisit pour pasteur, et de moine on le fit évêque. A partir de ce moment jusqu'à sa mort, qui arriva en 397, le nouveau pasteur ne cessa de poursuivre le paganisme et l'hérésie. Il joncha littéralement son diocèse des ruines des temples et des statues des faux dieux. En même temps il se faisait contre les empereurs eux-mêmes le défenseur des opprimés, des malheureux et des pauvres. Il laissa après lui une mémoire impérissable, et trois siècles après sa mort, son ombre révérée protégeait encore contre le courroux des rois barbares les proscrits qui se réfugiaient dans son église.

III

Théodose fut le dernier des empereurs romains auquel il réussit de contenir par la force des armes ou par la politique les Barbares qui depuis des siècles, luttaient contre Rome. A sa mort, les provinces romaines furent partagées à peu près également entre ses deux fils, et formèrent deux empires distincts, l'un d'Occident, qui échut à Honorius, l'autre d'Orient, qui fut la part d'Arcadius (395). Le partage fit éclater entre le gouvernement de Rome et celui de Constantinople des haines et des jalousies qui n'étaient au fond qu'une conséquence tardive des anciennes répugnances des Latins et des Grecs les uns pour les autres. De là, pour l'empire chancelant, une nouvelle cause de faiblesse et de nouveaux périls.

On vit alors pénétrer dans toutes les provinces de l'empire cette armée des nations, comme dit Châteaubriant, qui, depuis quatre siècles, accourait du septentrion et du midi, du couchant et de l'aurore au banquet de la vengeance céleste. Tout ce qui peut se rencontrer de plus varié, de plus extraordinaire, de plus féroce, de plus sauvage, s'offrit aux yeux des Romains dégénérés, répandus dans les diverses provinces de l'empire. Ils virent d'abord successivement et ensuite tous à la fois, de petits hommes maigres et basanés, ou des espèces de géants aux yeux verts, à la chevelure blonde, frottés de beurre aigre et de cendre de frêne. Les uns nus, ornés de colliers, d'anneaux de fer, de bracelets d'or; les autres couverts de peaux, de sayons, de larges brayes, de tuniques étroites et bigarrées; d'autres encore la tête couverte de casques faits en forme de muffle de bêtes féroces; d'autres, le menton et l'occiput rasés, ou portant longues barbes et moustaches. Ceux-ci s'escrimant à pied avec des massues, des haches, des maillets et des angons à deux crocs, des flèches armées d'os pointus; ceux-là à cheval sur de hauts destriers bardés de fer ou sur de chétives cavales rapides comme des aigles, avec des frondes, des files, des épées, des flèches et des lances pour armes; tous traînent à leur suite des bandes de femmes et d'enfants, des troupeaux, des charriots, des tentes, symboles de leur vie nomade et de leur manque d'une patrie fixe.

Les premiers qui pénétrèrent en Gaule furent les Vandales avec les Alains et les Suèves leurs alliés. Ils entrèrent dans la Belgique vers 407, passèrent comme un ouragan sur elle, traversèrent la Lyonnaise, et envahirent sans difficulté l'Aquitaine et la Novempopulanie pour aller se heurter aux Pyrénées. Je ne dirai pas comment furent traités les pays et les villes qu'ils rencontrèrent dans ce long trajet. Quand l'Océan, dit un poète du temps, aurait inondé la Gaule, il n'y aurait point fait de si horribles dégâts. Si l'on nous a pris nos bestiaux, nos fruits et nos grains, si l'on a détruit nos vignes et nos oliviers, si nos maisons de campagne ont été ruinées par le feu, et si, ce qui est encore plus triste à voir, le peu qui en reste demeure désert et abandonné, tout cela n'est que la moindre partie de nos maux. » « Entre toutes les villes d'Aquitaine il n'en est qu'une dont on ne devinerait pas aisément le sort dans cet immense désastre; c'est Toulouse. Cette cité, alors l'une des plus considérable et des plus florissante de l'empire, s'offrait aux Barbares comme une riche proie. Cependant ils l'épargnèrent à la prière d'Exupère son vénérable évêque (1).

Les Alains et leurs confédérés espéraient pouvoir continuer leur moisson de pillage de l'autre côté des Pyrénées; mais ils avaient compté sans le patriotisme des montagnards. Partout où ils se présentèrent pour franchir la montagne, ils trouvèrent les défilés gardés, et eurent la plus grande peine à s'avancer dans ces inextricables chemins. « Cette résistance, dit M. Fauriel, est un événement qu'on regrette, faute de matériaux de ne pouvoir mettre plus en saillie, mais dont il faut prendre note comme du début de la longue lutte de la race des Pyrénées contre les diverses races germaniques qui, après avoir tout soumis autour d'elles, essayèrent en vain de la soumettre

---

(1) Fauriel: *Histoire de la Gaule méridionale*, t. I, p. 58.

elle-même. Les Barbares restèrent longtemps à chercher leur voie, et ce ne fut que plusieurs années après qu'ils parvinrent à trouver une route pour pénétrer dans cette terre d'Espagne, objet de leur ambition.

Un semblant de paix permit à la Gaule de respirer pendant le règne tourmenté mais ferme de l'usurpateur Constantin (408-411).

Puis vint l'invasion des Wisigoths, qui devait marquer une période importante dans l'histoire de l'Aquitaine. Ce peuple était le plus civilisé parmi les Barbares. Il devait ce résultat à sa conversion au christianisme qui datait déjà d'un demi-siècle, à son long séjour sur le territoire de l'empire, où ses légions avaient servi sous plusieurs souverains, et enfin à l'influence du célèbre Alaric, le plus illustre de ses chefs, que l'histoire nous représente comme un émule d'Alexandre et de César. Deux pillages de Rome avaient répandu autour des Wisigoths une sorte d'épouvante, et lorsqu'en 412 ils se présentèrent aux portes de la Gaule par la route d'Italie, personne n'osa se porter à leur rencontre pour leur en défendre l'entrée.

Ils avaient alors pour chef Ataulf, le frère d'Alaric, jeune encore, aimable et beau, moins grand guerrier que son frère, mais le surpassant peut-être par un sentiment plus complet des avantages de la civilisation et par un penchant plus décidé pour tout ce qui pouvait adoucir les mœurs de sa nation. Il emmenait avec lui soixante ou quatre-vingt mille hommes, ce qui, en y joignant les femmes, les vieillards et les enfants, porte le total de l'émigration à plus de deux cent mille têtes. Il avait en outre dans ses bagages un empereur de rechange, Attale, ancien préfet de Rome, qu'Alaric avait trois fois couvert, dépouillé et recouvert de la pourpre, ainsi que la propre sœur de l'empereur Honorius, Placidie, belle personne de vingt et quelques années, prise dans le sac de Rome par Alaric, qui nourrissait, disait-on, pour son vainqueur, un sentiment bien propre à adoucir les rigueurs de la captivité.

Après avoir franchi les Alpes, Ataulf essaya d'abord de s'emparer de Marseille, mais il fut repoussé. Narbonne lui offrit moins de résistance, il y entra à l'automne de 412; Toulouse fut occupée ensuite, et, selon toute apparence, avec la même facilité. De cette dernière ville les Wisigoths s'étendirent jusqu'à Bordeaux, où il est constaté

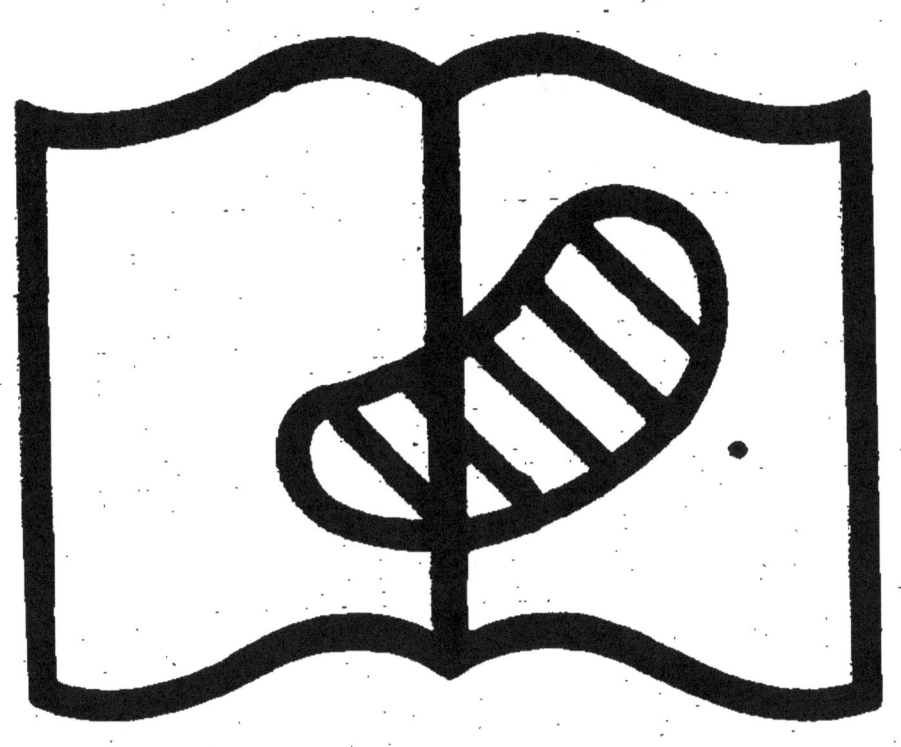

Illisibilité partielle

VALABLE POUR TOUT OU PARTIE DU DOCUMENT REPRODUIT

historiquement qu'ils entrèrent du gré des habitants. Ces trois grandes villes formaient les trois points principaux de l'isthme des Pyrénées, dont on ne peut douter qu'Ataulf ne fit de même occuper quelques autres points intermédiaires (1).

Ces opérations furent terminées dans le courant de l'année 412. Honorius confirma la conquête en 418 par un traité avec Wallia, successeur d'Ataulf. Durant cet intervalle de six années, les Wisigoths n'avaient cessé de s'étendre, et, passant les monts, ils avaient envahi tout le nord de l'Espagne. Leur empire garda ces limites pendant près d'un demi-siècle, car la première et la troisième Aquitaine ne furent envahies par les Barbares que de l'an 467 à 475. Ils y joignirent ensuite la Narbonnaise, ce qui mit tout le midi de la Gaule dans leurs mains avec Toulouse pour capitale. Leur domination sur ces contrées ne s'éteignit que longtemps après la bataille de Poitiers, et laissa dans les mœurs comme sur le sol des traces ineffaçables.

L'état des esprits dans la contrée après ce prodigieux bouleversement, offre un spectacle plein de grandeur et de tristesse.

« Les derniers adorateurs de Jupiter s'enveloppaient dans leur manteau, annonçant d'une voix mélancolique que la prédiction faite à Romulus s'accomplissait, et que Rome, après douze siècles d'existence, allait finir avec l'univers.

» Les sceptiques, les indifférents, les hommes ébranlés dans leurs croyances par l'aspect du chaos sanglant qui les faisait douter de Dieu, se jetaient, par désespoir, dans tous les délires des sens : chacun d'eux étant exposé à perdre d'un instant à l'autre les biens, la liberté, la vie, ils s'efforçaient de fermer leurs oreilles aux rumeurs sinistres qui grondaient dans le lointain jusqu'à ce qu'elles éclatassent sur leur tête en cris d'extermination.

» Les chrétiens fervents au contraire, épouvantés de voir l'arianisme qui était l'hérésie des Wisigoths arriver au pouvoir, redoublaient d'exaltation spiritualiste. Ils fuyaient dans les îles de la mer et dans les grottes des montagnes pour y vivre seuls avec Dieu.

---

(1) Fauriel : *Histoire de la Gaule méridionale*, t. I, p. 123.

Cependant les nouveaux maîtres de l'Aquitaine, étaient, il faut l'avouer, de mœurs beaucoup plus douces que les autres Barbares. Leurs chefs subissant la réaction de la vérité et de la justice, avaient aisément compris, en envahissant les contrées romaines, tout ce qu'il y avait de puissance morale et de grandeur réelle dans cette société et dans ces lois qu'ils se disposaient à détruire. Surpris de la gloire des vaincus, subjugués par la politesse de leurs mœurs, par la splendeur de leur civilisation, et charmés par la facilité avec laquelle ils se courbaient sous la royauté absolue, ils en étaient promptement venus à préférer les Gallo-Romains aux Barbares et à s'indigner secrètement de la grossièreté et de la libre rudesse de leurs anciens compagnons d'armes (1). »

Ceux-ci ne tardèrent pas eux-mêmes à subir l'influence des mœurs douces et faciles des peuplades du midi de la Gaule. « Ils consentirent à laisser subsister dans le pays conquis les divisions territoriales, les lois municipales, les formes administratives qui émanaient des Romains et sous lesquelles la Gaule avait joui d'un long bien-être et d'une prospérité qui n'était pas encore oubliée. Ils acceptèrent les provinces, les cités, les bourgs tels qu'ils les trouvèrent repartis au moment de la conquête. Les vaincus qui n'avaient guère à se louer des derniers dépositaires de la puissance romaine, furent surpris et touchés de la délicatesse de ces barbares et sans trop de difficulté, ils consentirent à leur obéir et à leur céder une partie de leurs domaines restés sans maître à la suite des derniers désastres.

L'exemple de ce qui se passait dans le reste de la Gaule devait d'ailleurs, par comparaison, leur faire bénir leur sort. A part l'Armorique qui était restée indépendante au milieu de tous les bouleversements, et un petit noyau de province romaine qui occupait l'espace marqué aujourd'hui sur la carte de France par les département du Loiret, de l'Eure-et-Loir, la Seine-Inférieure, la Somme, l'Aisne, l'Oise, la Seine, la Seine-et-Marne, la Seine-et-Oise, les

---

(1) Am. Gabourd : *Histoire de France*, t. II.

Ardennes, la Marne, l'Aube et l'Yonne, tout le reste de la Gaule était devenu la proie des Barbares et occupé d'une part, à l'est du Rhône et de la Saône par les Burgondes, et de l'autre au Nord de la Seine par les innombrables tribus des Francs Ripuaires et Saliens ; ni les Francs, ni les Burgondes n'étaient à comparer aux Wisigoths pour la douceur des mœurs et l'aménité de la domination.

Ajoutons que par un hasard providentiel, presque tous les princes qui régnèrent à cette époque sur les Wisigoths, étaient des hommes remarquables et comme administrateurs et comme guerriers. Nous avons déjà nommé Ataulf et Wallia. Théodoric qui vint ensuite ne leur fut pas inférieur (419-453), et annonça dès le commencement de son règne, une grande vigueur de caractère et une volonté énergique d'agrandir et de consolider l'indépendance de son peuple.

L'empereur qui gouvernait alors l'Occident, Valentinien III, avait à son service deux habiles généraux, Boniface, le défenseur de Marseille contre Ataulf et le jeune Aëtius né et élevé dans les camps. Ce fut ce dernier qu'il opposa aux Wisigoths et aux Burgondes dont le chef Gundicaire, nourrissait comme Théodoric des idées d'agrandissement. Les armes impériales furent également heureuses contre les deux chefs barbares, mais le triomphe fut de courte durée.

Pendant que cette double guerre se poursuivait, une bande formidable de Huns pénétra dans les Gaules. C'était moins une armée qu'un peuple entier avec ses bagages, ses troupeaux, ses femmes et ses enfants. On en comptait sept cent mille. Ils avaient pour chef Attila, espèce de héros légendaire, petit, trapu, avec une tête énorme, des yeux ronds, une barbe rare, un nez épais et un teint basané, dont la capitale était un champ, et qui avait des rois vaincus pour sentinelles autour de sa tente. Rien ne peut donner une idée de la fureur qui animait les Huns lorsqu'ils traversèrent le Rhin. La terreur se répandait partout devant eux. A Metz ils égorgèrent tout, jusqu'aux enfants que l'évêque s'était hâté de baptiser, et la ville fut livrée aux flammes ; à Paris il ne fallut rien moins que la sainteté de Geneviève, la bergère de Nanterre, pour détourner leurs coups, et si Troyes fut épargné il ne le dut qu'à l'air imposant de saint Loup, son évêque. Les Romains voulurent d'abord s'aider des Huns contre les Wisigoths, les Francs et les Burgondes, mais ils ne tardèrent pas à s'apercevoir combien de tels auxiliaires étaient dangereux. Changeant alors de tactique, Aétius fit la paix avec tous les anciens envahisseurs de la Gaule, pour en chasser l'ennemi commun. Il fut assez heureux pour faire taire toutes les inimitiés privées, et à sa voix on vit accourir, au lieu marqué sur les bords de la Loire, les escadrons gothiques couverts de fourrures, les Francs de Mérovée avec leurs haches redoutables, les Burgondes aux yeux verts semblables à des géants et les Celtes de l'Armorique aussi sauvages que les Barbares eux-mêmes.

Les Huns et les alliés de l'Empire se rencontrèrent dans les vastes plaines où se déploie aujourd'hui le camp de Châlons. Ces peuples mandés de tous les coins de la terre s'étaient rangés sous les deux bannières d'Attila et d'Aétius, du monde passé et du monde à venir. Ils combattirent un jour entier. Les vieillards du temps de Jornandès se souvenaient encore qu'un petit ruisseau coulant à travers ces champs héroïques s'enfla tout à coup par le sang des morts et devint un torrent. On en compta cent soixante mille. La victoire resta aux Romains (453). Théodoric y perdit la vie.

Quoique cimentée dans le sang, la paix entre les Wisigoths et les Romains ne fut pas de longue durée. Thorismund, fils aîné de Théodoric, prince d'une nature fougueuse, n'eût pas plutôt quitté le théâtre de la guerre qu'il se jeta en Septimanie et mit le siège devant Arles; mais il mourut assassiné dans l'année à la suite d'une conspiration dont le chef était son frère, Théodoric II, qui lui succéda. Celui-ci était peut-être d'humeur plus pacifique que son aîné; mais les nouvelles presque simultanées de l'assassinat d'Aétius, par Valentinien, de Valentinien, par Maxime, et les préparatifs des Vandales d'Afrique contre l'Italie, le tentèrent de donner à l'Occident un empereur de sa main; l'occasion lui en fut offerte par Avitus, Auvergnat illustre, beau-père du poète Sidoine Apollinaire, et ancien ami du premier Théodoric. Avitus avait joué un grand rôle dans la guerre d'Attila, et reçut en récompense l'office de Maître des deux milices. La couronne impériale ne lui sembla point trop lourde pour sa tête. Il sollicita l'appui des Wisigoths pour l'y affermir, et fut proclamé à Toulouse. A l'aide de l'alliance du chef créé par lui, Théodoric put passer en Espagne pour y consolider et y agrandir les établissements, déjà institués par ses prédécesseurs. Après avoir vaincu les Suèves, les Alains et d'autres peuplades barbares établies au delà des monts, il rentra en France, soumit Narbonne, et se préparait à poursuivre ses exploits lorsqu'il fut assassiné en 466 par son frère Evaric. Sa mort causa une grande consternation dans son peuple.

Quoique Evaric fût parvenu au trône par un crime, son règne fut long et marqué par des événements considérables. Au moment où il prit les rênes du gouvernement, un empereur nouveau du nom d'Anthemius, cherchait à s'attacher les Francs et les Burgondes, pour les opposer aux Wisigoths dont la puissance devenait de jour en jour plus étendue. Evaric n'avait pas besoin d'être excité : jeune, avide de gloire, arien exalté, il aurait voulu conquérir le monde entier à sa croyance, et il aspirait de toute la vigueur de son caractère, à lui soumettre au moins l'Espagne et une bonne partie de la Gaule. Ses premières tentatives furent des plus heureuses. Moins de deux ans lui suffirent pour conquérir le Berry, le Poitou, le Limousin, la Marche, le Rouergue, l'Auvergne et toute la première Aquitaine. Les peuples de ces contrées, dit un historien, se livraient comme d'eux-mêmes, aimant mieux vivre libres sous une servitude apparente qu'esclaves sous une apparence de liberté. L'Auvergne seule fit quelque résistance sous la conduite d'Ecdicius et de l'évêque Sidoine Apollinaire, mais elle ne put échapper au sort commun (1).

La soumission de la troisième Aquitaine ou Novempopulanie, suivit de près celle de l'autre : elle se fit presque sans combat et aussi facilement que l'autre. Les peuples de cette contrée, enfermés de toute part par les Wisigoths, auraient d'ailleurs vainement cherché à résister.

Vers 480, Evaric mit le comble à ses conquêtes en s'emparant de

---

(1) Sidoine Apollinaire, a laissé de cette lutte un récit détaillé fort élégamment par M. Fauriel : *Histoire de la Gaule Mérid.* t. I. p. 325-346.

la Gaule Narbonnaise, que ses prédécesseurs avaient si longtemps convoitée, et de la Provence, sans en excepter Marseille. Lorsqu'il mourut en 483, son œuvre militaire était achevée, et il l'avait couronnée par la publication du célèbre Code de justice, connu sous le nom de *Loi des Wisigoths*.

Une ère de prospérité semblait s'ouvrir devant son fils Alaric II; mais ce jeune prince, mollement élevé, et n'ayant aucune des grandes qualités de son père, ne tarda pas à se trouver au-dessous des difficultés que les événements lui préparaient.

Nous avons dit que toute la Gaule du Nord était occupée par les Francs. Au moment où nous sommes, c'est-à-dire à la fin du ve siècle, cette race guerrière et turbulente avait parmi les chefs de ses diverses tribus, un jeune homme de vingt-quatre ans, blond comme tous les Francs, chevelu, hardi, aventureux, violent, avide de conquêtes, de domination et de plaisir, que l'histoire a rendu célèbre sous le nom de Clovis. Son entrée dans la virilité avait été marquée par un événement des plus audacieux, la défaite de Syagrius, gouverneur de la Gaule romaine, et la suppression d'un pouvoir qu'on était accoutumé à voir dans le pays depuis César, c'est-à-dire depuis cinq cents ans. L'envahissement de toute la partie centrale de la Gaule par ses tribus, son mariage avec une femme chrétienne, sainte Clotilde, sa victoire sur les Allemands à Tolbiac par l'intercession du Dieu de sa femme, sa conversion au christianisme qui en fut la suite, et celle d'une partie de ses sujets achevèrent d'étendre sa renommée, de consolider sa puissance et firent naître dans l'esprit du clergé catholique de Gaule la pensée de choisir ce jeune héros malgré ses vices, pour le champion de sa cause, et de l'opposer aux hérétiques Wisigoths et Burgondes, dont la puissance en s'étendant menaçait d'éteindre le flambeau de la foi orthodoxe.

A partir de ce moment la destinée de Clovis est une destinée nouvelle. Sa cause se confond avec celle de l'Église même; il n'a qu'à marcher et partout où se porteront ses armes, les difficultés de la victoire lui seront aplanies par des amis invisibles mais tout puissants. « La Providence vient de trouver en vous un arbitre à notre époque, lui écrit Avitus, évêque de Vienne; tout en choisissant pour vous, vous décidez pour nous, votre foi est notre triomphe,

et chaque combat que vous livrez, nous devient une victoire. »
De son côté, le pape écrivait de Rome au jeune conquérant en l'appelant son illustre enfant, et le fils aîné de l'Église entre les rois d'Occident. De telles protestations étaient bien de nature à exciter l'ambition de Clovis, et à faire trembler sur leur trône les rois barbares de Bourgogne et d'Aquitaine.

« Le clergé catholique n'avait pourtant pas contre Alaric les mêmes griefs que contre son père. Le relâchement général du pouvoir, après la mort d'Euric, avait profité à l'Église. On n'apportait plus de tyranniques empêchements à l'élection des évêques, on ne suivait plus contre le catholicisme un plan habilement combiné ; mais le clergé sut peu de gré à Alaric d'une modération qui n'était que de l'incurie, et n'y voyant aucune garantie contre le retour de la persécution, ne se fit nul scrupule d'employer à tramer contre la ruine de la royauté gothique le répit que celle-ci lui accordait (1). »

L'exécution commença par les Burgondes, dont le roi Gondebald, oncle de Clotilde, avait à se reprocher le meurtre du père et des frères de la reine des Francs. Clovis le battit près de Dijon, sur la rivière d'Ouche, ravagea et pilla ses états, et s'il ne s'en rendit pas maître, il mit au moins son ennemi hors d'état de lui nuire de longtemps.

Ce fut en 507 que le tour des Wisigoths arriva. Aux Kalendes de mars, Clovis convoqua ses guerriers à Paris pour leur faire part de son projet. Quand ils furent réunis : « Il me déplaît fort, leur dit-il, que ces Ariens de Goths occupent la meilleure partie de la Gaule, chassons-les-en, et comme le pays est très bon, soumettons-le à notre puissance (2). » La proposition plut aux Francs, et Clovis partit à leur tête avec la bénédiction de saint Rémy qui lui garantissait la victoire. Ils traversèrent la Loire à Tours, marchant à grandes journées, et fondirent sur l'Aquitaine d'autant plus rapidement que des ordres sévères avaient été donnés de ne piller ni églises ni monastères.

---

(1) H. Martin : *Histoire de France*, t. I, p. 429.
(2) Grégoire de Tours : *Hist.* t. II, p. 37.

Alaric n'avait pas ignoré tout ce qui se préparait contre lui. Il s'était empressé de demander secours à son beau-père Théodoric, roi des Ostrogoths d'Italie, où il venait de s'établir avec tout son peuple sur les ruines de l'Empire romain d'Occident. C'était un prince sage, vaillant et redouté bien en mesure de résister au génie de Clovis; mais ses secours n'arrivant pas assez tôt, Alaric avait été obligé de se mettre en route avec ses seules forces, et avait gagné la partie septentrionale de l'Aquitaine avec une armée insuffisante, quoique fort nombreuse.

Les chroniqueurs qui représentent unanimement cette guerre comme une sorte de croisade, en ont entouré les événements de particularités merveilleuses. Il est dit, par exemple, qu'arrivés au bord de la Vienne, les Francs ne savaient comment traverser cette rivière gonflée par les pluies, lorsqu'en un lieu voisin de Lussac-les-Châteaux, qu'on nomme encore le *Gué de la Biche*, un de ces animaux sortant du bois entra dans le courant et traversa la rivière, sans se mettre à la nage, pour montrer aux guerriers francs la route qu'ils devaient suivre. Grégoire de Tours raconte encore que Clovis campé dans les environs de Poitiers, vit de loin sortir de la basilique de Saint-Hilaire, un phare de feu qui s'avança jusqu'à sa tente, pour l'enhardir à son entreprise contre ces Ariens auxquels le bienheureux évêque avait livré tant de combats.

Les deux armées en vinrent aux mains dans la plaine de Vouléon (*Vocladensis campus*) (1). Le sort des armes ne fut pas longtemps en balance. Les lignes d'Alaric furent enfoncées, et tandis qu'il cherchait lui-même à rallier ses guerriers, il fut terrassé et blessé mortellement de la propre main de son ennemi. Avant neuf heures du matin le résultat de cette grande journée était décidé; mais le carnage continua jusqu'au soir, et l'armée victorieuse se répandit comme un torrent dévastateur des bords de la Vienne à ceux de la Garonne.

Les suites de cette bataille furent immenses. Elles ont cependant été exagérées par les historiens qui ont supposé que la défaite de Vouléon avait soumis l'Aquitaine à Clovis, comme la bataille de

---

(1) Voir *Mémoires de la Société des Antiq. de l'Ouest*. Ann. 1837.

Syagrius l'avait rendu maître des provinces impériales, c'est-à-dire, sans conteste et d'une manière absolue. Le Midi de la Gaule ne fut jamais bien soumis à Clovis, il ne négligea cependant rien pour y parvenir, comme nous allons voir.

Aussitôt après la victoire il divisa son armée en deux corps. Il garda l'un, donna l'autre à Thierry, son fils aîné, pour se porter dans la partie orientale de l'Aquitaine. Le jeune prince traversa le Limousin, l'Auvergne, descendit la vallée du Rhône et ayant recruté un corps de Burgondes il soumit presque sans résistance, Orange, Carpentras, Vaison, Apt et s'arrêta devant Arles pour en faire le siège.

De son côté, Clovis longeant l'Océan, et laissant à l'ouest Angoulême où s'étaient réfugiés les débris de l'armée ennemie, se porta sur Bordeaux qu'il occupa, remonta la Garonne jusqu'à Toulouse, la capitale des Wisigoths, et arriva bientôt devant Carcassonne, ville réputée imprenable, qui renfermait, disait-on, tous les trésors des rois barbares et les merveilles du pillage de Rome; mais il y fut arrêté comme son fils devant Arles.

Cependant la nationalité wisigothe, attérée, n'était pas vaincue. Elle releva peu a peu la tête à la voix de Théodoric, ou plutôt de son général Hebbas qui accourait avec une armée aguerrie. Hebbas marcha droit sur Arles, battit les Francs avec une perte énorme, et tira vengeance du désastre de Voulon, en ramenant dans la ville un nombre immense de captifs. Tandis que Thierry vaincu prenait la fuite, Hebbas passa le Rhône et marcha à grandes journées sur Carcassonne. La nouvelle de sa victoire l'avait précédé avec un tel éclat que Clovis ne jugea pas à propos de courir les chances d'une seconde bataille. Il leva au plus vite le siège de la ville, et prenant sa route vers le Nord, il quitta l'Aquitaine pour n'y plus jamais revenir, et alla faire à Tours une entrée triomphale avec les oripeaux consulaires que l'empereur d'Orient lui envoyait pour la circonstance (1).

Le lieutenant de Théodoric ne songea point à poursuivre Clovis, ni même, ce qui semblait facile, à recouvrer une partie de l'Aquitaine. Il était préoccupé du soin plus urgent de donner un succes-

---

(1) Fauriel : *Histoire de la Gaule méridionale*, t. I.

seur à Alaric, un chef aux Wisigoths de Gaule. Le vaincu de Vouloa, en mourant, avait laissé deux fils, l'un illégitime, Gésalic, parvenu à l'âge d'homme, l'autre encore enfant, Amalaric, né de la fille de Théodoric. Tous deux s'étaient trouvés à la bataille de Vouloa, et après la défaite, l'un s'était réfugié à Narbonne, l'autre était passé en Espagne. Le fils illégitime, après s'être fait couronner, avait fait sa soumission à Clovis, disait-on. C'était un acte de lâcheté qui, joint au fait d'usurpation, méritait une vengeance éclatante. Hebbas le poursuivit, le battit et lui arracha du front une couronne qu'il n'était pas capable de défendre. Il fit ensuite venir d'Espagne le jeune Amalaric et lui rendit son sceptre ; mais comme sa capitale était aux mains des Francs, il l'établit à Narbonne, réduisant ainsi, de fait, à la Septimanie, le vaste empire d'Alaric de ce côté des Pyrénées : après quoi, préoccupé sans doute de faciliter à son maître la surveillance et la protection d'une couronne placée sur une tête si jeune, il s'appliqua à conquérir, au nom de l'Italie, les anciennes possessions des Wisigoths entre le Rhône et les Alpes, et d'y rétablir dans leur antique pureté les formes de l'administration romaine.

Cette conduite sauva les rapides conquêtes de Clovis dans le Midi de la destinée qui leur semblait dévolue. Il lui suffit de deux ou trois garnisons dans les points principaux, pour maintenir les populations dans l'obéissance. Du reste il n'y eut de changé que le nom du souverain. Les gouverneurs francs gardèrent les noms romains des charges et les charges mêmes. Imitant en cela les princes wisigoths, ils se contentèrent des biens abandonnés, et les couvents de moines auxquels on distribua le domaine royal furent les seuls nouveaux maîtres qui se fixèrent dans le pays.

On sait par quelle suite de crimes, d'assassinats, de trahisons, Clovis employa la fin de son règne à concentrer dans une seule main l'autorité sur toutes les tribus des Francs. Le but était grand et désirable, les moyens furent atroces et dignes d'une âme inaccessible à la pitié et aux remords, que le christianisme avait enveloppée, sans la pénétrer ni l'adoucir. Quand il mourut à 45 ans (511), il ne lui restait plus un parent, ni un rival parmi les siens

A partir de la mort de Clovis jusqu'à celle de ses fils (511-562), et pendant que vécurent ses petits-fils et leurs redoutables épouses, Frédegonde et Brunehaut (562-613), l'Histoire de France semble celle du meurtre et de l'assassinat. Si l'on veut voir le frère égorger son frère, le fils poignarder son père, le père étrangler son fils, le mari tuer sa femme, le vainqueur jeter dans un puits son ennemi vaincu avec sa femme et ses enfants, un prince ordonner que son fils soit brûlé vif, des moines tenter un assassinat nocturne sur la personne de leur évêque, des évêques dégradés en plein concile pour leur conduite licencieuse, des femmes employer tour-à-tour le fer et le poison pour se défaire d'un époux outragé ou d'un adversaire dangereux ; si l'on veut voir le tableau le plus effrayant de la dégradation et de la corruption humaine, il faut parcourir les annales des Francs pendant cette triste période ; au récit de tant de forfaits, d'atrocités et de massacres, il vous semble marcher dans le sang et heurter à chaque pas un cadavre (1).

Un petit nombre d'événements, relatifs à l'Aquitaine, méritent seuls d'être cités, au milieu de cet immense dédale de crimes, de conspirations et de partages.

Le premier se rattache au partage qui avait été fait de la province en autant de parts qu'il y avait d'héritiers. Dans ce lotissement, l'Auvergne était tombée à Thierry, qu'elle avait déjà des raisons de détester. Elle se révolta ainsi que le Limousin, donnant la première manifestation d'un sentiment d'hostilité, que tous les pays du Midi nourrissaient contre les nouveaux conquérants. Thierry entra en Auvergne à la tête de ses leudes auxquels il avait promis le pillage du bétail et des esclaves sans nombre ; la capitale résista, grâce aux prières de l'évêque saint Quintien, dit Grégoire de Tours, mais la forteresse de Tiern, située au pied des montagnes, fut moins heureuse ; tous les habitants en furent massacré : ceux de Brioude, réfugiés dans leur église avec leurs richesses, eurent le même sort. Le château de Lovolâtre, situé vers les sources de l'Allier, fut traité de même malgré sa réputation d'imprenable, ainsi que le château de Merliac, dans le Cantal, dont la défense naturelle était telle qu'un mur de cent

(1) Licquit : *Histoire de Normandie*, t. I, p. 12.

pieds de haut, d'un seul et immense bloc, enfermait des champs, des jardins et un étang d'eau vive.

Le second se rapporte à la lutte des enfants de Clovis entre eux. C'est la conspiration de Chramne, fils de Clothaire qui joignait un esprit souple et rusé à une grande énergie de caractère. Ce jeune prince, guidé par Ascovinde et Léo, tous les deux Aquitains, essaya de soulever le pays dont il était gouverneur et de se faire reconnaître roi indépendant de l'Auvergne, du Limousin et du Poitou. Si hardi que fût ce plan il aurait pu réussir, car il flattait la pensée secrète des Aquitains, et Clothaire était en ce moment trop engagé ailleurs, pour y mettre un prompt obstacle. Chramne eut donc le temps de lever des troupes et de s'installer à Limoges comme au centre de ses états, mais il eut l'imprudence de les quitter pour poursuivre une armée qui fuyait devant lui. La fortune qu'il tentait lui fut infidèle. Obligé de se retirer chez les Bretons il y fut rejoint par son père qui, après avoir battu ses partisans, le fit brûler avec sa femme et ses enfants dans une chaumière où il s'était réfugié.

Enfin le troisième événement remarquable en Aquitaine pendant cette véritable période, fut la révolte connue sous le nom de conspiration de Gondowald. Ce Gondowald passait pour être fils de Clothaire Ier. Sa jeunesse avait été semée d'aventures. Il revenait de Constantinople comblé des bienfaits de l'empereur Maurice, lorsque trois célèbres ambitieux de l'époque le patrice Mummole, Didier, duc de Toulouse, et Gontran-Boson, le mirent en avant vers l'année 582. Les premiers fils du coup de main qu'ils préparaient furent noués assez obscurément. Mais après la mort de Chilpéric, le pouvoir restant aux mains de Gontran et de Childebert, princes faibles et sans réputation, ils jetèrent le masque, pillèrent l'immense cortége de la fille du défunt qui traversait l'Aquitaine, pour aller rejoindre son fiancé Reccarède, roi des Wisigoths d'Espagne, et à l'aide de ses trésors, ayant renforcé leur armée de mercenaires, ils pénétrèrent en Limousin au mois de décembre 584, et empêchés d'aller jusqu'à Limoges, firent à Brive sur la Corrèze, qui n'était encore qu'une bourgade, la cérémonie du sacre de Gondowald, comme roi, fils de Clothaire, et s'empressèrent de le présenter aux villes voisines.

Périgueux fut une des premières où il se présenta; l'évêque Carterius fit difficulté de le recevoir, mais son refus n'empêcha pas les partisans de pénétrer dans la ville. Angoulême et Saintes ouvrirent leurs portes sans observation; Poitiers se déclara pour le nouveau roi et chassa les officiers de Gontran; à Cahors l'évêque et les habitants rivalisèrent d'empressement à lui jurer fidélité; Agen en fit autant; Alby et Rhodez les imitèrent. Toulouse, après quelques hésitations, suivit le même exemple; enfin Bordeaux même l'accueillit avec enthousiasme et entraîna la soumission de Dax et de Bazas.

La fortune semblait s'attacher à cette audacieuse entreprise lorsqu'enfin les rois Gontran et Childebert, unissant leurs forces songèrent à réduire l'usurpateur. Une armée d'Austrasiens et de Bourguignons partit donc pour le Midi sous les ordres de Leudegesile et d'Agilan, l'un duc, l'autre patrice. Son premier exploit fut de piller à fond le Poitou et de se livrer dans la ville à tous les excès après s'en être fait ouvrir les portes par les armes. Gondowald et ses partisans ne s'étaient pas attendus à cette alliance. Incapables de résister, ils reculèrent de la Charente sur la Dordogne, et de la Dordogne sur la Garonne, pour finir par s'enfermer dans la place de Comminges, « si bien garnie de vivres et de munitions qu'on eût pu, dit un auteur, s'y maintenir durant plusieurs années sans souffrir aucunement de la faim. » Les généraux francs ne tardèrent pas à les y atteindre. Ils entourèrent la ville; et, voyant que le siège traînerait en longueur, ils eurent recours à la perfidie; le malheureux Gondowald, livré par Mummole lui-même, fut massacré sur place. L'insurrection finit avec lui (585).

Ces faits, en y joignant une célèbre révolte qui eut lieu à Limoges de la part des citoyens contre les collecteurs d'impôts envoyés par Frédégonde, au temps de l'évêque Ferréol, et dont M. Aug. Thierry nous a retracé l'émouvant tableau dans ses *Récits des temps mérovingiens*, sont les seuls intéressants pour l'histoire qui nous occupe durant cette longue période de plus d'un siècle, qui sépare la bataille de Vouillon de l'établissement d'une organisation régulière des Francs en Aquitaine.

Si florissante qu'eût été cette province sous les Romains, si bienveillants qu'eussent été les Wisigoths pendant leur trop courte domination, sa prospérité n'avait fait que décroître depuis la mort de Constantin. Ses édifices, plusieurs fois ruinés, n'étaient plus entretenus : Les belles maisons de campagne où les sénateurs romains aimaient à se reposer sous de frais ombrages, au bord des eaux courantes, avaient fait place à des châteaux-forts composés de gros amas de tours que les petits employés, devenus seigneurs et maîtres, élevaient sur les hauteurs pour y abriter leurs rapines. Il n'y avait que les monastères qui eussent profité pour s'accroître, se développer et s'enrichir des bouleversements de la guerre, et les seuls hommes de lettres que cette période puisse revendiquer en Aquitaine, sauf Rutilius le poète, c'est-à-dire Sidoine Apollinaire, saint Prosper d'Aquitaine, Rusticus Elpidius, Sulpice Sévère, Ruricius, appartiennent tous au clergé.

CHAPITRE II.

(630-854.)

Les ducs mérovingiens. — *Charibert.* — *Boggis et Bertrand.* — *Eudo*, ses démêlés avec Charles-Martel, bataille de Cuise, ses démêlés avec les Arabes, bataille de Toulouse, bataille de Poitiers. — *Hunald.* — *Waïfer.* — Luttes avec Peppin Ier et Charlemagne. — *Lupus*, occupation de l'Aquitaine par Charlemagne. — Roncevaux. — Création d'un royaume d'Aquitaine. — Louis-le-Débonnaire. — Peppin II et Charles-le-Chauve. — Leurs luttes. — Rétablissement du duché d'Aquitaine.

C'est à l'année 630 de notre ère que les chroniqueurs font remonter l'établissement en Aquitaine d'un gouverneur héréditaire avec le titre de *duc*.

Cette année est célèbre dans l'histoire du monde par le commencement des prédications de Mahomet, et dans celle du royaume par la fondation de la célèbre abbaye de Saint-Denis destinée à servir de nécropole aux rois de France, et de retraite aux historiens de leur gloire.

Pour la première fois depuis l'origine de la monarchie, les trois couronnes de Neustrie, de Bourgogne et d'Austrasie étaient réunies sur la tête d'un même roi, et quoiqu'on touchât au déclin de la dynastie mérovingienne, le jeune Dagobert II surpassait à son aurore ce qu'on pouvait attendre de lui. « Les grands, dit un historien, étaient étourdis de ses vigoureux débuts; les clercs l'aimaient pour ses largesses envers les églises; les masses populaires respiraient sous la protection de sa hache; les leudes, les évêques, les ambassadeurs étrangers admiraient la magnificence de sa cour. Dagobert égalait en faste les monarques d'Orient. Les pierres précieuses étincelaient sur les bandeaux et sur les ceintures des femmes et des officiers de son palais. Les soies éclatantes de la Chine, que les marchands syriens apportaient d'Asie en Gaule et y vendaient au poids de l'or, couvraient le roi et ses courtisans, et Dagobert siégeait aux jours de fêtes sur un trône forgé par le célèbre orfèvre Eligius (saint Eloi), son ami et son argentier. »

Malgré l'usage ancien des Mérovingiens de partager la puissance royale comme un domaine à fruits, Dagobert, profitant un peu, il faut bien le dire, de la faiblesse d'esprit de son frère Charibert, mais surtout mû par la noble ambition de rétablir l'unité politique de la Gaule, avait réuni sur sa tête les trois couronnes et les portait avec gloire.

I. Charibert, conseillé par un oncle maternel, Brodulfe, qui paraît avoir été un homme d'un talent remarquable, s'était retiré à Toulouse, au centre d'une contrée hostile à la domination franque, et s'étant marié avec une fille du pays, Gisèle, née d'un chef gascon, il s'y fit un parti si puissant que son frère se vit en quelque sorte obligé de lui céder à peu près tout le territoire de l'ancienne Aquitaine, et de réunir sur sa tête les trois duchés de Toulouse, de Bordeaux et de Poitiers.

Le lecteur ne doit pas s'étonner de voir employer à une époque si reculée les titres de *ducs* et de *comtes*, ni même celui plus rare de *vicomtes*. C'étaient, sous les Romains, des noms d'emplois comme ceux de préfet et de général, qui n'éveillaient aucune idée de noblesse ou de privilège héréditaire. Les gallo-romains, et plus tard les Wisigoths, conservèrent ces emplois et ces appellations, que les Francs adoptèrent à leur tour, et elles ne commencèrent à exprimer une idée de noblesse et de possession qu'au IXe siècle.

Dagobert ne paraît avoir mis à la concession qu'il fit à son jeune frère qu'une seule condition, celle de prendre pour conseiller son ancien précepteur, Sadrégesille, dont il avait eu à se plaindre dans sa jeunesse, mais qui, sans doute, avait eu le talent de rentrer en grâce (1).

Quelques historiens ont voulu voir une sorte de partage dans la donation que Dagobert fit ainsi à Charibert : il est à remarquer, au contraire, et c'est un point important, qu'il conserva sur les provinces d'outre-Loire, et exerça à plusieurs reprises les droits de l'autorité souveraine. Bouchet, en ses *Annales d'Aquitaine*, en donne plusieurs exemples. C'est ainsi que pour orner la célèbre abbaye de Saint-Denis, sa fille préférée, il fit enlever de l'église Saint-Hilaire, de Poitiers, les portes de cuivre et les fonts baptismaux qui étaient fort riches. C'est ainsi encore que, dans les luttes de Charibert contre les peuplades insoumises du sud de l'Aquitaine, et surtout pendant la minorité de ses enfants, on voit intervenir à plusieurs reprises les armées du roi de France.

Charibert avait choisi pour sa capitale Toulouse, déchue du titre de ville souveraine depuis la translation à Tolède du siège de la monarchie wisigothe. On cite de lui, pendant la troisième année de son règne, une expédition couronnée de succès contre les Gascons révoltés ; il mourut jeune et laissa trois fils, Childéric, Boggis et Bertrand, dont l'aîné avait à peine trois ans (2).

II. Deux gallo-romains, Abondantius et Vénérandus, paraissent avoir été donnés par Dagobert pour tuteurs aux jeunes princes. Quant à Sadrégesille, il finit d'une façon tragique. « L'an 644, dit Bouchet (3), Sadrégesille, gouverneur du dit royaume d'Aquitaine, alla de vie à trépas, riche de plusieurs biens, meubles et immeubles, tant en Poitou qu'ailleurs, il fut occis violemment par aucun Aquitain en trahison. Et parce que les enfants qu'il avait laissés furent négligents de venger sa mort et d'en faire poursuite, ils furent appelés à droit par le roi Dagobert, et privés des biens de leur

---

(1) Bouchet : *Annales d'Aquitaine*, p. 79.

(2) Fauriel : *Histoire de la Gaule méridionale*, t. II, p. 440.

(3) Cette date est erronée, puisque Dagobert mourut en 638, c'est vers 637 que doit avoir eu lieu l'évènement en question.

père, desquels le dit Dagobert fit plusieurs dons et largesses, tant à l'église Saint-Denis qu'autres églises d'Aquitaine, comme a écrit Annonices en sa chronique. »

Le même auteur combat l'opinion des *Grandes chroniques*, depuis reproduite par M. Fauriel, qui prête à Dagobert une expédition en Poitou où il aurait dévasté le pays et rasé la capitale; mais il en admet une en Aquitaine pendant la minorité des jeunes ducs ses neveux. « L'an prochain après, dit-il, il y eut rébellion en Aquitaine par les Gascons, qui sont de courage léger et peu durable, contre lesquels le roi envoya son armée de Bourgogne avec douze ducs, l'un desquels et sa compagnie furent occis et déconfits; mais aux autres se rendirent les Gascons, et promirent d'envoyer ambassade devers le roi pour mieux faire leur paix. »

Dagobert étant mort en 638, les maires du palais, pour affaiblir la royauté, firent revivre l'usage interrompu depuis deux règnes du partage des territoires, et assignèrent à ses deux enfants, l'un de huit ans, l'autre de quatre, au premier, Sighebert, l'Austrasie, au second, Clovis, la Bourgogne et la Neustrie qui comprenait aussi l'Aquitaine.

Il ne paraît pas que le jeune monarque neustrien, qui, du reste, mourut à vingt-trois ans, ait jamais eu aucune relation avec ses cousins d'Aquitaine. Les maires du palais, Ega et Erchincald, avaient des intérêts bien trop chers à la cour du premier des rois fainéants pour songer à poursuivre dans la Gaule méridionale les priviléges d'une royauté illusoire.

On ne saurait dire, écrit M. Fauriel, en quel temps précis les deux fils de Charibert, Boggis et Bertrand, entrèrent comme ducs en jouissance de la portion d'Aquitaine que leur père avait possédée (c'est-à-dire de la portion la plus occidentale, car le pays de Bourges, l'Auvergne et l'Albigeois en étaient distraits), mais ils ne purent guère être quelque chose par eux-mêmes avant leur dix-huitième ou leur vingtième année, c'est-à-dire avant 618 ou 620.

« Les deux frères vécurent, à ce qu'il paraît, dans une grande union, et jouirent par indivis des domaines qui formaient leur duché; il n'existe du moins aucun vestige d'un partage entre eux. Ils durent se marier vers la même époque, et leurs femmes étaient sœurs, l'une nommée Aude, et l'autre Phigberte, d'une famille puissante de Francs-Austrasiens. Aude, la femme de Boggis, lui donna deux fils, Imitarius, dont on ne sait rien de plus que le nom, et Eudo, destiné à devenir célèbre comme duc d'Aquitaine. De Phigberte, Bertrand n'eut qu'un seul fils, nommé Hubert, qui fut par la suite évêque de Liége, et se fit un renom de sainteté encore aujourd'hui populaire (1). »

L'époque de la mort de ces princes est fort incertaine. Les historiens la placent entre 670 et 680 pour Boggis, et ne savent quelle date donner pour celle de son frère.

Il faut regarder comme le principal, sinon l'unique événement de leur règne, la guerre qu'ils eurent à soutenir contre les Gascons, ces turbulents montagnards, toujours armés et toujours redoutables, sur lesquels leur aïeul maternel, qui en était le chef, ne leur avait laissé en mourant qu'une autorité fictive. Les Gascons avaient pour chef, en 675, un certain Lupus, déjà célèbre par ses guerres en Septimanie, province dont la capitale, Nîmes, et les autres villes, Béziers, Narbonne, Adge, dernier reste de la puissance wisigothe en Gaule, supportaient fort impatiemment le joug des Wisigoths d'Espagne et s'étaient révoltées contre l'illustre roi Wamba qui résidait à Tolède. Lupus avait été sévèrement châtié par le prince barbare pour avoir favorisé la révolte de ses sujets; mais sa renommée n'en avait pas moins franchi les limites de sa province, et tout ce que la Neustrie et l'Austrasie renfermaient de mécontents, de vagabonds, d'aventuriers de toute condition, étaient accourus sous son drapeau. A leur tête, il forma le projet d'envahir l'Aquitaine entière, et de s'en faire un apanage aux dépens des fils de Childebert. Il passa donc la Garonne, envahit le territoire de Toulouse, et s'avança jusqu'à Limoges, où il fit acte de conquérant en exigeant le serment de fidélité de l'évêque et des habitants (2). Ce sont là les seuls

---

(1) Fauriel : *Histoire de la Gaule méridionale*, t. III, p. 3.
(2) *Miracula sancti Martialis* : *Apud scriptores rerum fr.*, t. III.

Ducs d'Aquitaine.

détails connus de cette guerre ; mais la possession de Limoges, où il est certain que Lupus établit sa domination transitoire, oblige à supposer que la plus grande partie des territoires situés entre la Vienne et la Garonne lui étaient également soumis. Du reste, si peu connus qu'en soient les incidents, cette expédition n'en reste pas moins une nouvelle preuve de ce mouvement d'opposition qui ne cessa jamais pendant tout le moyen-âge de raviver l'ancienne lutte des Aquitains contre les Francs.

Aude, la femme de Boggis, et Phigberte, celle de Bertrand, chassées de leur pays par cette guerre, se retirèrent dans le nord de la Gaule, où elles vécurent encore longtemps et moururent sans avoir revu l'Aquitaine. La première mourut en odeur de sainteté. Le fils que Phigberte avait eu de Bertrand et qu'elle emmenait avec elle, ayant été de son consentement ou non écarté des états de son père, vécut quelque temps comme simple leude à la cour d'Austrasie, et plus tard devenu évêque et saint, put mépriser les grandeurs temporelles auxquelles il avait été violemment arraché.

Pendant que le deuxième duc héréditaire d'Aquitaine achevait de vivre, le roi de Neustrie, dont il relevait, Clovis II, était mort en 655 laissant trois fils, Clothaire, Childéric et Thierry, dont l'aîné reconnu roi à cinq ans, avait reçu pour tuteur, Erchinoald d'abord, et ensuite Ebroïn. En mourant douze ans après sans avoir rien fait par lui-même le jeune Clothaire passa la couronne à son frère Childéric, en 669 avec Wulfoad et l'évêque d'Autun, Léodegarius (saint Léger), pour maires du palais. Il fut assassiné en 673, avec sa femme et ses enfants par les grands du royaume, et le troisième fils de Clovis fut couronné à son tour sous le nom de Thierry avec Leudesius pour maire du palais.

III. Thierry régnait donc avec une conduite assez scandaleuse et une autorité équivoque, lorsque la couronne ducale d'Aquitaine, passa du front de Boggis sur la tête de son jeune fils. Eudo, Eudon ou Eudes, comme le nomment la plupart des historiens, fut en ces temps de décadence et de barbarie, un prince vraiment remarquable, qui éleva très haut la gloire de ses armes. Il était vraisemblablement fort jeune, lorsque vers l'année 681, il entra en possession de l'Aquitaine, et peu après, peut-être par la mort de Lupus, de la

Gascogne, du Berry, de l'Auvergne en un mot de toute l'ancienne province avec ses limites romaines de la Loire aux Pyrénées.

Eveillée par ce vaste pouvoir, sa jeune ambition forma le projet de chasser définitivement les Wisigoths du Midi de la France, et d'en purger la Septimanie où ils dominaient encore. Dès l'année 688, il envahit cette province à la tête d'une armée, y exerça divers ravages et s'y établit passagèrement; mais Egika, le roi de Wisigoths alors, régnant à Tolède, envoya aussitôt en Septimanie des troupes qui la reprirent. La guerre ne finit pas là, elle dura encore plusieurs années avec des alternatives réitérées de succès et de revers pour les deux partis; mais en définitive, et malgré tout ce que put faire Eudo pour s'emparer de la Septimanie, cette province resta aux Wisigoths (1).

Pendant ce temps, la Neustrie, et même toute la France du nord de la Loire, était mise en feu par Ebroïn, qui, sorti du couvent de Luxeuil où l'avaient enfermé ses ennemis à la mort du roi Clothaire, venait de soulever en sa faveur tous ses anciens amis. Cet ambitieux n'avait point un esprit vulgaire. Plein d'opiniâtreté et de violence, mais convaincu de sa mission providentielle, il rêvait d'abattre au profit de la couronne et des masses, la classe anarchique des leudes, ducs et comtes, dont l'égoïsme était la loi. — Cette pensée était généreuse et digne d'un homme de génie; mais comment aurait-elle pu triompher, lorsqu'à la tête du parti opposé, se trouvait non-seulement toute la noblesse, mais le maire lui-même du palais d'Austrasie, Peppin d'Héristal qui devait être la souche d'une nouvelle race de rois et ne songeait qu'à renverser sans bruit après les avoir avilis aux yeux de leurs pairs les derniers descendants de Mérovée.

Il ne nous appartient pas de décrire, ni comment Ebroïn tomba sous le glaive d'un assassin obscur, ni comment il fut remplacé en Neustrie successivement par trois maires du palais incapables, au service de princes plus incapables encore, ni comment, Peppin en

---

(1) Fauriel: *Histoire de la Gaule méridionale*, t. III.

Austrasie, après avoir grossi son parti de tous les ambitieux et de tous les mécontents, régna jusqu'à sa mort, serrant sous son étroite tutelle quatre rois successifs qu'il ne tenait qu'à lui de jeter dans le ruisseau, et put réunir en leurs débiles mains, les deux sceptres de Neustrie et d'Austrasie sous une seule couronne. Il mourut en 714, sans avoir voulu être roi; mais non sans avoir transmis sa pensée intime et son rêve secret à ses enfants.

Peppin avait eu trois enfants dont les deux premiers étaient morts avant lui; le troisième Karl, que nous nommerons Charles-Martel, pour ne pas changer un nom consacré par l'usage, n'avait point obtenu la confiance paternelle. Mais son nom était un drapeau, et à la mort de Dagobert II, qui eut lieu en 715, tandis qu'une partie des grands proclamait un fils de Childebert qu'ils étaient allés chercher sous le froc, pour en faire Chilperic II, avec Raginfried pour maire, l'autre avec Karl à sa tête proclamait Clothaire IV, fils problématique de Dagobert.

Une lutte était inévitable. La victoire de Vincy, en 717, donna une première fois raison à Charles-Martel. Elle se renouvela en 718 et cette fois nous y voyons entrer notre duc Eudo d'Aquitaine, le seul adversaire digne du fils de Peppin

Cette période de la vie d'Eudo, paraît à M. Fauriel avoir été celle de sa plus haute puissance. « Il est remarquable, dit cet historien, que quand le maire de Neustrie Raginfried recourut à lui pour en obtenir des secours contre le parti austrasien, il le traita comme souverain absolu de tout le pays. On peut en dire autant des chroniqueurs et des biographes contemporains qui n'ont pas écrit sous l'influence immédiate des Carlovingiens et en adulateurs de ces rois nouveaux. Ils donnent indifféremment à Eudo les titres de duc, de prince ou de roi. »

Du reste, l'Aquitaine n'était pas la seule contrée du Midi de la Gaule qui eût mis à profit le relâchement extraordinaire des pouvoirs de la conquête franque durant les dernières luttes de la Neustrie et de l'Austrasie. « La Provence et la Bourgogne méridionale étaient dans une situation presque analogue. Arles et son territoire reconnaissaient l'autorité d'Eudo; le reste de la contrée, au moins jusqu'à l'Isère n'obéissait guère qu'à ses patrices, ducs ou comtes, et Lyon même était fort peu soumis au gouvernement austrasien. Partout dans ces régions, les ducs, les comtes et quelquefois même les évêques, appuyés par les populations visaient à l'indépendance. Ce qu'on peut appeler le domaine utile, les terres du fisc, les revenus, les péages, avaient échappé depuis longtemps aux rois et aux maires, et étaient passés dans les mains des seigneurs du pays (1). »

A la prière du maire de Neustrie qui lui avait dépêché une ambassade en lui envoyant de la part de Chilpéric, la couronne et les ornements royaux, Eudo, quoique préoccupé des grands périls qui commençaient à menacer la Gaule du côté de l'Espagne, consentit à lui prêter le secours de ses armes. Dans les premiers mois de 719, une armée de Méridionaux, dont les montagnards des Pyrénées étaient la principale force, passa la Loire et alla rejoindre, sous les ordres du duc d'Aquitaine, les débris des bataillons royaux, pour marcher avec Raginfried contre l'armée austrasienne.

Mais Charles ne les attendit pas et accourut à leur rencontre à la tête d'une forte armée. Le choc eut lieu sur l'Aisne près de Soissons, à quelques lieues de la forêt de Cuise, aujourd'hui forêt de Compiègne. Il y eut là une grande tuerie de Francs, disent les *Annales de Saint Nazaire*. Au plus fort de l'affaire le désordre se mit dans l'armée Neustro-Aquitaine, cette masse confuse se débanda, et Eudo, à la tête de ses Gascons, put à peine arracher de la mêlée la personne royale de Chilpéric, avec lequel il regagna le pays d'outre-Loire en emportant le trésor de la couronne.

Charles n'était point en mesure de suivre Eudo sur ses terres ; mais son roi Clothaire étant mort sur ces entrefaites, il expédia des ambassadeurs vers le duc d'Aquitaine, et lui offrit de faire amitié avec lui, s'il voulait lui remettre le roi et le trésor royal de Neustrie. Il s'était passé de telles choses dans le Midi depuis quelques mois, et l'imminence du danger était telle, qu'Eudo dut accepter sur-le-champ. Il fit donc la remise de Chilpéric qu'aucune vertu ne ren-

---

(1) H. Martin : *Histoire de France*, t. II, p. 182.

dait impropre à remplacer Clothaire. Charles le fit reconnaître roi d'Austrasie comme il l'était déjà de Neustrie et de Bourgogne; et, disent les *Annales de Metz*, il le laissa régner sous son autorité de 718 à 721, époque où ce fantôme de roi s'étant éteint, il le remplaça par Thierry II, autre enfant dont la santé devait lui éviter la peine de chercher un nouveau roi pendant dix-huit ans.

Cependant l'Aquitaine touchait à une terrible crise. Les sectaires de la nouvelle religion de Mahomet, après avoir en moins d'un siècle conquis tout l'Orient et l'Afrique, avaient franchi les colonnes d'Hercule, et marchant le glaive d'une main et le Coran de l'autre, ils menaçaient d'envahir l'Europe à son tour, et d'y anéantir le culte chrétien.

Deux campagnes leur avaient suffi pour renverser la monarchie gothique, et soumettre l'Espagne, à l'exception des rochers stériles de la Cantabrie; c'était maintenant le tour de la Gaule; c'est à elle qu'il appartenait désormais de défendre les traditions du monde ancien. La grande lutte commencée sur les confins de l'Europe et de l'Afrique, allait se poursuivre au bord de la Garonne et du Rhône, et le jeune duc d'Aquitaine presque inconnu la veille, allait devenir le rempart du christianisme contre la religion nouvelle.

Les chroniques chrétiennes font remonter à 716 ou 717 les premières irruptions des musulmans sur les terres de Septimanie, derniers débris de la splendeur des Wisigoths en Gaule. La vue de ces conquérants de race étrangère jeta aussitôt la terreur non-seulement dans la Gothie, abandonnée à ses évêques et à ses comtes par la chute du gouvernement de Tolède, mais dans toute l'Aquitaine et dans toute la Provence. Chacun se hâta de déplacer, de cacher, d'enfouir ce qu'il avait le plus à cœur de sauver des mains des infidèles. Les églises surtout tremblèrent pour leurs trésors et leurs reliques. Il y eut probablement dès lors des monastères abandonnés, des églises désorganisées, et comme en Espagne des bandes de fugitifs cherchant un refuge du midi dans le nord, et de la plaine sur la montagne. Mais aucune expédition sérieuse n'avait encore franchi les Pyrénées, lorsqu'en 718 le gouverneur Arabe d'Espagne, El-Haur entama sérieusement la conquête de la Septimanie et mit le siège devant Narbonne.

La Gaule Méridionale n'avait de chance de salut qu'en se serrant autour d'Eudo. Il se trouva justement qu'à cette heure suprême le duc d'Aquitaine était engagé dans sa querelle avec les Francs, et se faisait battre par les Austrasiens sur les bords de l'Aude « Narbonne où s'étaient réfugiés beaucoup de nobles Goths d'outre les monts, fut emportée de vive force, et si l'on en doit croire la chronique du monastère de Moissac (1), tous les hommes furent passés au tranchant du sabre, et les femmes et enfants emmenés captifs en Espagne. La ville qui n'avait jamais été prise par un ennemi étranger depuis la fondation du royaume des Wisigoths, conservait encore de beaux restes de sa splendeur passée. Le butin fut immense. Les vainqueurs enlevèrent d'une des églises entre autres choses, sept statues en argent, dont la capture figura longtemps dans leurs traditions comme l'incident le plus merveilleux de la prise de Narbonne (2). »

El-Haur avait à peine eu le temps d'assurer par une garnison l'occupation militaire de la ville, qu'il fut remplacé par un autre général du nom de Samah, que les historiens s'accordent à représenter comme un homme d'un grand caractère et d'une haute capacité. Ce nouveau chef au lieu de poursuivre la conquête de la Septimanie, et d'y attaquer l'une après l'autre les villes où les Wisigoths tenaient encore, trouva plus glorieux et plus décisif d'attaquer de suite le chef le plus puissant du Midi de la Gaule, celui dont la défaite devait entraîner la soumission et la ruine de tous les autres, le duc Eudo.

En conséquence il s'avança par la vallée de l'Aude vers les frontières méridionales de l'Aquitaine. On croit avec assez de vraisemblance, qu'en passant il prit Carcassonne, et que de là, gagnant la la vallée de la Garonne, il vint assiéger Toulouse avec une armée que

---

(1) La chronique de Moissac est la source la plus certaine pour tout ce qui concerne les guerres de l'invasion arabe en deçà des Pyrénées. (Fauriel).

(2) M. Martin : *Histoire de France*.

les chroniqueurs portent à quatre cent mille combattants, mais que M. Fauriel, qui nous sert de guide dans tout ce récit, réduit judicieusement à quarante ou quarante-cinq mille.

L'espoir d'un prompt secours décida les Toulousains à se défendre courageusement. Cet espoir ne fut point trompé. Au bout de quelques jours assiégeants et assiégés aperçurent du côté du nord-ouest des nuages de poussière qui obscurcissaient le ciel. C'étaient les Aquitains levés en masses à l'appel de leur chef, qui accouraient sous les ordres d'Eudo lui-même, résolu à jouer dans une seule bataille son existence et celle de son duché.

« L'importance de la bataille de Toulouse a presque disparu dans les histoires modernes de l'Europe; elle s'est comme perdue dans la renommée de la bataille de Poitiers avec laquelle elle a été fréquemment confondue. Cependant, à rapprocher le peu que l'on sait de chacune de ces deux journées, on s'assure aisément que la première ne fut pour les Chrétiens ni moins glorieuse ni moins décisive que la seconde.

» Les deux armées en vinrent aux mains dans un lieu que les traditions arabes désignent par le nom d'*El-Balat*. Ce nom, qui signifie en général une chaussée, une digue, semble indiquer que les musulmans occupaient la route romaine de Toulouse à Carcassonne qui devait subsister encore.

» Tout présageait une mêlée des plus sanglantes entre deux armées, dont chacune allait combattre pour sa croyance, avec toute l'ardeur d'un zèle religieux exalté jusqu'à l'enthousiasme par les discours et les exhortations de ses chefs. « Ne craignez point la multitude que voici, dit El-Samah aux siens, en leur montrant leurs adversaires ; si Dieu est avec nous, qui sera contre nous ? » Des paroles si simples et si graves suffisaient aux guerriers musulmans. Eudo, de son côté, prétendit avoir tout récemment reçu du pape trois éponges qui servaient à nettoyer la table sur laquelle les souverains pontifes avaient coutume de donner la communion : il les fit couper en menus brins et distribuer à ceux qui en voulurent.

» On ne sait presque rien des manœuvres, des incidents, ni des hasards de cette bataille. Ce qu'il y a de très probable c'est que le duc Eudo, ayant sur les Arabes l'avantage du nombre, manœuvra de manière à les envelopper et y réussit. Toujours est-il que les Chrétiens remportèrent une victoire complète, et que la plus grande partie de l'armée arabe fut taillée en pièces. El-Samah fut tué, et la défaite des siens fut si complète que, plusieurs siècles après, leurs descendants en conservaient un amer souvenir (1). »

Il paraît d'abord étonnant que le duc d'Aquitaine n'ait pas profité d'une si grande victoire pour repousser ses agresseurs au-delà des monts; mais si l'on considère que son armée n'était sans doute, selon l'usage du temps, qu'une levée en masse de gens pressés de retourner à leurs affaires, on concevra qu'il n'ait pu exécuter ce que lui prescrivait la prudence et lui enseignait certainement sa grande habitude de la guerre. Cette circonstance permit aux vaincus de se retirer dans Narbonne, et leur donna quatre années pour réparer leurs pertes.

En 725, un chef arabe, du nom d'Ambessa, se crut en état de reprendre l'œuvre de la conquête. Il traversa les Pyrénées avec une grande armée, mais il ne se porta pas sur l'Aquitaine, et alla attaquer les chrétiens des pays situés entre les Cévennes et la Méditerranée. Il acheva ainsi de soumettre la Septimanie, et se porta jusqu'en Provence après avoir poussé plusieurs pointes en remontant le cours du Rhône. Mais la fortune trahit Ambessa au moment où il se croyait sûr d'elle. Les Arabes furent repoussés dans plusieurs actions meurtrières, et leur chef blessé à mort dans une grande bataille contre Eudo, qui s'était porté à la hâte au secours des Provençaux, revint expirer en Septimanie dans les premiers mois de l'année 726.

Les musulmans, en perdant ce brave chef, ne perdirent rien de leur courage. D'ailleurs l'armée conquérante était constamment renouvelée par les religionnaires exaltés qui accouraient sans cesse de tous les pays soumis au Coran. Les mobiles populations de la Gaule méridionale furent bientôt plus fatiguées de leurs succès que les Arabes de leurs revers, et le vieux duc Eudo, champion obligé de

---

(1) Fauriel : *Histoire de la Gaule méridionale*, t. III, p. 81.

la cause chrétienne, ne pouvant compter sur l'appui de Charles-Martel, dut songer à détruire ses ennemis par eux-mêmes en les divisant.

L'occasion ne se fit pas longtemps attendre. Abd-el-Rahman venait d'être choisi par le kalife pour remplacer Ambessa au gouvernement de la Péninsule. Mais son élévation ne pouvait se faire sans froisser profondément un autre puissant chef du nom d'Abi-Nessa (le Minus des chroniqueurs), qui, déjà deux fois, coup sur coup, avait été élevé au gouvernement d'Espagne pour en être deux fois déposé. Cet Abi-Nessa n'était point d'origine arabe, mais berbère, c'est-à-dire lui-même d'une race opprimée. Il commandait alors la frontière des Pyrénées, et sentant que ses forces n'étaient pas suffisantes pour se procurer ce qu'il projetait, il rechercha l'appui d'Eudo. Les propositions du chef musulman étaient trop dans les intérêts du duc d'Aquitaine pour qu'il ne s'empressât pas de les accepter. L'amour eut, dit-on, part à leur contrat. L'émir avait eu occasion d'apercevoir la belle Lampagie, fille d'Eudo. Il l'aima et la demanda à son père, qui consentit à faire aux convenances politiques le sacrifice de ses scrupules de religion.

Cette alliance avait pour le duc d'Aquitaine l'immense avantage de mettre entre lui et le divan de Cordoue une lisière de terrain défendue par des alliés qui pouvaient lui servir d'avant-garde, mais elle était tellement inattendue que la nouvelle en causa dans le conseil d'Abd-el-Rahman et dans celui de Charles-Martel une sorte de panique qui fut funeste à ses auteurs. Chez les Francs on accusa Eudo de trahir la cause qu'il avait, pour ainsi dire à défendre par mission providentielle, chez les Arabes on cracha à la face d'Abi-Nessa l'épithète outrageante de renégat. De part et d'autre on courut aux armes.

En apprenant que Charles-Martel avait passé la Loire, Eudo eut à peine le temps de ramasser une poignée d'hommes et d'arriver à temps devant Bourges pour en chasser la garnison que son rival venait d'y établir.

Presque en même temps il apprit qu'Abd-el-Rahman, accourant avec de grandes forces au pied des Pyrénées pour y réprimer la rébellion d'Abi-Nessa, avait forcé celui-ci à se mettre en fuite, et que tandis qu'il se reposait avec sa bien-aimée Lampagie dans une gorge écartée et déserte, à côté d'une fraîche cascade, il avait été surpris et mis à mort par ses ennemis, qui avaient ensuite adressé Lampagie au kalife de Damas comme une trophée digne de lui.

Le malheureux père, à cette nouvelle, sentit qu'il n'avait plus rien à espérer de la fortune. Ce pressentiment n'était que trop vrai. A peine quelques mois s'étaient-ils écoulés, qu'à travers les neiges qui encombraient les défilés des montagnes, au commencement de 732, Abd-el-Rahman descendit en Gascogne avec une armée de plus de soixante mille combattants.

« Les tribus d'Asie et d'Afrique, dit H. Martin, inondèrent l'Aquitaine comme une mer débordée. Les milices basques et gallo-romaines, malgré leur vive résistance, furent partout culbutées et refoulées jusqu'à la Garonne ; les villes furent forcées et pillées ; les abbayes détruites de fond en comble ; le gros des légions arabes se porta directement sur Bordeaux, et planta ses tentes devant cette ville, où le roi Eudo se trouvait en personne. Eudo n'attendit pas l'ennemi derrière les remparts ; toutes les forces de l'Aquitaine s'étaient concentrées près du confluent de la Garonne et de la Dordogne. Le roi d'Aquitaine, animé par le souvenir de la victoire de Toulouse, et brûlant de venger sa fille captive et ses états désolés, sortit de la ville et présenta la bataille aux musulmans. Un seul jour lui ravit le fruit de cinquante ans de gloire : l'armée aquitanique fut écrasée, et « Dieu seul, dit Isidore de Beja, sait le nombre de ceux qui moururent dans cette journée. » Le vieux roi s'enfuit le désespoir dans l'âme, et put voir, de la rive nord de la Garonne, les flammes qui dévoraient les églises de Bordeaux, emportée d'assaut et saccagé par les vainqueurs. »

Tout était perdu : l'Aquitaine ne pouvait plus rien pour elle-même, il ne lui restait qu'à tendre la main aux fers des Arabes ou à se jeter dans les bras des Francs. Eudo fit son choix en chrétien, et, sans chercher à prolonger la lutte contre les musulmans, oubliant l'orgueil et les ressentiments du passé, il se rendit en toute diligence à Paris, se présenta à Charles et lui raconta ses désastres en lui demandant de sauver l'Aquitaine en sauvant ses propres états déjà menacés à leur tour.

Pendant ce temps le torrent de l'invasion arabe se répandait dans l'Aquitaine épouvantée et se jetait à l'aventure à travers les campagnes sans autre but que de se gorger de butin et sans plan de campagne arrêté. Il est vraisemblable que les pillards se divisèrent en plusieurs bandes pour ne point s'affamer entre eux. Au rapport des traditions populaires, certaines de ces bandes dévastèrent le Limousin, d'autres se portèrent vers les montagnes d'Auvergne et du Velay, il y en eut même d'assez audacieuses pour entrer en Bourgogne, détruire Autun et assiéger Sens, qui ne dut son salut qu'à la fermeté de son belliqueux prélat.

On peut évaluer à trois mois le temps pendant lequel les bandes d'Abd-el-Rahman parcoururent ainsi les plaines et les montagnes, fouillant les maisons et incendiant les églises et les couvents pour les dévaliser plus facilement, sans que l'autorité de leur émir put réussir à les rallier. Ils étaient déjà couverts et embarrassés de leur butin lorsqu'ils arrivèrent à Poitiers avec l'intention de piller le trésor de Saint-Hilaire et d'aller ensuite recueillir celui plus considérable encore de la basilique de Saint-Martin de Tours. Les braves habitants de Poitiers ne laissèrent point les Arabes entrer dans leur ville, mais ils ne purent défendre l'église de leur patron qui, placée dans un faubourg, fut dépouillée et réduite en cendres. Sans s'arrêter au siège de la cité, Abd-el-Rahman marchait déjà vers Tours lorsqu'il apprit qu'une formidable armée venait au secours de la maison de Saint-Martin. L'émir se replia alors sur Poitiers « et se prépara à affronter les guerriers du nord dans ces mêmes plaines de la Vienne et du Clain où la possession de la Gaule avait déjà été débattue, deux cent vingt ans auparavant, entre les Francs et les Wisigoths, entre les ariens et les catholiques. »

C'était vers le milieu de septembre. Les deux armées se rencontrèrent dans un lieu que Bouchet appelle Saint-Martin-le-Bel. Celle des musulmans innombrable, mais grisée de succès et empêtrée de butin ; celle de Charles et d'Eudo formée de tout ce que l'enthousiasme religieux et le sentiment national avaient pu recruter à la hâte en Neustrie, en Austrasie, en Bourgogne, et même en Germanie.

Les deux généraux restèrent une semaine entière en face l'un de l'autre, différant d'heure en heure, de jour en jour, à en venir à une action décisive. Ils semblaient comprendre instinctivement que le sort du monde allait se jouer dans la première mêlée. Quant à leurs troupes, elles s'inspiraient un étonnement réciproque par la différence des physionomies, des armes, des costumes et de la tactique. « Les Francs contemplaient d'un œil surpris ces myriades d'hommes bruns, aux turbans bruns, aux burnous blancs, aux abas rayés, aux boucliers ronds, aux légères zagaies, caracolant parmi des tourbillons de poussière sur leurs cavales échevelées. De même les cheiks musulmans passaient et repassaient au galop devant les lignes gallo-teutoniques pour mieux voir les géants du nord avec leurs longs cheveux blonds, leurs heaumes brillants, leurs casaques de peaux de buffles, leurs longues épées et leurs énormes haches (1).

Enfin le septième jour, qui était un samedi (732), au lever de l'aurore, Abd-el-Rahman, à la tête de sa cavalerie, donna le signal d'une attaque qui devint promptement générale. Les chances du combat se balancèrent avec une sorte d'égalité entre les deux partis jusques vers les approches du soir. Alors un corps d'Aquitains, commandé par Eudo, tourna l'armée arabe pour prendre à dos les combattants. S'apercevant de cette manœuvre, la cavalerie musulmane donna dans le piège, et, abandonnant son poste, courut à la défense du butin qui était entassé dans le camp. Ce fut le commencement du tumulte. En vain Abd-el-Rahman accourt à toute bride pour l'arrêter; les Francs, saisissant l'instant favorable, se jettent sur ce point, et dans la mêlée, l'émir lui-même disparaît broyé sous les pieds des chevaux. La nuit arrêta les combattants. Les Arabes, sans chef, se rallièrent comme ils purent pour compter leurs morts : les Francs, pleins d'espoir, passèrent la nuit sous les armes pour être prêts à reprendre le combat à la pointe du jour. Mais quelle ne fut pas leur surprise, au lever du soleil, de ne voir dans le camp ennemi ni mouvement, ni soldats, ni rien de l'agitation qui doit précéder une bataille. On envoya des éclaireurs à la découverte; ils revinrent en disant que les tentes étaient vides et qu'il ne restait pas un seul

---

(1) H. Martin : *Histoire de France*, t. II, p. 201.

homme en vie dans le camp ennemi. Les débris de l'armée musulmane étaient partis en silence à la faveur des ténèbres, abandonnant tout hormis leurs armes et leurs chevaux. La grande querelle était décidée. Les Francs, sans songer à les poursuivre, se mirent aussitôt à se partager les dépouilles enlevées par les Barbares aux Aquitains. Après ce partage presque tous reprirent le chemin de leurs foyers, abandonnant aux gens du pays le soin de fermer la retraite aux débris de l'armée musulmane.

Le clergé, dans sa reconnaissance, proclama partout Charles *le marteau de la guerre et le libérateur de la foi*. Mais nul ne songea à Eudo.

Rentré dans Bordeaux comme un lion dans sa tannière, le vieux duc ne put survivre à une victoire dont il avait pris toute la peine et dont un autre avait recueilli toute la renommée. Il mourut âgé de soixante-dix ans à peu près, en 735. L'histoire a personnifié en lui la résistance des populations du Midi encore imbues de la civilisation romaine, à la grossièreté des Francs septentrionaux. « Ce ne fut certainement pas un homme ordinaire, dit avec raison M. Fauriel, celui qui, contemporain et adversaire d'un Charles-Martel, ne fut ni subjugué ni éclipsé. Rien, peut-être, n'atteste si bien aujourd'hui les grandes qualités d'Eudo que l'inique et grossière malveillance avec laquelle l'ont traité les chroniqueurs carlovingiens, adulateurs serviles de ses ennemis. Pas un d'eux ne dit un mot des conquêtes par lesquelles il se fit un état qui comprenait le tiers de la Gaule, pas un ne fait la moindre allusion à ses guerres continues avec les musulmans d'Espagne, ni à ses victoires sur eux. Mais leurs réticences ne sont rien en comparaison de leurs calomnies; ils lui imputent avec une effronterie stupide des méfaits dont rien n'autorise à supposer qu'il eût eu la même pensée. A les en croire, ce fut par dépit d'avoir été vaincu par Charles-Martel dans une guerre où l'inique agression de celui-ci est mieux constatée que sa victoire, qu'Eudo alla chercher, au-delà des Pyrénées, ces terribles légions d'Arabes, qui le battirent et pillèrent presque toutes ses villes. Pour pouvoir proférer un si absurde mensonge, il fallait taire un fait grave et certain : il fallait cacher que ce fut aux sollicitations d'Eudo que

Charles-Martel marcha contre les Arabes; aussi, pas un de ces chroniqueurs ne le dit. »

V. Des trois enfants qu'il laissait après lui, Rémistan, l'aîné, fut écarté du pouvoir, pour cause d'illégitimité. Le second, Hunald, et le troisième Hatto, possédèrent par indivis l'Aquitaine jusqu'à ce que la supériorité du premier lui eût assuré la prépondérance. Il est à conjecturer qu'il avait au moins une trentaine d'années quand son père lui laissa la couronne.

La nouvelle de la mort d'Eudo trouva Charles-Martel dans les conditions les plus favorables à son ambition. Il venait de juguler une conspiration ourdie entre les seigneurs Provençaux et Youssouf le chef des Arabes qui occupaient encore en Septimanie l'ancien domaine des Wisigoths. La soumission d'Arles, d'Avignon, de Lyon, de Nîmes, Agde, Béziers et Maguelonne avait été le prix de son intervention : il possédait non-seulement la Provence, mais une partie de cette Septimanie dont les Arabes estimaient tant la conservation : l'Aquitaine seule restait à soumettre pour qu'il fut véritablement maître absolu de toute l'ancienne Gaule, car son roi Thierry étant mort dans quelque château ignoré, il avait oublié de lui donner un successeur. Mais la mort ne lui laissa pas le temps de chasser la race de Charibert de cette contrée qu'elle possédait depuis plus d'un siècle. Il s'éteignit lui-même en 741, laissant trois fils, dont les deux aînés seulement Peppin et Carloman, avaient droit à son héritage?

Cet héritage quel était-il? était-ce la couronne puisqu'il n'y avait plus de roi depuis trois ans? ou était-ce la mairie du palais? Malgré son ambition déjà mûre, Peppin n'osa affronter le mécontentement des leudes de Neustrie et de Bourgogne, dont il savait la plupart attachés aux anciennes traditions mérovingiennes ; il fit proclamer, de concert avec son frère, un certain Childéric III, dernier descendant des roi fainéants, dont la naissance même était à peine connue, et les fils de Martel, mettant ensemble leurs intérêts, allèrent gouverner sous son nom comme maires du palais, l'un en Austrasie, l'autre en Neustrie.

Ayant ainsi régularisé leur position, il était en droit d'exiger des plus puissants leudes une sorte d'acquiescement ou de serment de fidélité à leur nouveau maître.

Hunald fut nécessairement compris dans ce nombre, et le maire du palais de Neustrie paraissait d'autant plus autorisé à surveiller sa manière d'agir, qu'au moment de son élévation, dans la dernière année de Charles-Martel, et pendant que celui-ci avait sur les bras la guerre de Provence et celle contre les Saxons, le jeune duc d'Aquitaine, avait refusé hautement de prêter serment de fidélité à un chef qui n'était point roi, et qui avait été constamment l'ennemi de son père.

La nouvelle tentative de Peppin, ne fut pas plus heureuse. Soit que la royauté de Childéric ne lui semblât pas suffisamment légitimée, soit qu'il se crut dispensé de la reconnaître comme héritier d'un père auquel Childéric II avait envoyé de son plein gré les insignes royaux, Hunald ne répondit aux sommations du maire du palais qu'en concluant une alliance offensive et défensive avec un autre opprimé le duc Odilon de Bavière.

Du reste, l'Aquitaine et la Bavière n'étaient pas les seules contrées qui à la mort de Charles-Martel, eussent levé la tête contre ses fils. La Provence et tout le pays entre le Rhône et les Alpes avaient chassé les Francs qu'on leur avait donnés pour gouverneurs et repris leurs anciennes coutumes.

Comme ces derniers ennemis étaient les moins redoutables ce fut par eux que les nouveaux maires du palais voulurent commencer à montrer le pouvoir de leurs armes. Peppin marcha contre eux au printemps de 742, et s'il n'en acheva pas la soumission, il fit au moins rentrer dans le devoir la plupart des villes révoltées.

Après ce premier exploit, les forces réunies des deux frères marchèrent contre le duc Hunald. Ils attaquèrent d'abord Bourges qu'ils se flattaient probablement de surprendre, mais il leur fallut se contenter d'en brûler les faubourgs. De là, marchant droit à l'ouest, ils poussèrent jusqu'à Loches, petite ville fortifiée sur la rivière d'Indre qu'ils détruisirent de fond en comble mais dont ils épargnèrent les habitants. Il ne paraît pas que Hunald ait risqué de bataille. Il trouva cependant un moyen d'empêcher les Francs d'aller plus loin.

Nous avons dit qu'il avait fait alliance avec Odilon de Bavière Celui-ci, fidèle à sa promesse, n'eut pas plutôt appris l'invasion de l'Aquitaine qu'il souleva la Bavière, la Souabe et toute l'Allemagne

Documents manquants (pages, cahiers...)
NF Z 43-120-13

DE LA PAGE 65
A LA PAGE 80

mais ce fut lui qui fut défait. Adalric tira de son triomphe une importance si redoutable que pour la détruire, le grand empereur en fut réduit à employer la ruse, et Adalric, attiré au plaid de Worms, en 789, fut saisi et conduit en exil. Corson, de son côté, fut déposé comme incapable, et remplacé par Guillaume « au court nez », depuis surnommé le Pieux, qui jouissait déjà d'une grande réputation militaire. Ces événements nous conduisent jusqu'au moment où Charlemagne, croyant la paix assurée en Aquitaine, eut la malheureuse pensée d'en retirer ses forces pour les envoyer avec leur roi guerroyer en Italie.

« Mais, tandis que la Gaule méridionale se dégarnissait ainsi de ses meilleurs combattants, les Arabes d'Espagne qui, durant de longues années, avaient usé leur force et leur courage dans d'interminables guerres civiles, se trouvaient enfin réunis sous la main vigoureuse de l'émir Hescham, qui s'efforçait de diriger contre les ennemis de l'islamisme l'ardeur turbulente de son peuple. Dès 791 les bandes de l'émir de Cordoue avaient saccagé les environs de Girone et d'Urgel, places soumises à la suzeraineté franque, et les vallées des Pyrénées Orientales : en 792 elles commencèrent à faire des courses dans la Gascogne gauloise, et l'année suivante Hescham, profitant du départ des milices aquitaniques pour l'Italie, lança sur le pays des Francs une nombreuse armée sous les ordres d'un chef nommé Abd-el-Melek. Girone fut emportée d'assaut et noyée dans le sang de ses habitants ; puis les Arabes franchirent les montagnes, se précipitèrent sur la Septimanie, pillèrent et ravagèrent tout, des Pyrénées aux portes de Narbonne, brûlèrent les riches et populeux faubourgs de cette ville, et, sans s'obstiner au siége de la cité, se dirigèrent vers Carcassonne.

» Le duc de Toulouse, Guillaume, et les comtes des Marches avaient rassemblé à la hâte les garnisons peu nombreuses de la frontière et levé en masse les populations aquitaniques. Abd-el-Melek et Guillaume se rencontrèrent à quelques milles à l'ouest de Narbonne, vers le confluent de l'Aude et de l'Orbieu. La multitude inaguerrie des citadins et des colons qui formaient l'armée chrétienne ne put soutenir le choc impétueux des musulmans, et Guillaume de Toulouse, voyant ses compagnons morts ou en fuite, fut forcé de céder

Ducs d'Aquitaine.   6

le champ de bataille après avoir fait des prodiges de valeur. Tout vaincu qu'il était, il réussit cependant à arrêter les vainqueurs. Les musulmans, affaiblis par leur sanglante victoire et chargés d'un immense butin qu'ils avaient hâte d'emporter dans leurs foyers, ne poussèrent pas plus loin l'invasion. Ils gardèrent seulement les forteresses des montagnes, et repassèrent les Pyrénées, traînant après eux des milliers de captifs. Suivant les traditions arabes, l'émir Hescham employa sa part du butin à l'achèvement de la fameuse mosquée de Cordoue, le plus vaste édifice, peut-être, qu'aient élevé les sectateurs du prophète (1). »

Le roi Louis, pendant ce temps, avait achevé sa campagne contre les Bénéventins et rejoint son père en Bavière. Leurs premiers entretiens durent être graves et tristes, car ils avaient à parler de la défaite de l'Orbieu et des terreurs croissantes de la Septimanie, de nouveau menacée de devenir musulmane. « Il y avait dans de tels événements, dit l'historien que nous suivons en l'abrégeant, un sujet de réflexions sérieuses pour Charlemagne. S'il n'eût été déjà bien convaincu que le vrai rôle de ce royaume d'Aquitaine était de soutenir la lutte contre les musulmans Andalous, et que les forces de ce pays ne pouvaient, sans péril, être employées à des guerres lointaines, les dernières nouvelles du Midi le lui auraient appris.

Nous n'entrerons pas dans le détail des petites aggressions qui, pendant huit années tinrent en haleine les troupes du brave duc Guillaume, et amenèrent la reprise de Narbonne ainsi que la soumission de Lérida, d'Oska, de Pampelune, et la mise en état de défense de Girone, Ausone, Caseries et Cardone; il nous tarde d'arriver au récit d'une expédition dont la renommée contrebalança celle de l'émir Hescham en Septimanie, je veux parler du siège de Barcelone.

La résolution d'envoyer contre cette ville une armée suffisante pour la réduire avait été prise au champ de mai de l'année 801,

---

(1) H. Martin : *Histoire de France*, t. II, p. 316.

tenu à Toulouse. Au mois de septembre suivant, époque du déclin des chaleurs de l'été, l'armée d'Aquitaine se mit en marche, et, laissant en deçà des défilés, dans l'antique ville de Ruskino, le roi Louis avec un détachement, elle s'avança sous les murs de la ville. Barcelone, toute fière de ses vieilles fortifications romaines relevées et mises en bon ordre par les musulmans, avait alors pour gouverneur un émir du nom de Zaidoun, qui, après avoir réclamé les secours du roi de Cordoue, s'était enfermé dans la ville avec la résolution d'y résister jusqu'à la fin. Les attaques commencèrent de part et d'autre avec une grande énergie. Les assiégeants, à l'aide des bois voisins qu'ils avaient abattus, construisirent d'abord des machines de guerre : les Musulmans trouvèrent moyen de les rendre inutiles. Les chrétiens s'attachèrent alors à affamer la ville ; ils réduisirent les habitants à manger les vieux cuirs qui couvraient les portes de leurs appartements, et plusieurs en vinrent à se jeter du haut des murailles pour échapper aux tortures de la faim. Les Arabes, comptant d'abord sur le secours qu'ils avaient demandé à Cordoue, et ensuite sur le retour de l'hiver, que l'usage du temps ne permettait pas de passer en guerre, supportèrent toutes ces privations avec courage jusqu'aux approches de la saison des neiges. Mais quand ils virent leurs ennemis se disposer, la scie et la hache à la main, à dresser des cabanes pour s'abriter du froid, leur cœur commença à faiblir.

Alors Zaidoun eut recours à un moyen qui tient du roman. Ayant remarqué dans le camp ennemi un endroit qui lui semblait mal gardé, il sortit à la faveur de la nuit, et essaya de traverser les lignes chrétiennes pour aller lui-même presser le secours qu'on lui promettait de Cordoue et qui n'arrivait jamais ; mais sa ruse fut déjouée, il tomba entre les mains des Aquitains, et ses compatriotes en furent réduits à se rendre au printemps de 802. Louis s'empressa d'envoyer à son père le malheureux Zaidoun chargé de chaînes, avec une part du butin qu'il venait de prendre, et le messager arriva à Charlemagne au moment glorieux où il rentrait d'Italie revêtu de la pourpre impériale.

M. de la Fontenelle place à cette même époque le couronnement de Louis, comme roi d'Aquitaine, dans la basilique de Saint-Martial. Le rituel de cette cérémonie a été conservé, et Limoges devint désormais le Reims des rois et des ducs ses successeurs.

« Louis, en grand costume, dit la chronique, fut reçu par l'évêque et par tout le clergé qui le conduisirent processionnellement à la porte de l'église Saint-Martial. Alors le prélat le revêtit d'un manteau de soie noire mis en travers sur un bras et sous l'autre épaule, lui plaça la couronne d'or sur la tête, mit à son doigt l'anneau de sainte Valérie, et lui donna un étendard en main. Le roi entra ainsi dans l'église et s'avança vers l'autel, où le prélat lui fit jurer de défendre les droits de l'Eglise et lui ceignit une épée engainée. Le doyen lui chaussa ensuite les éperons pour marquer qu'il devait toujours être prêt à voler à la défense de ses sujets, et on commença la messe, pendant toute la durée de laquelle le monarque, appuyé de la main gauche sous le pennon de son étendard, tint de la droite son épée élevée en haut. »

A partir de ce moment, Louis d'Aquitaine, qui avait atteint sa vingtième année, ne cessa de s'occuper activement des affaires de son royaume, et le gouverna de manière à ne point mériter le blâme des historiens et à permettre à ses sujets de respirer après la nouvelle période de guerres qu'ils venaient de traverser.

Le biographe astronome de ce prince nous le représente surtout comme très occupé de la réforme du clergé aquitain. « Vers cette époque, dit-il, Louis fut excité par sa piété à s'occuper du culte divin et de l'exaltation de la sainte Eglise, tellement que ses œuvres le proclamaient prêtre plutôt que roi. » Par ses soins on fit de tous côtés venir des maîtres de lecture, de chant et de littérature tant sacrée que profane. Toutes ces études refleurirent plus vite que l'on ne saurait croire, mais son affection la plus vive était pour ceux qui, renonçant à toutes choses pour l'amour du Seigneur, s'adonnaient à la vie religieuse. Avant qu'il ne vînt au gouvernement de l'Aquitaine, l'ordre monastique était grandement déchu dans le pays, mais il fut restauré pleinement par ses soins, si bien que lui-même, désireux d'imiter l'exemple de son aïeul Carloman, fut sur le point d'embrasser la vie contemplative. Parmi les monastères les plus illustres qui prirent naissance à son époque, il faut citer, comme ayant joué un rôle important, celui de Conques dans les Cévennes, celui d'Aniane en Septimanie; celui de Saint-Guillaume-le-Désert; où se retira, sur la fin de ses jours, le vainqueur de Sarragosse; enfin ceux de Charroux et Saint-Martin, en Poitou. Mais on comptait déjà l'Aquitaine comme la contrée des Gaules qui possédait le plus de monastères. Il en existait au moins une trentaine de célèbres, et c'est à leur influence que l'on doit attribuer le goût persistant des lettres dans cette province pendant la triste époque dont nous racontons l'histoire.

Ce goût, comme on le sait, avait été ranimé dans toute la France par le célèbre Alcuin, qui, après avoir été abbé de divers monastères, et donné à Charlemagne lui-même des leçons de rhétorique, quitta la cour et se retira au monastère de Saint-Martin de Tours, où il mourut en 804.

C'est vers ce temps qu'il faut placer la première apparition sur les côtes de France et d'Aquitaine, de nouveaux ennemis aussi insaisissables et non moins à craindre que les musulmans : je veux parler de ces pirates venus du Nord, qui sur leurs barques légères se montrèrent tour-à-tour à tous les ports de l'Océan, et en remontèrent tous les fleuves pour porter sur leurs rivages la désolation et la mort.

Charlemagne était trop grand politique pour se dissimuler combien ces nouveaux ennemis étaient redoutables. Le moine de Saint-Gall raconte à ce sujet un trait caractéristique que nous allons reproduire d'après M. H. Martin. « Il arriva qu'un jour Charles vint subitement, et sans être attendu dans une ville maritime de la Gaule narbonnaise. Comme il se mettait à table, voici que des barques de pirates normands parurent en vue du port. Les uns les prenaient pour des marchands juifs, les autres pour des Africains ou encore pour des Bretons. Mais le sage Charles à l'agilité et à la structure de ces navires, reconnut que ce n'étaient pas des bâtiments de commerce; mais des vaisseaux de guerre. Ces vaisseaux, s'écria-t-il, sont remplis, non de marchandises, mais d'implacables ennemis ! A ces mots tous les assistants s'élancent pour attaquer les navires, mais les Normands mettant à la voile, échappèrent avec une vitesse inouïe, non-seulement aux coups, mais aux regards de ceux qui les poursuivaient. Alors Charles se levant de table, s'appuya contre une fenêtre et y resta longtemps à rêver, le visage inondé de larmes, et comme aucun des assistants n'osait l'interroger, il leur expliqua de lui-même le sujet de ses larmes. Savez-vous, dit-il, ô mes fidèles, pourquoi j'ai tant pleuré ? Je ne crains pas que ces gens-là me puissent nuire par leurs vaines menaces, mais je m'afflige que de mon vivant ils aient osé insulter ce rivage, et je suis tourmenté d'une vive douleur parce que je prévois combien de maux ils feront à mes descendants et à leurs sujets. »

Le fil des événements nous amène maintenant à raconter une nouvelle expédition en Espagne, qui fut la contre-partie de celle de Vos, et donna lieu à une déroute que quelques historiens ont confondue avec celle de Charlemagne. Il s'agissait cette fois de la prise de Tortose dont la possession devait pousser jusqu'à l'Ebre les marches de Septimanie. Il paraît qu'après un siège long et difficile, les chrétiens forcèrent les habitants à se remettre à discrétion. Mais comme ils revenaient en triomphateurs par ce même défilé de Roncevaux que la mort des paladins compagnons de Roland avait déjà rendu célèbre, vingt-quatre ans auparavant, une bande de Gascons commandée par Adalric, ce rebelle issu du sang de Mérovée, qu'une première révolte avait fait condamner à un exil éternel, vint barrer le passage à l'armée royale. Le souvenir de la première embuscade de Roncevaux, aida sans doute les Franco-Aquitains à surmonter le péril de celle-ci ; mais il ne dépendait pas d'eux de l'éviter ; il y eut un combat où ils furent probablement victorieux mais qui dut être sanglant et dans lequel le duc Adalric fut tué avec Centulhe, son fils cadet.

« Cette victoire, et ces morts imprévues, dit M. Fauriel donnèrent au roi d'Aquitaine plus de prise sur les affaires de la Gascogne qu'il n'en avait pu raisonnablement espérer. Toutefois il n'était pas en son pouvoir d'imposer à ce pays des chefs d'une autre race que celle d'Eudo ; il se contenta de partager le territoire sur lequel avait dominé Adalric, entre Skimia, le fils aîné de celui-ci, et Lupus, le fils mineur de ce même Centulhe qui venait de périr à Roncevaux. Quant à Sanche, leur oncle, on ignore s'il vivait encore à l'époque où nous en sommes. »

Cependant Charlemagne touchait à sa fin. Avant de mourir l.

voulut associer au trône le roi d'Aquitaine, le seul fils qui lui restât de sa nombreuse famille. Il convoqua à Aix-la-Chapelle, sa ville de prédilection, une diète générale de ses états, et, en présence de tous les grands, il lui adressa en lui remettant sa couronne, la touchante exhortation que voici : « La position élevée où Dieu vous appelle, mon fils, vous fait un devoir de le respecter, de l'aimer, de le craindre et d'exécuter fidèlement ses commandements. Devenu empereur, vous êtes le protecteur des établissements religieux et vous devez veiller à leur gouvernement. Vous devez défendre l'église contre les impies et leurs entreprises. Aimez votre famille, prouvez à vos parents par vos largesses que vous êtes leur maître, en même temps que le frère, l'oncle ou le neveu de chacun. Honorez les évêques comme vos pères, aimez vos sujets comme vos enfants. Forcez les méchants et les rebelles à l'obéissance et à l'observation des lois. Que les monastères, ainsi que les pauvres rencontrent en vous un consolateur. Choisissez des ducs et des comtes sages, capables et justes. Ne déplacez pas aisément ceux que vous aurez élevés, et faites en sorte de n'avoir à rougir devant Dieu et devant les hommes pour aucune de vos actions. »

Le grand empereur rendit son âme à Dieu le 28 janvier 814, à l'âge de soixante-douze ans : il ne rentre pas dans notre sujet de faire l'éloge de ce héros, l'un des trois ou quatre souverains providentiels que Dieu ait envoyé aux hommes, « pour tracer la voie qu'ils doivent suivre, marquer du sceau de leur génie une ère nouvelle, et accomplir en quelques années le travail de plusieurs siècles (1). »

Les historiens affirment que l'Aquitaine vit s'éloigner avec regret son jeune roi, pour prendre à trente-six ans la couronne impériale, mais celui-ci y perdit bien autrement. La couronne des Césars n'était pas à sa taille, le poids en était trop lourd pour lui. Ce prince, réellement pieux, brave et doué d'autres bonnes qualités capables d'exciter la sympathie avait assez de talent pour gou-

---

(1) Napoléon III : *Préface de la vie de César.*

verser un petit état sous une impulsion donnée, mais il lui manquait la volonté ferme, la conception large, le sentiment éclairé qu'il faut pour diriger un grand empire, et celui qui avait été aimé et honoré comme roi d'Aquitaine, ne fut plus comme empereur, qu'un souverain dupé, haï, méprisé, qui laissa choir sa couronne dans un bénitier.

Des trois fils que lui avait donnés la reine Hermangarde, Peppin le second, alors âgé de quatorze à quinze ans, reçut des mains de son père le royaume d'Aquitaine, avec quelques légères modifications dans ses limites. Le gouvernement de ce nouveau maître qui dura jusqu'à sa mort en 838, fut loin d'obtenir en Aquitaine la même sympathie que son père.

Les ducs et comtes amovibles qui depuis leur établissement par Charlemagne, gouvernaient sous les ordres du roi les différentes provinces de ce petit royaume, commencèrent à secouer le joug pour devenir indépendants et assurer l'hérédité de la race. Il en résulta des luttes, des tyrannies, des guerres dont le peuple eut beaucoup à souffrir. C'est ainsi que Skimin, l'un des seigneurs Gascons de race mérovingienne dont nous avons parlé, força les tuteurs du jeune prince à s'emparer de sa personne, et fut remplacé par Garsimire, son fils, tandis que Loup-Centulhe, son parent également révolté, était aussi lui condamné à un exil perpétuel : Bernard duc, de Septimanie donna également des exemples tels d'arrogance et d'indépendance qu'il fallut un peu plus tard l'en punir d'une façon tragique. Quant aux autres, Warin, comte d'Auvergne, Béranger, duc de Toulouse, Ricuin, comte de Poitiers, etc., s'ils ne suivirent pas cet exemple c'est que l'audace leur manqua.

D'autre part la guerre des Sarrasins, dont l'Aquitaine était toujours le point de mire, après avoir été suspendue pendant neuf ans, de 812 à 821, fut reprise par les Franco-Aquitains en 822. Ils pillèrent d'abord sans obstacle la vallée de la Sègre ; mais bientôt atteints par l'émir de Cordoue, Abd-el-Rahman II, ils furent repoussés jusqu'à Barcelone. Deux ans après ils entreprirent en Navarre (nom que commençait à prendre la Gascogne d'outre-Pyrénées), une expédition qui réussit plus mal encore et s'acheva par une troisième déroute dans le val des Roncevaux, laquelle fut aussi complète, dit un historien, que celle de Charlemagne.

Enfin, les invasions Normandes vinrent deux fois en quelques années mettre le comble aux malheurs de la guerre. En 820, treize barques de ces étrangers, chassées des côtes de Flandre et de l'embouchure de la Seine, se dirigèrent vers l'Aquitaine et débarquèrent à l'île Bouin. Tout y fut mis à feu et à sang, et les Normands après avoir exterminé les habitants de l'île ne se retirèrent qu'en emportant un riche butin. Leurs barques reparurent peu de temps après dans l'île d'Her, depuis appelée Noirmoutiers, où existait une petite agglomération d'habitants et un célèbre monastère de saint Philibert. Les pirates trouvèrent ce lieu si à leur goût, qu'ils en firent l'entrepôt de leurs richesses et le magasin de leurs brigandages. On les vit depuis lors reparaître presque chaque année sur les côtes d'Aquitaine, notamment en 835, où ils abordèrent avec neuf gros vaisseaux, et furent repoussés par Renaud, comte d'Herbauges, petite contrée du Poitou. Mais cette victoire ne fit qu'irriter les vaincus, et il traitèrent les moines si sévèrement qu'ils les obligèrent à évacuer l'île pour se retirer au monastère de Deas (1).

Peppin n'était point l'homme qu'il eût fallu pour consoler ses peuples de tant d'infortune. Plus occupé de ses plaisirs que de ses devoirs, il passait son temps à boire, et en mauvais fils, se mêlait à presque toutes les conspirations destinées à renverser son père. Après son couronnement qui eut lieu à Limoges en 817, il se fixa à Poitiers, et n'en sortit guère que pour aller se mêler aux intrigues de la cour impériale. En 823, l'empereur fut même obligé de venir en personne jusqu'au château de Crozant, dans la Marche, pour réprimer ce fils insoumis, et en 833 de convoquer à Limoges une diète, et de mettre une armée en campagne. Peppin mourut à Poitiers le 13 décembre 838, avant que son père eût quitté la pourpre. Il fut enterré dans l'église de Sainte-Radegonde.

VIII. Le vieil empereur, suivant les anciennes coutumes aurait dû désigner pour nouveau roi d'Aquitaine, Peppin II, le fils aîné du

---

(1) Dufour : *Hist. des rois d'Aquitaine.*

défunt, alors âgé de quinze à dix-huit ans ; mais faisant rejaillir sur les enfants la faute du père, et cédant aux sollicitations de sa seconde épouse, l'impératrice Judith, femme aussi ambitieuse que légère, il désigna à leur préjudice, Charles, surnommé le Chauve qu'il avait eu d'elle.

Cet acte arbitraire devait nécessairement donner lieu à une faction de mécontents : c'est ce qui eut lieu. Ceux qui, sous prétexte de soutenir le droit héréditaire rêvaient encore l'indépendance de l'Aquitaine, se rangèrent à la suite du comte de Poitiers Emenon, sous la bannière de Peppin II ; ceux qui prétendaient que la royauté d'Aquitaine n'était pas héréditaire, et que l'investiture de ce grand fief appartenait à l'empereur, se trouvèrent avoir pour chef Ebroïn, évêque de la même ville.

La lutte commença dès 839. L'empereur était dans les Ardennes quand la nouvelle lui en parvint, portée par l'évêque lui-même. Il s'empressa de réunir quelques forces à Châlons, et entra en Aquitaine par l'Auvergne dont le comte Gérard était un de ses partisans fidèles. Gérard, à la tête des Aquitains de son parti, se joignit au roi à quelques milles de Clermont. La troupe était sans doute moins considérable que ne l'attendait Louis-le-Débonnaire, car craignant de compromettre dans les opérations de la guerre la sûreté du jeune Charles-le-Chauve, il l'envoya à Poitiers avec sa mère. Son armée se porta alors sur le château de Carlat qui tenait pour Peppin et dont la position inaccessible sur un roc isolé rendait la défense facile. Louis le réduisit, et se portant en Bas-Limousin, il voulut faire subir le même sort au château de Turenne, autre forteresse très renommée du pays. Mais dans ces contrées montagneuses les rebelles étaient difficiles à saisir. Ils résistèrent tout l'été aux troupes impériales, les décimèrent par la famine et le fer, et les forcèrent de se replier sur Poitiers où Louis vint rejoindre sa femme et son fils. Il y arriva triste et soucieux de ce mauvais début dans son entreprise. L'hiver se passa à destituer les comtes qui lui avaient manqué de fidélité, et à les remplacer par des hommes dévoués à sa cause. Poitiers, Angoulême, Limoges, Saintes et Bordeaux furent de ce nombre. Louis espérait pouvoir l'année suivante achever l'œuvre de la pacification du pays, mais il en fut empêché par la mort qui le saisit le 20 juin 840, et mit ainsi fin à une vie malheureuse et agitée.

L'unité de l'empire de Charlemagne fut aussitôt détruite par le partage de ses états entre ses trois fils Lothaire, Louis et Charles-le-Chauve. L'Aquitaine était comprise dans la part de ce dernier; elle ne devint qu'une très petite partie de ses vastes possessions lorsque la guerre entre les trois frères, couronnée par la victoire de Fontenay petit village de l'Auxerrois (25 juin 841), et par le traité de Verdun, (août 843), lui eût assuré à peu près toutes les contrées qui forment la France actuelle.

Pendant toute la durée de cette cruelle lutte, le jeune Peppin II, avait profité des embarras de Charles-le-Chauve pour asseoir son autorité dans presque toutes les provinces d'Aquitaine. Elle s'y trouva si bien établie à l'heure du triomphe de Charles, que cet événement même ne put le déterminer à poser les armes. Ce jeune aventurier représente dans l'histoire une nouvelle phase pleine d'intérêt de la lutte de l'indépendance contre la conquête franque. Si les Aquitains avaient supporté paisiblement le joug des Carlovingiens après l'extinction des derniers fils de Mérovée, c'était pour la satisfaction de former un peuple à part dans l'empire de Charlemagne. Du moment où il était question de supprimer leur autonomie pour les faire rentrer dans le vaste cadre de la France neustrienne, Charles-le-Chauve devenait pour eux un ennemi et Peppin II un libérateur. C'est ce qui fit que malgré la défection de quelques comtes, malgré les nombreux amis que pendant son séjour à Poitiers, l'impératrice Judith avait recrutés à son fils dans la partie septentrionale de l'Aquitaine, Peppin, appuyé sur le sentiment national put encore tenir la campagne pendant onze ans.

Les détails de cette lutte, plutôt sourde que brillante, sont fort épars et trop concis dans les chroniqueurs pour donner beaucoup d'intérêt à la narration. On sait cependant que peu de temps après son mariage et la mort de sa mère, Charles fit en Aquitaine une expédition qui fut marquée par un événement tragique. Ayant attiré dans un piège Bernard, duc de Septimanie, qui passait pour avoir eu des relations coupables avec Judith, il le poignarda de sa propre main dans l'église de Saint-Cernin de Toulouse : crime atroce qui le rendit odieux au dernier point à toutes les populations du midi.

Une autre circonstance qui acheva de le discréditer fut l'invasion des Normands dans ces contrées. Une grosse flotte d'aventuriers, après avoir pris Nantes, dévasté la côte et mis en fuite une grande quantité de moines et de religieuses, vint, poussée par des vents contraires, débarquer à Bordeaux, et cette terre qu'ils ne connaissaient pas encore sembla aux pirates si bonne à piller, qu'ils se répandirent dans toute l'Aquitaine méridionale et ravagèrent Bazas, Lectoure, Dax, Bigorre, Oloron, Condom et même Tarbes sans que le puissant roi, qui se disait souverain d'Aquitaine, fît la moindre démonstration pour lui porter secours. Il fallut que les paysans du Bigorre se faisant eux-mêmes justice, prissent les armes contre ces terribles ennemis. Il paraît qu'enhardis par l'avantage qu'offraient les défilés de leurs montagnes et par l'appât du butin dont les Normands étaient chargés, ils les assaillirent avec une énergie telle que pas un ne resta vivant. Pendant plusieurs siècles le clergé de Tarbes célébrait chaque année le 21 mai une fête religieuse en souvenir de cette victoire.

Déjà impopulaire et suspect, Charles-le-Chauve perdit tout son prestige à la suite de ces événements, et la défection de toute la Marche de Toulouse et de la Gascogne entière, fut l'expression non équivoque du sentiment général. Irrité autant que surpris « Charles-le-Chauve accourut avec toutes ses forces pour attaquer Toulouse, et ravager le territoire voisin ; mais le résultat ne répondit pas à ses espérances. Non-seulement il ne put prendre la ville, mais son armée fut battue deux fois, l'une au gué de l'Agout par l'évêque d'Albi, l'autre vers Angoulême par le jeune Peppin qui prit du même coup deux évêques et cinq ou six personnages célèbres. Le roi Charles, forcé de quitter le pays pour aller en Bretagne combattre Noménoë qui soulevait pareillement cette contrée, ne put y revenir qu'en 848. Il trouva toute l'Aquitaine aux abois. Bordeaux, Limoges, Angoulême, Tours, Bourges, Clermont, Périgueux et une infinité de monastères, d'églises et de châteaux avaient été pillés, brûlés, détruits par les Normands (1). Le peu de zèle de Peppin à s'opposer à leurs ravages avait indigné les populations, qui jusque-là le soutenaient au péril de leur repos et de leur vie. Un heureux hasard ayant voulu que Charles au contraire, en passant la Dordogne rencontrât neuf barques chargées de Normands et en fît justice, un revirement subit s'opéra en sa faveur, et dans une assemblée tenue à Limoges, les comtes, les évêques et les seigneurs de la plupart des villes d'Aquitaine lui jurèrent fidélité (848).

Cette conduite exaspéra tellement Peppin II, qu'il en perdit le sentiment de ses véritables intérêts, et ne trouvant plus dans le pays des ressources suffisantes, il eut la funeste pensée de chercher secours non-seulement parmi les ennemis du roi, mais même parmi ceux de la France. On ne peut douter qu'il n'ait fait alliance avec les Sarrazins d'Espagne, car c'est à son instigation qu'en 848, Abd-el-Rahman envahit la Septimanie. On a des preuves non moins certaines qu'il entra en pourparlers avec les Normands, et leur facilita le ravage des villes dont il avait à se venger : il entra pareillement dans la conspiration d'Erispoë, duc de Bretagne, enfin il machina l'évasion de son jeune frère Charles, jusque-là retenu à la cour de l'empereur Lothaire et qu'on vit tout-à-coup accourir avec une armée de compagnons dévoués ; mais toutes ces tentatives ne parvinrent à d'autres résultats qu'à augmenter son impopularité, et à le réduire à errer de château en château, de refuge en refuge avec un petit nombre d'aventuriers.

Quand Charles-le-Chauve revint en Aquitaine pour le poursuivre, ce fut presque en triomphateur qu'il y entra. Toulouse ouvrit ses portes dont un gouverneur Franc, nommé Frédélon, lui livra les clefs ; la Septimanie rentra dans le devoir après une courte résistance et reçut des mains du roi des gouverneurs dévoués ; la Gascogne même fut mise en devoir de se rendre et cessa un instant de résister au vainqueur.

« Si, à ce moment, Charles-le-Chauve eût pu résider dans le pays,

---

(1) Besly : *Histoire des comtes de Poitou*, p. 14.

se dévouer à la défense et à la prospérité de ses peuples, ou diriger leur activité vers le but glorieux que Charlemagne leur avait signalé au-delà des Pyrénées, s'il se fût montré humain et loyal dans l'exercice de son autorité, si en un mot il eût pu être véritablement le roi de ce petit royaume, qui aspirait avec énergie à être gouverné selon son esprit et ses mœurs, sa réconciliation avec les Aquitains eût pu porter de grands fruits ; mais ses intérêts étaient ailleurs, dans le vrai royaume des Francs, et ce prince également incapable de gouverner séparément ces deux pays ne pouvait que les opprimer l'un après l'autre, ou l'un par l'autre (1). »

Aussi, il en était à peine parti que les troubles recommencèrent avec une nouvelle énergie. Et tandis que les partisans de Peppin intriguaient à son avantage, une autre faction presque aussi forte et aussi redoutable, appelait pour en faire un roi d'Aquitaine son cousin Louis, fils du roi de Germanie.

Heureusement pour lui, un événement sur lequel personne ne comptait vint tout à coup changer la face des affaires. Rainulf, comte de Poitou, ayant eu personnellement à se plaindre des deux frères, Peppin et Charles, les saisit et les livra au roi. Cette action difficile à juger coupa court à la révolte, pour un moment du moins. Peppin fut confiné dans une prison perpétuelle à Compiègne, et son frère tondu pour être enfermé au monastère de Corbie. Après ces exécutions, Charles-le-Chauve, pour ne laisser aucun équivoque et aucun prétexte aux conspirateurs, se fit lui-même couronner avec son fils Charles, âgé de dix ans, roi d'Aquitaine à Limoges, et installa un gouverneur de son choix en faveur duquel il rétablit le titre de duc d'Aquitaine qui avait disparu depuis soixante-quatorze ans.

---

(1) Fauriel : *Histoire de la Gaule méridionale*, t. IV.

CHAPITRE III.

(834—1170.)

Ducs féodaux. — *Rainulf I.* — Bataille de Briserte. — Louis-le-Bègue. — *Rainulf II.* — Ses démêlés avec le roi Eudes. — *Guillaume I, le Pieux.* — *Guillaume II, le Jeune.* — Ebles-Manzer. — Raymond-Pons. — *Guillaume III, tête d'étoupes.* — *Guillaume IV, fier-à-bras.* — *Guillaume V, le Grand.* — Renaissance des arts. — *Guillaume VI, le Gras.* — Eudes. — Pierre Guillaume *VII, le Hardi*, — Guy Geofroy *Guillaume VIII.* — *Guillaume IX, le Poète.* — Première croisade. — Les Troubadours. — *Guillaume X, le Saint.* — Renaissance des lettres. — *Aliénor d'Aquitaine.* — Mœurs chevaleresques. — L'Aquitaine passe aux mains des rois.

Les deux annalistes les plus érudits de la province, Bouchet et Besly, s'accordent à fixer à l'année 834, c'est-à-dire à l'époque du couronnement de Charles-le-Chauve à Limoges, comme roi d'Aquitaine, par les mains de Raoul, archevêque de Bourges, le rétablissement des ducs, dont le titre avait cessé d'exister depuis la mort de Walfer. Ce fut Rainulf, déjà comte de Poitiers, qui fut choisi pour cette éminente dignité, de préférence aux autres seigneurs du pays, et reçut la prééminence sur les comtes d'Auvergne, de Berry, de Toulouse, de Limoges, de Marche, de Périgord, de Saintonge, d'Angoumois, et les divers autres seigneurs de Gascogne.

I. Cette résolution capitale n'a rien d'étonnant de la part de Charles-le-Chauve, car ce prince, comme chacun sait, est l'organisateur du système féodal, et c'est à lui qu'on doit la rédaction du célèbre *Capitulaire du Kiersy* (7 juillet 856), qui exige en droit l'hérédité des offices et des bénéfices et institue la protection hiérarchique du faible par le fort, en groupant les petites seigneuries en mouvances des comtés, marquisats et duchés.

Pour peu qu'on y réfléchisse, cette mesure était peut-être temporairement rendue nécessaire par les dévastations incessantes des Normands; mais les titulaires des hautes dignités en abusèrent pour transformer en bénéfice héréditaire ce qui n'était qu'un emploi, en fief ce qui n'était qu'un traitement, tandis que la royauté, trop faible et trop insouciante pour y mettre obstacle, sanctionnait peu à peu l'abus par ses confirmations.

On a beaucoup accusé Charles-le-Chauve d'avoir ainsi laissé morceler l'autorité royale. Il faut cependant considérer que depuis plus de trois siècles l'Occident se traînait dans les ruines de la société romaine sans que rien, ni au point de vue des arts, ni au point de vue des lettres, du droit ou de la civilisation, ait pu être créé de durable et de grand. Le règne de Charlemagne lui-même n'avait été qu'une heure de soleil dans un jour sombre. Aucune de ses réformes ne lui avait survécu. L'Eglise seule avait trouvé moyen de s'accroître et de s'enrichir au milieu de ces barbares ignorants et crédules autant que sanguinaires; mais son éclat même était tout terrestre, et les esprits, préoccupés sans cesse des soins matériels, n'avaient ni le loisir ni la liberté nécessaires pour s'appliquer aux travaux de la pensée.

L'ère nouvelle, au contraire, dans laquelle nous entrons, ce moyen-âge tant décrié et si mal connu, cette époque féodale si poétique et tellement attrayante que les romanciers y vont encore chercher leurs fictions, va nous offrir en ses annales le spectacle d'une société inexpérimentée, qui cherche et qui tâtonne, mais où brillent des éclairs de jeunesse, où le sang circule, où l'âme est généreuse, où le cœur s'enflamme par les grandes pensées, nous le verrons se développer sous nos yeux avec ses excès de vices et de vertus, comme la ramure exubérante d'un jeune arbre qui n'a pas encore subi la greffe.

En Aquitaine, l'application du système administratif de Charles-le-Chauve n'eut point pour résultat, comme il l'espérait, une sédation immédiate des esprits. Les comtes dans leurs comtés, et les gouverneurs dans leurs villes, quoique nominalement amovibles, avaient cessé depuis longtemps de se regarder comme tels. Ils reconnaissaient bien la suprématie d'un chef unique, lequel était Charles pour les uns, Peppin pour les autres, et Louis pour un petit nombre; mais ils ne songeaient pas à une fusion, et l'élévation de Rainulf, que personne ne réclamait, vint ajouter, pour un temps, une difficulté nouvelle à celles qui existaient déjà.

Ce Rainulf, dont les commencements sont assez ignorés, quoiqu'il fut de race illustre, apparaît dans les annales comme un homme rusé en même temps que brave, ambitieux par-dessus tout, et peu scrupuleux sur le choix des moyens pourvu qu'il se rendît nécessaire et puissant. Sa conduite vis-à-vis de Peppin et de son frère qu'il avait attirés dans un piège pour les livrer au roi de France, n'est pas exempte de blâme. On ne peut non plus le louer d'avoir confisqué à son profit la riche abbaye de Saint-Hilaire de Poitiers, la plus importante de la contrée après Saint-Martin de Tours, et qui donnait à son abbé une double autorité. Le malheur des temps peut seul excuser cette immixtion, à une époque où la propriété, sans cesse violée, ne pouvait être défendue que les armes à la main (1).

Ce qui réhabilite le chef des ducs d'Aquitaine aux yeux de l'histoire, c'est la mâle vigueur qu'il déploya dans la défense de son territoire, et surtout de Poitiers contre les Normands. Déjà, en 853, n'étant encore que comte, il avait livré contre eux, de concert avec son parent Reynon, comte d'Herbauges, la bataille de Brillac, près Fontenay-le-Comte. A peine le titre de duc d'Aquitaine lui eût-il donné le maniement d'un plus grand nombre de troupes qu'il trouva une nouvelle occasion de leur montrer la valeur de ses armes.

« L'année seconde du duché de Rainulf, dit Besly, en 855, les Normands, entrés par l'embouchure de la Loire, sortant de leurs navires, marchèrent droit à Poitiers en intention de la saccager. Les Guyennais (Aquitains) leur allèrent au-devant à une lieue de la ville et en firent un tel carnage qu'ils les tuèrent tous, sauf trois cents,

---

(1) Cette première prise de possession du titre d'abbé de Saint-Hilaire par un duc d'Aquitaine ou un comte de Poitiers, finit par devenir définitive. A la réunion du Poitou à la couronne le roi eut le titre d'abbé de ce monastère.

ou peu davantage, qui s'échappèrent de la mêlée. Mais neuf ans après, c'est-à-dire l'an 863, les Danois se saisirent de Poitiers et le pillèrent, avec l'église Saint-Hilaire où ils mirent le feu, et l'année suivante tuèrent en guerre le comte Etienne d'Auvergne (1). »

Les écrivains du temps ne tarissent pas de lamentations sur les ruines que ces invasions périodiques laissaient après elles dans toute la France. Les villages étaient devenus des amas de cendre et de pierres, l'agriculture était abandonnée, la famine sévissait partout, et la terreur était devenue telle dans le petit peuple qu'au premier bruit chacun prenait la fuite, « sans que, dit Hermentaire, un homme énergique se levât pour leur crier : Arrêtez, arrêtez, combattez pour votre famille, pour votre patrie, pour vous-même. »

« Les Normands, dit un autre auteur, n'étaient pas seulement avides de carnage par l'amour du sang et la soif de richesses, la haine religieuse ajoutait encore à leur férocité. Beaucoup d'entre eux avaient été persécutés en Saxe pour les forcer à embrasser le christianisme, et, attachés au culte des idoles, ils s'étaient réfugiés en Danemarck. Il résultait de cet état de choses que les prêtres trouvaient rarement grâce devant eux, et que pour éviter la mort, le plus sûr moyen était de changer de religion. Aussi un abbé de Vabre dit-il que sur les côtes, et notamment en Aquitaine, un grand nombre de paysans, pour obtenir une sauvegarde contre les Normands, avaient renoncé à leur baptême et s'étaient adonnés à l'idolâtrie (2). »

C'est vers ce temps sans doute qu'il faut placer les profanations dont parle Bouchet, et aussi les translations nombreuses que faisaient les moines des corps saints de leurs patrons, de leur première sépulture en un lieu plus abrité. Telles sont la translation des reliques de saint Martin de Tours à Auxerre, de celles de sainte Radegonde de Poitiers à l'abbaye de Quincamp, de celles de saint Pierre de Poitiers à Angle, de celles de saint Maixent, de saint Florent et de

---

(1) Bealy : *Histoire des comtes du Poitou*, p. 18.
(2) Dubour : *Histoire des rois d'Aquitaine*, p. 205.

saint Maur dans la célèbre abbaye de Saint-Savin, qui était en même temps une place de guerre et une maison de prières.

À toutes ces causes de trouble et de terreur se mêlaient encore dans la partie méridionale de l'Aquitaine, les désastreuses querelles des prétendants. Peppin était parvenu à s'échapper de son cloître, et, parcourant les campagnes et les châteaux de Gascogne, essayait d'y ramasser quelques compagnons pour aller à leur tête porter son épée aux ennemis de Charles-le-Chauve ; Louis de Germanie s'efforçait de changer en courage l'humeur pillarde des soldats à la tête desquels il était venu prendre possession d'un royaume éphémère. Quant à Charles-le-Chauve, après avoir sans succès tenté de faire rentrer dans le devoir la Provence soulevée et régie par ce belliqueux Gérard de Roussillon, dont les romanciers ont rendu le nom populaire, il vit surgir contre lui une nouvelle intrigue qui met bien en relief le caractère des seigneurs aquitains à cette époque.

« En 852, Charles, couronné avec son père roi des Aquitains, n'était encore qu'un enfant à peine âgé de quinze ans, mais déjà, à ce qu'il semble, capable de résolutions passionnées, et par là gouvernable pour quiconque avait intérêt à le gouverner. Les Aquitains crurent l'occasion favorable pour le soustraire à l'influence et à l'autorité paternelle, le gagner à leurs intérêts, et en faire, autant que besoin serait, leur homme et celui du pays. Cette manière de résister à la domination de la conquête, d'en éluder les conséquences, n'était pas nouvelle pour eux. Ils en avaient fait l'essai plus d'une fois, et avec plus ou moins de succès, d'abord pour les mérovingiens avec le jeune Chramne, fils de Clothaire, et, tout récemment avec Peppin I, qu'ils avaient fini par brouiller avec Louis-le-Débonnaire. Ils n'eurent pas, à ce qu'il paraît, beaucoup de peine à détacher le jeune Charles et à s'en faire un roi qu'ils pussent dire le leur.

» Par son résultat politique, cette nouvelle conspiration ne diffère en rien de toutes les précédentes ; mais elle s'en distingue en un point qu'il est essentiel de marquer : on y entrevoit ce qui reste caché dans les autres, l'action et l'influence des individus ; on connaît les deux des chefs qui ourdirent cette trame politique et les ressorts qu'ils firent jouer pour en venir à leurs fins. Ce furent deux puissants personnages, deux comtes. Egfred, comte de Bourges, et

Etienne, comte d'Auvergne. Ce dernier fut celui qui contribua le plus à décider la conspiration, il en fut pour ainsi dire le nœud; ce fut à son instigation et sous ses auspices que le jeune Charles épousa, à l'insu de son père, la veuve mal famée d'un autre comte aquitain, nommé Humbert; ce fait est important, non en soi, mais en ce qu'il confirme tout ce qu'on n'avait pu jusqu'ici que présumer, savoir : que les soulèvements de l'Aquitaine contre la monarchie franque s'effectuaient généralement par les manœuvres et au profit des grands leudes du pays, qui, déjà presque indépendants, visaient à le devenir tout-à-fait.

» Cette petite conspiration échoua, comme les précédentes, par l'incapacité des chefs que les mécontents s'étaient donnés. Dès 863 un accident de chasse priva le jeune prince du peu de raison qu'il avait, et il mourut l'année suivante à Buzançais, en Berry, des suites de sa blessure.

» Peppin II, dont la vie agitée occupe l'histoire plus que sa personnalité ne l'eût mérité, disparut vers le même temps, sans qu'on soit bien certain de la manière dont il termina sa vie. Après avoir intéressé dans sa jeunesse par la justice de sa cause, il l'avait perdue en se livrant avec une sorte d'ivresse à tous les plaisirs qui dégradent l'âme et abrutissent l'esprit (1). » Il finit par s'aliéner ses serviteurs les plus fidèles en cherchant pour soutien les ennemis irréconciliables de la nationalité qu'il aurait dû défendre.

La disparition de ces deux rivaux semblait une bonne chance pour le nouveau duc d'Aquitaine, dont l'autorité était encore assez incertaine dans les contrées méridionales de la province, car la plupart des comtes et seigneurs y tenaient, qui pour le jeune Charles, qui pour le malheureux Peppin, mais la fortune ne lui donna pas le temps de jouir de son triomphe.

Les pilleries continuelles des Normands dans le Poitou, l'Anjou et la Touraine, avaient déterminé Charles-le-Chauve à confier au

---

(1) Capefigue : *Invasions des Normands*.

comte de Touraine, Robert-le-Fort, la défense spéciale des contrées situées entre la Loire et la Seine, ce qu'on appelait alors les Marches du royaume. Ce seigneur, que les écrivains ecclésiastiques ont surnommé le nouveau Machabée, n'avait accepté le poste important dont il était revêtu que pour en remplir tous les devoirs. En 867, au bruit que les Barbares du nord préparaient une expédition plus terrible encore et plus importante que toutes les précédentes, Robert fit proposer à Rainulf de s'unir à lui pour les repousser. Rainulf agréa ses propositions, et leurs forces combinées marchèrent contre les gens du Nord qui venaient d'inaugurer la campagne par la prise du Mans. Ils les atteignirent sur le bord de la Sarthe. Ceux-ci, se voyant poursuivis, essayèrent de gagner promptement leurs vaisseaux; mais l'impétuosité des Francs ne leur en laissa pas le loisir, et Hasting, leur chef, se voyant entouré, se jeta dans un village que les auteurs nomment Briserte, à cinq lieues d'Angers, où il se fortifia à la hâte. Robert et Rainulf « donnèrent dedans, » et passèrent au fil de l'épée tout ce qui se rencontra. Le reste, avec Hasting, se sauva dans l'église, laquelle était en pierre, contrairement à la plupart des moustiers d'alors, qui se construisaient en bois. Nos chefs, voyant l'église facile à défendre, la journée avancée, et le nombre des Normands considérable, convinrent d'attendre au lendemain pour en former le siège, afin de donner à leurs machines de guerre, qui étaient dans les bagages de l'armée, le temps d'arriver. Mais au moment où Robert, accablé de la chaleur et de la fatigue du jour, quittait son heaume et son haubert afin de se rafraîchir un peu, tandis que ses gens dressaient les tentes, les Normands, sortant tout à coup de l'église, firent une attaque vigoureuse et se jetèrent sur les Aquitains et les Francs désarmés. Alors les « nôtres, sans s'étonner de l'aventure inopinée qui souventes fois, en fait de guerre, trouble les plus vaillants, reprenant leurs armes, soutinrent courageusement le choc des ennemis et les menèrent battant, à la pointe de l'épée, jusque dans le moustier où ils se renfermèrent. » Robert, qui était désarmé, se laissant aller à son bouillant courage, marchait à la tête de sa troupe. Il fut tué sur les marches du portail. Rainulf, quoique plus éloigné, reçut également une flèche dont il fut blessé mortellement. Les Francs, privés de leurs deux chefs, levèrent le siége sur l'heure, et laissèrent aux Normands le loisir de regagner leurs vaisseaux.

« La petite église dans laquelle se livra ce combat, dit un historien, existe encore ; mais aucun monument n'y consacre le souvenir de ce fait d'armes, aucune inscription n'y désigne la tombe du chef de la dynastie capétienne. » Rainulf ne fut pas plus heureux que Robert-le-Fort. Le voyageur demande en vain le lieu où repose sa cendre. Cependant, comme il survécut trois jours à sa blessure, il est possible qu'on ait eu le temps de le rapporter dans sa capitale.

II. Après la mort de ce vigoureux champion, les chroniqueurs restent durant vingt années, c'est-à-dire jusqu'en 877, sans faire mention ni des comtes de Poitou, ni des ducs d'Aquitaine. Des érudits dignes d'attention vont même jusqu'à dire que Rainulf II, qui, au bout de cette période, succéda à Rainulf I, n'était pas son fils (1), mais Besly « cet écrivain si savant et si bon critique, qui, le premier, a jeté les lumières sur nos annales (2), » dit positivement que Rainulf I laissa d'une mère inconnue trois enfants : Rainulf II, Ebles, dit l'abbé, et Gausbert. Rien ne s'oppose à ce que ces enfants, étant trop jeunes pour succéder à leur père, la charge de duc d'Aquitaine ait été ou bien administrée par des tuteurs pendant leur minorité, ou bien confiée à un autre seigneur. Elle fut d'ailleurs très effacée jusqu'à la fin du règne de Charles-le-Chauve par la création d'un nouveau roi d'Aquitaine, comme nous allons le dire.

Les seigneurs du midi de la France, toujours turbulents, toujours ambitieux, toujours impatients du joug de la conquête, avaient à peine perdu le fantôme couronné qu'ils appelaient leur roi Charles, que son père accordait une sorte de consécration de leur indépendance en se décidant à leur donner pour souverain son second fils, Louis-le-Bègue. La reconnaissance se fit à Pouilly-sur-Loire, et le nouveau monarque partit à la hâte pour l'Aquitaine avec une maison formée des officiers de son père. C'était encore une minorité, et un

---

(1) Dufour : *Histoire des rois d'Aquitaine*.
(2) Dufour : *Histoire des rois d'Aquitaine*, p 330.

tel état de choses ne pouvait aisément rendre le calme à cette contrée.

Toutes les dissensions dont nous venons de donner le récit avaient brusquement changé la vocation et le rôle politique assigné par Charlemagne à l'Aquitaine. « Les forces du pays avaient été violemment distraites de l'achèvement de la conquête de la vallée de l'Ebre pour être consumées dans ces guerres domestiques, guerres plus que barbares, où avait péri la fleur des populations et des chefs de toutes les races qui y avait pris part.

« Même après la bataille de Fontenaille, ces forces ne revinrent pas à leur destination première ; elles continuèrent à se débattre contre la domination franque. Tous les poids de la lutte entre le christianisme et l'islamisme, jusque-là glorieusement partagé entre les Espagnols du nord-ouest de la Péninsule et les Franco-Aquitains, tomba désormais sur les premiers. Bien loin de pouvoir achever les conquêtes qu'elle avait commencées par-delà les Pyrénées, l'Aquitaine restait ouverte aux irruptions des Bretons armoricains et aux terribles visites des Normands.

» Cette décadence était trop sensible pour n'être pas observée par les écrivains du temps et du pays. « Que dire, s'écrie l'un d'entre eux, que dire des calamités de l'Aquitaine, qui, naguère nourrice de guerriers, n'a plus maintenant pour sa défense qu'une main glacée, et qui, privée de ses propres flambeaux, a désormais besoin de chefs étrangers. Ayant perdu les plus nobles de ses enfants, elle reste abandonnée comme une proie aux nations étrangères, et des côtes de l'Océan à sa frontière orientale, à cette cité des Arvernes, autrefois si célèbre, il ne s'y trouve pas une contrée, pas une ville, pas une forteresse, pas un village qui n'ait subi les ravages des païens (1). »

Ce serait sortir de notre sujet que de raconter toutes les révoltes qui eurent lieu dans la province pendant cette désastreuse période. Contentons-nous de citer parmi les seigneurs les plus turbulents,

---

(1) Fauriel : *Histoire de la Gaule méridionale*, t. IV p. 304.

Gérard, comte de Bourges, peut-être le même que Gérard de Roussillon, lequel ayant été privé de son comté par le roi en faveur d'un autre, vint assiéger son compétiteur dans sa maison, lui fit trancher la tête et jeter son corps dans les flammes; Bernard, marquis et comte de Toulouse, de Bourges et de Quercy; autre Bernard, marquis de Gothie; autre Bernard, comte d'Auvergne, à ce que l'on croit que le roi cherchait vainement à faire arrêter par ses fidèles; Boson, comte de Provence, Bernard, comte de Poitou, et enfin le dernier des Mérovingiens, Sanche, petit-fils de Loup-Centulle, duc de Vasconie.

Les chroniqueurs indiquent, en 872, une transaction par laquelle Charles-le-Chauve, afin de pacifier tous ces seigneurs, fut obligé d'accroître leur pouvoir au détriment de la royauté de son fils.

Mais ce fut surtout en 877, à la seconde diète de Kiersi, que leur autorité et celle des autres grands du royaume fut publiquement confirmée et « monumentée, » pour nous servir des termes d'un judicieux historien. A cette assemblée, Charles-le-Chauve, sur le point de se rendre en Italie, établit en effet péremptoirement : — que si un comte venait à mourir pendant son absence, il faudrait revêtir son fils de sa charge; — que si ce fils était mineur, l'évêque et les autres principaux officiers formeraient un conseil de tutelle jusqu'à la confirmation du souverain; — que si enfin quelque puissant dignitaire voulait renoncer au monde, il lui serait permis de transmettre à son fils ses honneurs et ses dignités. Ces articles ne faisaient, il est vrai, que confirmer une chose déjà existante, mais ils transformaient un abus en droit, ce qui est un fait important, et l'hérédité pour les positions supérieures fut aussitôt étendue aux dignités inférieures et à la simple possession des terres qui obligeaient à des services.

« Ainsi finit de s'opérer une révolution complète dans les hommes et dans les choses, résultat de la consolidation de la propriété et de son hérédité. Le comte, ou tout autre grand possesseur de domaines, transmit ses terres à ceux qui pouvaient s'y établir et les cultiver moyennant des services personnels et des redevances, soit d'une portion distributive dans les produits, soit de quantités données, de denrées ou de deniers. Alors s'établirent des vassaux et arrière-vassaux de position et de condition différentes, mais tous également attachés au sol. Ainsi se formèrent, par suite, les familles secondaires de chaque pays, qui toutes relevaient du seigneur principal, dont elles obtenaient la protection pour leur vie, pour leur liberté, pour leur honneur et pour leurs biens. Tenant ainsi au sol qu'ils possédaient, sous les charges qui leur étaient imposées, leurs membres obtinrent le droit de se défendre et l'usage des armes. La population qui avait donné tant de preuves d'une faiblesse indicible redevint enfin militaire (1). »

C'est dans la même assemblée que fut sanctionné le fameux *impôt des Normands*. Charles-le-Chauve ordonna que chaque évêque, abbé, comte ou vassal, paierait pour cet impôt douze deniers pour chaque domaine qu'il cultiverait ou ferait cultiver par lui-même, et quatre deniers sur le cens seigneurial qu'il toucherait sur d'autres. Chaque évêque devait faire verser à ses prêtres, suivant leurs moyens, de un à cinq sous : et les marchands résidant dans chaque cité devaient être taxés suivant leurs facultés.

Un roi qui rendait de telles ordonnances au lieu de lever une armée ne méritait guère de porter le sceptre. Celui de Charles-le-Chauve lui fut subitement enlevé à cinquante-quatre ans. Les uns disent par la maladie, les autres par le poison.

Louis-le-Bègue, le seul enfant qui lui restât, se trouva appelé à joindre la couronne de France à celle d'Aquitaine qu'il portait déjà. Ridicule au conseil, par son bégaiement, impuissant au combat par ses infirmités, sa nullité même, dit un historien, décida la plupart des seigneurs qui avaient abandonné son père à le reconnaître pour roi, et à sanctionner par leur présence la cérémonie de son sacre qui eut lieu à Compiègne le 8 décembre 877.

Ce prince ne se donna point de successeur en Aquitaine, et cette royauté, purement nominale, s'éteignit en sa personne. La province cependant ne fut point morcelée, et le duc eut mission de ressaisir les débris de pouvoir qui en reliaient les diverses parties.

---

(1) Dufour : *Histoire des rois d'Aquitaine.*

Nous avons dit que Rainulf II, au moment où il succéda à son père, n'était encore qu'un enfant. Le Poitou fut administré pendant sa minorité, soit par Bernard d'Auvergne, son parent, soit par Gérard, comte de Bourges. Il pouvait avoir vingt ans au moment de la mort de Charles-le-Chauve. Sa jeunesse ne lui permit probablement pas d'entrer dans les conspirations qui se tramèrent à cette occasion entre Boson et les deux Bernard, ou de prendre les armes en faveur du nouveau roi.

Du reste, celui-ci ne vécut pas deux ans après son sacre. Au moment où il allait se mettre en campagne pour châtier les révoltés du midi, il tomba malade et mourut à Compiègne, le 10 avril 879, « Non sans soupçons, dit Marcel, d'avoir été empoisonné.

Ses deux fils, Louis III et Carloman, dont l'aîné pouvait avoir seize ans, se firent couronner ensemble dans l'abbaye de Ferrières, mais leur règne éphémère s'éteignit en 882, pour le premier, et en 884 pour le second. Le seul événement remarquable de leur règne est la fondation du royaume de Provence par Boson qui en était déjà comte, et qui profita de l'anarchie pour se faire sacrer et oindre à Mantaille par vingt-deux prélats assisté d'une foule de seigneurs du pays.

Après eux la couronne devait revenir à leur frère puîné, Charles, dont la mère Adélaïde, était enceinte à l'époque de la mort de Louis-le-Bègue ; mais ce n'était qu'un enfant d'une intelligence obscure, et la position du royaume exposé continuellement aux ravages des Normands ne permettait pas de remettre le pouvoir dans des mains si débiles. « Dans un tel état de choses les prélats et les grands des diverses provinces françaises se réunirent en assemblée ou diète à Gondreville, dans le mois de janvier 885. Là il fut décidé, à peu près d'un commun accord et pour le bien de l'état, que la couronne serait offerte à l'empereur Charles-le-Gros seul prince de la maison royale d'un âge assez avancé et en position de défendre le pays. Charles pressé d'arriver se rendit à l'assemblée, accepta la couronne qui lui était donnée et fit solennellement les promesses alors d'usage qui l'astreignaient à des obligations réelles envers les grands et à des engagements sans effet envers le peuple. Les membres de l'assemblée s'empressèrent de lui prêter serment de fidélité (1). »

Mais pendant les trois années qu'il resta sur le trône, Charles-le-Gros ne répondit point à ce qu'on attendait de lui. Il succomba sous le poids de ses couronnes. Son règne n'est célèbre que par le siège de deux années que les Normands tinrent devant Paris et par la paix honteuse qui le termina. A sa mort qui arriva en 888, l'empire se disloqua violemment et sept rois surgirent à la fois pour se partager ses dépouilles. Du reste les seigneurs Francs n'avaient pas attendu que Dieu l'appelât à lui pour se délier de la foi jurée, et dès la fin de 887, une assemblée des principaux seigneurs tenue à Compiègne avait choisi et proclamé roi l'un des défenseurs de Paris, Eudes, fils de Robert-le-Fort, qui surpassait tous les autres hommes, en beauté de visage, en hauteur de taille, en force et en sagesse, et qui en récompense de sa belle conduite, avait déjà reçu de Charles-le-Gros, le duché d'entre Seine et Loire jadis occupé par son père.

Le duc d'Aquitaine à la cour duquel était élevé le jeune Charles-le-Simple, n'avait point été prévenu de cette conspiration. Soit par dépit, soit par fidélité à l'ancienne dynastie dont le représentant à peine âgé de neuf ans, ne pouvait entrer en lice contre un ennemi de la force d'Eudes, soit enfin pour flatter cette vieille utopie de la nationalité aquitanique, on vit alors à l'ébahissement général, Rainulf, se laisser proclamer à Poitiers roi d'Aquitaine et de Septimanie. Un bon nombre de seigneurs, parmi lesquels il faut citer Ebles et Gaubert ses frères, Guillaume-le-Pieux, comte d'Auvergne et marquis de Gothie, Alduin, comte d'Angoulême et de la Marche, Guillaume, comte du Périgord et tous les principaux seigneurs des comtés de Barcelone, de Toulouse et de Gascogne acceptèrent et ratifièrent cette hardie détermination.

En cet état de choses, et vis-à-vis de tels adversaires, la tâche d'Eudes ne se présentait pas comme facile, car il ne s'agissait de rien moins que de conquérir la moitié méridionale de la Gaule.

---

(1) Dufour: *Histoire des rois d'Aquitaine*.

« Il entra pour la première fois en Aquitaine vers le commencement de l'année 889. On ne sait point les détails de la campagne qu'il fit contre Rainulf ; il est seulement évident qu'il eut d'abord le dessus puisqu'il réduisit celui-ci à s'enfuir en Auvergne et s'empara de la ville et du comté de Poitiers qu'il donna aussitôt à son frère Robert. Mais la fin répondit mal au début. A peine installé dans le comté de Poitiers, Robert fut assailli et chassé par un seigneur Aquitain, Adhemar, fils d'Emenon, comte de d'Angoulême. Eudes qui n'était point encore sorti d'Aquitaine accourut en hâte pour chasser Adhemar. Adhemar se défendit ; il y eut entre eux une rencontre dans laquelle Eudes fut battu, et à la suite de laquelle il repassa la Loire pour retourner en Neustrie, laissant son adversaire maître du pays enlevé de force à son frère Robert. Ce qu'il y avait d'équivoque dans l'issue de cette première expédition fut voilé par la grande victoire de Montfaucon qu'il remporta aussitôt après sur les Normands.

« En 892 rien n'était encore décidé entre Eudes et les seigneurs de l'Aquitaine ; aussi les chefs de celle-ci, toujours en garde, conspiraient avec plus d'activité que jamais, pour lui susciter outre-Loire des obstacles et des embarras qui le retinssent loin d'eux. Ils étaient entrés en intelligence avec plusieurs seigneurs Neustriens, et avaient tramé de concert un complot, dont le but était d'ôter la couronne à Eudes, pour la donner à Charles-le-Simple alors âgé de quatorze ans.

» Ce fut sur ces entrefaites qu'Eudes entra pour la seconde fois en Aquitaine, les armes à la main. Il se porta d'abord sur Poitiers, qu'il ne prit pas, mais sur le territoire duquel il fit les dégâts d'usage. De là, traversant le Limousin, il marcha vers l'Auvergne contre le comte Guillaume-le-Pieux qui l'attendait avec ses adhérents. Les deux armées s'avancèrent l'une contre l'autre au point de n'être plus séparées que par le cours de je ne sais quelle petite rivière. Dans cette position, Eudes fit quelque chose d'étrange pour un chef dont il n'y a pas lieu de suspecter la bravoure ; au lieu de battre Guillaume, il se borna à hasarder contre lui un acte d'autorité ; il le déclara rebelle, le dépouilla de ses dignités, les donna à Hugues, un de ses officiers qui avait été comte de Bourges, et repartit pour la Gaule laissant à Hugues la tâche de conquérir ce qu'il venait de lui donner. Du reste le motif pour lequel Eudes repassa si brusquement en Neustrie était grave ; Charles-le-Simple venait d'être couronné à Reims par sa faction, et il ne s'agissait pour le roi de nouvelle race, de rien moins que de perdre ou de sauver sa couronne. Il marcha résolument contre le jeune Carlovingien qui ne l'attendait pas et le força à se retirer en Germanie.

» Délivré momentanément de ce souci, Eudes put de nouveau s'occuper de l'Aquitaine et des Aquitains, et à vrai dire la chose était plus urgente que jamais. Ce comte Hugues, auquel il avait donné les honneurs et les dignités de Guillaume avait pris la donation au sérieux, et s'était avancé en armes contre lui pour occuper d'abord, en attendant le reste, le comté d'Auvergne. Guillaume, s'était défendu : il avait battu l'agresseur et l'avait tué de sa main. Dans de telles circonstances, il était indispensable pour Eudes de repasser en Aquitaine et d'y traiter de quelque manière avec les seigneuries qui y dominaient, si l'impossibilité de les soumettre était une fois reconnue, après de nouveaux efforts. Il y fit en effet une troisième expédition à ce qu'il paraît plus longue que les précédentes, et compliquée d'incidents plus divers mais d'ailleurs tout aussi mal connue. On n'en peut juger que par le résultat. Après avoir vainement essayé la force, il eut recours à tout ce dont il put s'aviser, à la ruse, à la vengeance, mais surtout aux voies pacifiques. Le fait est qu'en sortant de l'Aquitaine où il ne retourna plus, il y laissa tous les chefs de seigneuries qu'il était allé combattre et soumettre, un peu plus puissants, un peu plus sûrs de leur indépendance qu'il ne les avait d'abord trouvés (1). »

Le duc Rainulf, proclamé roi par une partie de la contrée, et maître absolu du comté de Poitiers, un des plus importants de l'Aquitaine, devait nécessairement lui faire le plus d'ombrage. Ce fut un de ceux qu'il caressa après les avoir combattus. Rainulf se laissa prendre à ses promesses trompeuses et fut assez imprudent pour le

---

(1) Fauriel : *Histoire de la Gaule méridionale*, t. IV, p. 442.

suivre à la cour. Il paraît cependant qu'en partant pour passer la Loire il eut quelque funeste pressentiment, car une charte de la *pancarte noire de Saint-Martin de Tours*, nous montre qu'il laissa l'administration de son comté entre les mains de son fils Ebles, surnommé *Manzer*, parce qu'il était issu d'une union illégitime. Arrivé à la cour, Rainulf fut empoisonné par ordre du roi. Atteint d'un mal dont il comprit aisément la cause, le malheureux ne songea plus qu'à assurer le sort de son fils, dont la naissance pouvait servir de prétexte à la non application de l'hérédité des bénéfices. Il le confia à son parent Geraud, comte d'Aurillac, que l'Eglise à mis au rang des Saints. Geraud ne put conserver à son pupille ni le patrimoine de son père ni sa couronne de duc. L'un fut conféré par Eudes à son frère Robert, et l'autre à Guillaume-le-Pieux, comte d'Auvergne, de Berry, du Velay et marquis de Septimanie (890).

III. Cette distribution ne donna à l'autorité royale guère plus d'influence sur le Midi qu'elle n'en avait eu durant la vie de Rainulf II. Car d'une part, l'autorité de Robert ne fut point reconnue en Poitou, où les partisans du jeune Ebles et ceux d'un autre prétendant du nom d'Adhemar finirent par l'obliger de se retirer, et de l'autre Guillaume, le nouveau duc, avait des précédents qu'il fallait soutenir sous peine de manquer à sa propre considération.

Le seul profit qu'il paraît en avoir retiré est le léger affaiblissement que subit l'autorité des grands feudataires du Midi, par la création des vicomtés dans quelques-unes de leurs terres, innovation à laquelle Guillaume ne paraît pas s'être opposé. Ce nouveau titre de vicomte devint un objet d'ambition parmi les seigneurs de rang secondaire. En Limousin particulièrement il fut pris par plusieurs maisons qui ont laissé une trace brillante dans l'histoire, comme les Turenne, les Ventadour, les Ségur, les d'Aubusson, les Combora, les Rochechouart, les Bridier, etc.

Guillaume I*er* avait dépassé l'âge moyen de la vie, quand lui arriva cette faveur d'Eudes. Sans paraître s'enorgueillir de son nouveau titre autrement que pour sauvegarder les droits du jeune fils de son ancien ami, il prit au sérieux les devoirs de sa nouvelle charge, car on le voit s'unir à Raymond de Toulouse, marquis de

Gothie, pour résister aux Normands dont, au rapport de Bouly, il défit douze mille en une seule rencontre.

La mort du roi élu, survenue en 898, laissa Charles-le-Simple paisible possesseur de la couronne. Il régna vingt-quatre ans, et ce long règne fut funeste à l'honneur de la France, car la faiblesse de son caractère le porta à acheter la tranquillité des Normands au prix d'une de ses plus belles provinces, qu'il donna en apanage à leur chef Rollon, à la simple condition d'en faire hommage à la couronne et d'embrasser la foi chrétienne. C'est ainsi que le duché de Normandie prit naissance en 911 par le traité de Saint-Clair-sur-Epte.

Guillaume-le-Pieux se montra plus dévoué à Charles-le-Simple, qu'il ne l'avait été à celui dont il avait reçu la couronne.

Il paraît certain qu'à l'époque où le jeune roi avait à lutter contre les compétiteurs que lui opposait la faction capétienne, lui seul de tous les seigneurs français refusa de prendre part à l'élévation de Robert, duc de France, et frère du feu roi Eudes, sourdement tramée par les adversaires du malheureux Charles. Il mourut toutefois sans avoir vu les ennemis de la légitimité consommer leur œuvre par le couronnement de ce nouveau maître, qui eut lieu à Reims le 30 juin 922.

Quand le bruit de cet événement parvint en Aquitaine, elle avait déjà perdu son vieux duc depuis trois ans. Guillaume était mort en Auvergne dont il n'avait jamais quitté le séjour pour occuper soit Poitiers, soit Bordeaux, soit Toulouse les anciennes résidences ducales. Son corps repose à Brioude.

L'histoire a donné à ce prince le surnom de *dévot* ou pieux qu'il paraît avoir mérité à plusieurs titres. C'est à lui qu'on doit la première idée d'un corps de chevaliers à la fois religieux et militaires. Il les avait institués au nombre de vingt-cinq pour défendre les églises et monastères contre les Normands. Cette idée féconde devait trouver bientôt sur un autre théâtre une glorieuse et magnanime application. Un titre non moins remarquable du duc d'Aquitaine à la reconnaissance de l'Église, est la fondation qu'il fit sur une terre du douaire de sa femme Ingoberge, fille de Boson, roi de Provence, de l'abbaye de Cluny, au comté de Mâcon, « afin, dit l'acte de fondation, de créer un monastère qui pût servir de modèle aux autres et y ramener la régularité. » Dans un voyage qu'il fit à Rome expressément pour ce sujet, il mit son nouveau couvent sous la dépendance directe du Saint-Siége, et Bernon, qui en fut le premier abbé, ainsi qu'Odon, son successeur, en s'appliquant à recueillir les pures traditions de la règle de saint Benoît, ne manquèrent pas d'attirer sur eux l'affection des princes, des rois et des empereurs qui les comblèrent de bienfaits. On doit encore à Guillaume-le-Dévot la confirmation de l'abbaye de Déols, en Berry, et celle de Soucillanges, en Auvergne.

Ce prince ne laissait pas d'enfants. Il est surprenant qu'après sa mort, Charles-le-Simple, encore roi, n'ait pas rétabli dans le titre de duc d'Aquitaine, le fils de l'illustre Rainulf II, ce jeune Ebles surnommé Manzer, déjà renommé par la manière habile dont il avait recouvré et dont il administrait son comté de Poitou, et que son mariage avec une fille du roi d'Angleterre avait rendu son beau-frère. Cependant ce fut Guillaume, comte de Velay, héritier du Dévot dans le comté d'Auvergne, comme fils de sa sœur Adelaïde, qui reçut en même temps la couronne ducale d'Aquitaine.

IV. Le nouveau duc, que les historiens distinguent de son oncle par le surnom de *Jeune* (1), porta la couronne de 918 à 927 : c'est-à-dire pendant neuf ans. Besly, ordinairement si judicieux, ne fait de lui qu'un seul personnage avec Guillaume-le-Dévot, mais Dufour rétablissant les faits, démontre nettement son existence et son règne.

Ce règne, malgré sa brièveté, fut encore assez long pour voir deux grandes calamités dans le royaume, la première fut la reprise des invasions des Normands au midi de la Loire, malgré la cession qui leur avait été faite par Charles-le-Simple de la riche province de Normandie, la seconde fut l'emprisonnement du roi par ses propres sujets et son remplacement de l'aveu de tous les grands feudataires du nord de la France, par Raoul, duc de Bourgogne, que les mécon-

---

(1) Dufour : *Hist. des rois d'Aquitaine.*

tents s'étaient donnés pour chef après la mort de Robert, tué de la propre main de Charles dans un combat.

Fidèle à la tradition de ses prédécesseurs et de son oncle en particulier, Guillaume II demeura d'abord attaché à la cour de Charles que soutenait également les autres grands d'Aquitaine, Ebles de Poitiers, Raymond de Toulouse, Ermengaud de Rouergue, etc.; mais il paraît que lorsque Charles-le-Simple eut été enfermé dans la tour de Péronne, et que Raoul eut été couronné à Saint-Médard de Soissons, en 923, il se laissa éblouir ou effrayer par les succès du nouveau roi contre les Normands et les Hongrois, et peut-être aussi par ses promesses.

« L'an 924, raconte Besly, le roi Raoul conclut de faire la guerre contre le duc Guillaume. Le duc alla au-devant jusqu'à la rivière de Loire, en résolution de vendre chèrement sa peau. Des amis et des messagers envoyés de part et d'autre leur firent prendre jour, afin de s'aboucher et de conférer ensemble sur les frontières du pays d'Autun. Arrivés au lieu désigné, la Loire entre deux, les députés consommèrent le jour en allées et venues jusqu'au soir, que le duc passant la rivière et mettant pied à terre s'avança pour faire la révérence au roi qui était à cheval. Le roi l'ayant reçu avec honneur, et baisé en signe de bienveillance, ils prirent congé et se séparèrent pour retourner au logis. Le lendemain le duc repassant vers le roi prit trève de huitaine, au bout de laquelle suivant les articles et conditions accordées entre eux il fit hommage au roi qui lui rendit le Berry et la ville de Bourges. »

Au rapport de M. de Verneuilh (1), les comtes de Gothie et de Septimanie, c'est-à-dire Ermengaud et Raymond-Pons, suivirent l'exemple donné par leur duc, ainsi que Loup-Asinaire, seigneur de Gascogne, que les rois ses prédécesseurs n'avaient pu ranger à leur devoir. Ebles de Poitou seul demeura fidèle au malheur.

Cependant il est à présumer que même au moment de la signature, la soumission des seigneurs Aquitains n'était point sincère;

---

(1) De Verneuilh : *Histoire d'Aquitaine*, t. II p. 111.

car à peine Raoul avait-il le dos tourné, qu'ils continuèrent à vivre comme par le passé dans une indépendance d'autant plus grande que l'esprit public flottait indécis entre le prisonnier et le roi régnant. C'est ce qu'exprime d'une façon pittoresque l'en-tête de certaines chartes qui commencent ainsi : « Telle année, depuis que le roi *Charles a été dégradé par les Francs, et Raoul élu contre les lois.* »

Raoul n'ignorait point cette répugnance générale du Midi à le reconnaître. En 926 il voulut de nouveau tenter de la vaincre par les armes, et ayant rassemblé une puissante armée de Francs et de Bourguignons il descendit vers la Loire. Arrivé sur Nevers il assiégea cette ville où commandait Alfred, frère du duc Guillaume, et le força à se rendre. Raoul et son armée passèrent ensuite en Aquitaine, et attaquèrent l'Auvergne qui était le patrimoine du duc. La position de Guillaume-le-Jeune allait devenir très difficile, lorsque heureusement une nouvelle irruption de Hongrois sur les frontières de l'Est, vint forcer Raoul à rebrousser chemin pour marcher contre eux. Le duc d'Aquitaine mourut quelques mois après, avant que le roi eût pu reprendre les hostilités contre lui. Il ne laissait pas d'enfants (927).

V. En ce moment là justement, le comte de Vermandois, geôlier du malheureux Charles-le-Simple, qu'il tenait précieusement dans les fers pour s'en servir au besoin contre son rival, ayant eu à se plaindre de Raoul et pressé par les sollicitations du souverain pontife, Jean X, tira solennellement le fantôme royal de sa prison, et le ramena en pompe à Saint-Quentin, où il rattacha à son parti non-seulement les seigneurs Aquitains, mais encore Guillaume Longue-Épée, duc de Normandie, et le célèbre Hugues de France lui-même le promoteur de Raoul.

Charles profita de son autorité éphémère pour récompenser les rares serviteurs qui lui étaient demeurés fidèles et réparer les injustices commises en son nom par des vassaux plus puissants que lui. De ce nombre fut la restitution à Ebles-Manzer, déjà vieux, de la couronne ducale qu'avait si glorieusement portée son père.

Ebles n'était point au-dessous de sa tâche. Les Annales du Poitou qu'il gouverna comme comte pendant trente-trois ans, le représentent au contraire comme un prince aussi remarquable par la droiture de l'esprit, l'amour de la justice et la bravoure militaire que par sa fidélité au sang de Charlemagne. Mais son règne, comme duc d'Aquitaine, fut aussi court que la puissance qui l'avait concédé. La mort du roi Charles-le-Simple survenue deux ans après (929), et la fuite en Angleterre de sa veuve Ogine et de son enfant ayant donné une sorte de légitimité à son compétiteur, celui-ci résolut de recommencer en Aquitaine une troisième expédition et de châtier enfin ces imprudents seigneurs, qui bravant son autorité, continuaient à dater leurs actes : « Telle année, *depuis la mort de Charles, dans l'attente d'un roi.* » Ou bien : » *régnant le Christ, en attendant un roi.* »

Une occasion plausible de faire acte d'autorité royale lui était offerte par les Normands de la Loire, qui s'étant portés dans le Midi le ravageaient cruellement. Raoul les joignit avec son armée en Limousin et les battit complètement en un lieu nommé Estresse. Après s'être ainsi acquis par ce service signalé la sympathie des populations toujours très effrayées du nom Normand, il allait attaquer ses propres ennemis, lorsque des troubles dans le nord le rappelèrent en toute hâte à Paris. Il fut également empêché l'année suivante de reprendre ce projet ; mais au commencement de 932, après les froids, il repassa la Loire bien déterminé à le mettre à exécution. C'est alors qu'en punition de sa fidélité éprouvée aux anciens rois, Ebles fut dépouillé du titre de duc et réduit à son simple comté de Poitiers. L'histoire lui rend cette justice qu'au lieu d'employer le sang de ses sujets à une résistance inutile, il trouva encore son héritage assez grand pour occuper son activité, et sans oublier les intérêts de sa maison qu'il consolida pour l'avenir par de fortes alliances, il sut mériter que son nom fût inscrit sur la liste des bons princes dont les règnes paraissent toujours trop courts.

VI. Celui qui reçut du nouveau roi la couronne des ducs d'Aquitaine, fut le comte de Toulouse, Raymond-Pons, fils de Raymond II, qui possédait héréditairement depuis 923, le comté de Toulouse et le marquisat de Gothie. Dans sa jeunesse Raymond-Pons s'était montré très attaché au parti de Charles-le-Simple ; il avait acquis une certaine célébrité comme guerrier, en repoussant, les armes à la main, une horde de Hongrois vagabonds qui, après avoir ravagé les rives du Rhône, s'était répandue dans la Gothie et le Toulousain (1) ; mais l'ambition étant venue avec l'âge, il crut pouvoir faire taire sa conscience qui ne lui prescrivait plus la fidélité envers un roi mort, et lorsque Raoul vint faire son expédition en Aquitaine, il se joignit à Ermengaud, comte de Rouergue, et à Loup-Asinaire, comte de Gascogne, non pour lui résister mais pour lui faire sa soumission en lui prêtant serment de fidélité. La récompense ne se fit pas longtemps attendre. Raoul distribua à ses nouveaux amis le Gévaudan, le Velay, l'Auvergne et le Berry, et à Raymond-Pons le plus puissant d'entre eux, ajouta la couronne ducale enlevée à Ebles-Manzer (932).

Depuis cette époque, disent les auteurs de l'*Histoire du Languedoc*, Raoul fut généralement reconnu pour roi dans toute la contrée, et on commença à dater les actes des années de son règne, en ne les comptant toutefois que depuis la mort de Charles-le-Simple, et même depuis la soumission de Raymond-Pons.

Nous avons peu de détails sur les événements du règne de ce personnage comme duc d'Aquitaine. Sa piété nous est connue par la fondation du monastère de Chanteuge, au diocèse actuel de Saint-Flour, le rétablissement de l'abbaye de Saint-Allyre, près Clermont d'Auvergne, et l'installation du couvent de Saint-Pons de Thaumières, au diocèse de Narbonne; mais c'est à peine si son nom se trouve mêlé aux événements politiques de son temps. Il ne mourut cependant qu'en 950, ce qui lui permit de porter la couronne ducale pendant dix-huit années.

Il eut ainsi le temps de voir s'éteindre son prédécesseur au duché d'Aquitaine, Manzer, qui mourut en 935, à l'âge de soixante-sept ans, avec la satisfaction d'avoir ajouté au Poitou et confirmé dans sa famille l'Aunis, la Saintonge et le Limousin. Ebles avait été marié deux fois. Une première à une jeune fille du peuple qui ne le rendit point père, et une seconde avec la princesse Adèle,

---

(1) D. Vaissette : *Histoire du Languedoc*, t. II, p. 60 et suivantes.

fille d'Édouard II, roi d'Angleterre. Il en eut deux fils, Guillaume-Hugues, surnommé *Tête-d'Étoupes*, et Ebles, qui devint évêque de Limoges. Son alliance avec une fille d'Angleterre l'avait rendu proche parent de Charles-le-Simple, il en fit conclure une autre non moins belle entre son fils et Adèle, fille du duc de Normandie, Rollon.

L'année qui suivit la mort d'Ebles-Manzer, Raymond vit aussi s'éteindre le roi Raoul, qui rendit l'âme en janvier 936 sans laisser d'enfants. Cet événement ne pouvait amener de grands troubles, mais Hugues-le-Grand, comte de Paris, qui avait déjà mis la couronne sur la tête de Raoul, voulut donner une nouvelle preuve de sa toute-puissance en la rendant à l'héritier légitime. Il rappela donc d'Angleterre le fils de Charles-le-Simple, et le fit couronner, le 19 juin 936, sous le nom de Louis d'outre-mer.

Cependant il ne paraît pas que cette réhabilitation ait été admise ou connue généralement en Aquitaine avant 938, car on trouve entre autres un diplôme de la fin de 937, daté de « *la deuxième année après la mort de Raoul, Dieu régnant en attendant un roi.* » Il est vrai d'ajouter qu'à partir de l'année suivante on en trouve un très grand nombre datées de son règne, même en Roussillon et en Gascogne, c'est-à-dire dans les parties les plus reculées de la province.

Avec le même empressement qu'il avait mis à reconnaître la royauté usurpée de Raoul, Raymond-Pons revint au sentiment de l'autorité héréditaire lorsque la proclamation de Louis d'outre-mer fut devenue un fait incontestable. Il alla au-devant du nouveau roi au premier voyage qu'il fit en Aquitaine, et lui rendit solennellement hommage de ses fiefs et de sa dignité. Louis dédaigna de le dépouiller d'un titre qui était contestable ; mais la mort vint bientôt y mettre ordre. Il cessa de vivre, comme nous l'avons dit, en 950, laissant trois fils : Guillaume-Taillefer, Pons et Raymond, qui se partagèrent ses états héréditaires.

Quant à la couronne d'Aquitaine, la justice, la parenté et le mérite faisaient à Louis d'outre-mer un devoir de la rendre à l'héritier d'Ebles de Poitiers ; c'est ce qu'il s'empressa d'exécuter.

VII. Guillaume-Hugues, que les chroniqueurs nomment *Tête-d'Étou-*

pes, était alors âgé de quarante ans. Sa naissance le faisait propre cousin-germain du roi par les femmes. Il régnait sur le Poitou depuis la mort de son père, c'est-à-dire depuis environ quinze ans, avec le titre de comte et au grand contentement de ses sujets, lorsque la faveur royale mit une couronne ducale sur sa tête. Il était déjà marié, comme nous avons dit, à la sœur de Guillaume-Longue-Épée, un des plus brillants ducs de Normandie. Le clergé l'aimait parce qu'il avait rendu au siège épiscopal de Poitiers l'évêque Frotier, d'illustre mémoire, jadis banni par son père, et aussi parce que sa mère, Adèle, avait employé une grande partie de ses biens à la fondation du monastère de la Trinité où elle s'était enfermée et à la création des chanoines de Saint-Pierre-le-Puellier; il était de même le protecteur de Saint-Hilaire-le-Grand, dont il se qualifiait abbé à l'imitation de ses ancêtres, après avoir juré comme eux sur les évangiles d'en défendre les droits et priviléges. La petite noblesse ne l'avait pas en moindre estime, parce que, pénétré des bienfaits de l'agriculture, il avait concédé à un grand nombre de seigneurs sans fortune toutes les terres incultes de son comté moyennant des devoirs très faibles, comme un sou ou même un denier de cens; enfin le roi son oncle avait eu plusieurs fois des preuves de sa valeur et de sa fidélité, notamment en 910, lorsque le jeune monarque, poursuivi par les usurpateurs, se fût vu obligé de quitter son humble capitale et de se retirer en Bourgogne. Le jeune comte de Poitiers l'alla trouver, l'accompagna jusqu'à Laon que Hugues-le-Grand, assisté d'Herbert de Vermandois et de Guillaume de Normandie, tenait assiégée, et l'y rétablit. Deux ans plus tard « comme le roi, au milieu d'une abîme d'angoisses et de détresses, recherchait de tous côtés des amis et des alliés pour se maintenir, le même comte Guillaume l'accompagna lui-même auprès de son beau-frère de Normandie pour en obtenir la protection, et le fortifia si bien d'hommes et d'argent, que les ducs alliés de Paris, de Vermandois et de Lorraine, se virent contraints de demander grâce et de faire leur soumission. »

Tant de bons offices constituaient à Guillaume Tête-d'Étoupes des droits que Louis IV ne pouvait méconnaître. Il y fit justice non-seulement comme nous venons de le dire, en lui conférant le titre de duc, mais encore en ajoutant à ses possessions, déjà fort étendues, le comté d'Auvergne, dont son père Ebles avait été dépouillé, ainsi que le Velay, à condition de s'en saisir sur les fils de Raymond-Pons, ce qui n'était pas chose facile.

On se souvient que les anciens ducs d'Aquitaine de la race mérovingienne étaient dans l'usage d'aller se faire sacrer à Limoges. Guillaume *Tête d'Étoupes* crut avec raison que l'éclat de cette solennité attacherait d'autant plus à sa domination et à celle de sa famille les peuples sur lesquels il était appelé à régner. L'événement prouva que sa prévision était juste, car le titre du duc d'Aquitaine fut désormais fixé d'une manière définitive sur la tête des comtes de Poitou jusqu'à la duchesse Aliénor, dernière de leur race, et il résulta de cet état de choses que Poitiers devint de fait la capitale de l'Aquitaine comme étant la résidence des ducs de cette vaste contrée (1).

Limoges avait alors pour évêque le propre frère de Guillaume, Ebles, que les chroniqueurs ont nommé le bon pasteur. Ce prince de l'Église a laissé un nom impérissable en Poitou en transformant le monastère de Saint-Maixent, dont il était abbé, en une véritable ville qui n'a fait, depuis lors, que s'accroître, en même temps qu'un autre seigneur poitevin, du nom d'Airault, bâtissait également sur la Vienne un château qui est aujourd'hui une grande cité. Ebles ne borna pas là ses bienfaits envers la religion, il reconstruisit en forme de forteresse l'abbaye de Saint-Michel-en-l'Herm, autrefois détruite par les Normands, et poussa son frère à un grand nombre de dotations envers les monastères de Charroux, de Saint-Cyprien, et surtout de Saint-Hilaire, dont il était trésorier, tandis que le duc en était abbé.

Le couronnement de Guillaume *Tête-d'Étoupes* mettait en ses mains une autorité considérable, puisqu'elle joignait au Poitou, au Limousin, à l'Aunis et à l'Auvergne qu'il possédait en propre, la haute main sur le Toulousain, le Quercy, le Périgord, l'Angoumois, l'Agénois, le

---

(1) Dufour : *Hist. des rois d'Aquitaine*, p. 157.

Bordelais et la Gascogne entière ; mais une élévation si grande, une distinction si subite, ne pouvaient manquer de lui susciter des ennemis : c'est ce qui ne tarda pas d'arriver.

Un an environ après sa prise de possession, les partisans de la maison de Toulouse, fomentèrent une insurrection en Auvergne. Pour réprimer cette levée de boucliers, le duc d'Aquitaine réunit une nombreuse armée et entra en campagne ; mais la résistance fut si opiniâtre que Guillaume dut appeler le roi lui-même à son secours. Les chroniqueurs ne nous donnent ni les détails ni le résultat de cette lutte, mais on est porté à croire qu'elle ne fut point si décisive que Guillaume eût pu l'espérer.

Ce danger était à peine passé que la mort de Louis d'outre-mer en amena un autre plus redoutable et plus imprévu. Un jour que le jeune roi se rendait de Laon à Reims, il rencontra sur les bords de la rivière de l'Aisne un loup qu'il s'amusa à poursuivre au galop. Son cheval s'abattit, et dans sa chute le roi fut grièvement blessé. Apporté à Reims, il y mourut au bout de quelques semaines, le 10 septembre 954, à l'âge de trente-quatre ans, et après un règne orageux de plus de dix-huit années. Il laissait, de la reine Gerberge, fille d'Henri l'Oiseleur, deux garçons, Lothaire et Charles, dont l'aîné n'avait pas quinze ans.

Il ne tenait encore qu'à Hugues-le-Grand de se revêtir du titre de roi. Plutôt que de poser sur sa tête une couronne contestée, il préféra continuer à gouverner sous le nom d'un autre, et fit couronner le jeune Lothaire à Reims, le 12 novembre 954, et obtint comme récompense de ses services, les duchés d'Aquitaine et de Bourgogne, tant pour lui que pour son fils aîné.

Cet acte équivalait, au regard de Guillaume, à un dépouillement pur et simple. Il en reçut la nouvelle avant d'avoir pu le soupçonner, car les liens de reconnaissance et de parenté qui l'attachaient à Louis IV auraient dû être sacrés pour son fils ; mais Lothaire était trop jeune pour faire autre chose que la volonté de son tuteur.

Un historien accuse Guillaume III d'avoir pris la fuite à la nouvelle que Hugues-le-Grand, à la tête d'une armée et accompagné par le jeune roi lui-même, venait assiéger sa capitale ; mais ni Bouchet, ni Besly, ne font mention de cette conduite qui eût été un acte de couardise, ils disent seulement que le duc était absent de Poitiers lorsque les troupes de Hugues-le-Grand en entreprirent le siége dans le courant du mois d'août 955. Quoique privés de leur chef, dit Besly, « ceux du dedans firent telle résistance, que les assiégeants furent contraints de décamper au bout de deux mois, car ils se trouvèrent combattus par trois puissants auxiliaires : le manque de vivres, la rigueur de l'hiver proche de leur tomber sur les bras, et la fureur d'une tempête qui s'abattit sur le pavillon du duc de France et le mit en pièces avec un si violent accompagnement de grêle et de tonnerre, qu'on attribue généralement ce secours inespéré à l'intercession de saint Hilaire. Toujours est-il que Hugues et les siens saisis d'étonnement et découragés de leur entreprise, se tournèrent en fuite, ne croyant jamais avoir assez de loisir pour se sauver. »

Le chroniqueur Frodoart ajoute que « le duc Guillaume, survenu d'aventure là-dessus, voulut se servir de l'occasion, et poursuivit les fugitifs jusqu'à la Loire, où les deux armées s'étant jointes et en étant venues aux mains, il put vérifier le mot vulgaire qu'on doit faire un pont d'or à son ennemi fuyant ; car il reçut un cruel revers de fortune, la plupart de sa noblesse étant demeurée pour les gages en la mêlée, ou tombée prisonnière à la merci des ennemis. »

Il ne paraît cependant pas que Hugues-le-Grand ait profité de sa victoire. La mort, qui le saisit l'année suivante (16 juin 956), ne lui en laissa pas le loisir, et Guillaume, étant rentré dans les bonnes grâces du roi, demeura paisible possesseur de ses dignités.

La mort de Hugues-le-Grand ne changea rien à l'étendue des états de Lothaire, mais elle le délivra d'un seigneur dont la puissance, supérieure à la sienne, l'obligeait à des ménagements contraires à son autorité. Ce règne n'offre pas de grands événements. Le roi, presque réduit à la ville de Laon, ne prenait point de part aux guerres de ses grands vassaux, mais il montra par sa prudence, sa sagesse et ses mœurs, qu'il aurait été digne de porter la pourpre à une époque moins précaire pour l'autorité royale.

Des quatre grands feudataires de la couronne, les ducs de France, de Bourgogne, de Normandie et d'Aquitaine, Guillaume fut le seul qui marcha dans la même voie. La gloire de Tête-d'Etoupes serait médiocre si on le considérait seulement comme guerrier, mais le jugement se modifie quand on considère en lui l'administrateur et le chrétien. Les critiques les plus sévères s'accordent à dire qu'il chercha à accorder aux peuples soumis à sa domination toutes les libertés compatibles avec l'état de la civilisation.

Les personnages célèbres que produisit l'Aquitaine sous son gouvernement ont à peine laissé un nom aride, tant on écrivait peu à cette époque; mais de leurs récits, comme de la marche générale des idées au xe siècle, il résulte que Guillaume III fut assez heureux pour voir s'effacer et disparaître sous son gouvernement les anciennes répulsions, les vieilles haines qui depuis des siècles divisaient non-seulement les seigneurs d'origine franque et ceux d'origine aquitanique; mais les villages peuplés, soit de Romains, soit de Wisigoths, soit d'Arabes, soit d'anciens Gaulois, et dans ces villages, les familles entre elles suivant leur origine, leurs professions, et les restes des mœurs primitives de leurs ancêtres qu'elles avaient conservées à travers les siècles.

La langue aussi tendait à s'unifier. On ne parlait plus ou latin, ou gaulois, ou franc. On parlait un langage né de ces diverses origines, encore un peu grossier, peut-être, mais qui ne devait pas tarder à s'épurer par la poésie.

Prince paisible, religieux, sans ambition et sans soucis, Guillaume aimait la campagne et les plaisirs des champs. Il affectionnait particulièrement l'île de Maillezais fort boisée et couverte de marais, dont l'aspect sauvage et la facilité qu'elle offrait pour la pêche et la chasse flattaient les goûts du souverain. Il y avait fait construire une maison de plaisance et à côté une chapelle sous l'invocation de saint Hilaire; il y joignit plus tard une forteresse et même une garnison, pour la mettre à l'abri des pillages des Normands qui ravageaient toujours les côtes de l'Océan.

Vers la fin de sa vie, dégoûté du monde et désireux de ne s'occuper que des affaires du ciel, il abdiqua en faveur de son fils Guillaume, surnommé Fier-à-Bras, et entra dans l'abbaye de Saint-Cyprien de Poitiers où il se fit moine. Cet événement se rapporte aux années 902 ou 903. La chronique rapporte qu'il cessa bientôt de se plaire en cette maison et qu'il se retira à Saint-Maixent, dont son frère était abbé, et où il ne tarda pas à mourir (le 3 avril 963), âgé de cinquante-cinq ans environ.

Il laissait d'Adèle, que d'autres nomment Gerloc, fille de Rollon, duc de Normandie, deux enfants, Guillaume qui lui succéda et Adelaïde, que nous verrons plus tard épouser Hugues-Capet. On ignore l'époque de la mort de la duchesse Adèle ; on sait seulement qu'elle fut enterrée dans une chapelle du monastère de la Trinité de Poitiers. Quand aux restes de Tête-d'Etoupes ils furent placés dans l'église de Saint-Cyprien de la même ville.

Les historiens ont longtemps discuté pour savoir d'où venait au duc Guillaume le surnom de Tête-d'Etoupes : quelques-uns ont voulu y voir un synonyme d'insensé, mais rien ne justifie cette version. Il est beaucoup plus probable que Guillaume dut à l'origine Saxonne de sa mère, une chevelure d'un blond très clair et que cette couleur, fort rare dans le Midi, donna lieu au sobriquet de ce prince, à une époque où les désignations de cette nature étaient partout dans les mœurs.

VIII. Guillaume IV, à qui la postérité a conservé le nom de *Fier-à-Bras*, à cause de sa force herculéenne, était né en 933, et avait épousé en 957, Emme ou Emmeline, fille de Thibaut-le-Tricheur, comte de Blois, il atteignait sa trentième année lorsque la mort de son père l'appela à lui succéder (963) (1).

On était au milieu du règne de Lothaire, c'est-à-dire à une époque d'anarchie si complète que chaque grand feudataire dans ses états, chaque comte dans son comté, chaque marquis dans sa marche, chaque petit seigneur dans son fief se croyait aussi roi que le roi lui-même et ne laissait inoccupé aucun des priviléges de la toute-puissance.

La féodalité née de l'inimitié des races diverses mêlées sur le même territoire sans pouvoir se fusionner, et implicitement reconnue comme nous l'avons dit par les capitulaires de Kiersy, était arrivée à son apogée. Désormais, « l'ordre social n'est autre chose

---

(1) Dufour : *Histoire des rois d'Aquitaine*. — Notes.

qu'une hiérarchie de terres possédées par des guerriers, relevant les unes des autres à divers degrés et formant une chaîne qui part de la tourelle du simple gentilhomme pour remonter jusqu'au donjon royal. »

Celui qui possède la terre, porte nécessairement l'épée. Point de terre sans seigneur : point de seigneur qui soit affranchi, 1° envers celui dont il relève de la *fiance*, la *justice*, le *service*, l'*aide* et l'*estage* : c'est-à-dire de lui être fidèle, d'être soumis à son tribunal, de le suivre à la guerre, de lui payer une redevance en certaines occasions, et de garder sa forteresse tant de jours par an; 2° envers son vassal de la *protection*, de l'*équité* et du *respect à son honneur* : c'est-à-dire de le défendre en cas d'attaque, de lui faire bonne justice, et d'éviter ce qui pourrait nuire à sa considération, le tout sous peine de déchéance. D'où il résulte que le clergé propriétaire doit desservir la terre ou la quitter; que la fille est exclue de l'héritage du fief, et qu'il ne peut y avoir de partage entre l'aîné et le puîné, s'il n'y a qu'un fief dans la maison. Dès lors l'homme n'est rien que par la terre; il est la terre personnifiée; il en prend le nom.

Quant à celui qui n'est ni noble, ni guerrier, ni possesseur de fiefs, trois termes identiques dans la langue féodale, son sort dépend en grande partie du maître dont il relève, dont il est non plus l'esclave car l'esclavage est inconnu dans les sociétés chrétiennes, mais le serf : sorte de domesticité à vie dans laquelle la force manuelle, le travail de l'un, sert de paiement à la nourriture, au logement, à la défense contre les hommes de guerre, que l'autre assure. Le droit du seigneur entre des mains cruelles devient la loi du plus fort; il peut empêcher ses sujets de se marier, de changer de demeure, de transmettre leur pécule à leurs héritiers, sans son consentement; poussé à ses dernières conséquences il va au-delà du servage de la glèbe, et s'étend jusqu'au corps de l'individu. Entre des mains honnêtes, au contraire, ce droit établit comme un lien de famille entre le seigneur et ceux qui le servent, dont les pères ont élevé sa jeunesse, dont les fils serviront les siens, et lui apporteront en échange d'un peu de bien-être, leur dévouement, leur travail, leurs récoltes et leurs hommages avec les bénédictions de leurs femmes et de leurs enfants.

Une royauté viagère et responsable, couronnant une société fondée sur l'hérédité, semble le dernier mot du système féodal. Le premier des seigneurs, le roi, est relativement le moins puissant de tous; chose facile à comprendre, puisque l'établissement de la féodalité résulte de la défaite des rois. Le monarque n'a quelques moyens de force et d'action qu'en qualité de seigneur du duché de France. Comme roi, quelques prérogatives honorifiques, quelques droits sur les églises et la justice générale sont son partage; il est à peine le premier entre ses pairs, mais l'idéal féodal combat pour la royauté et tend à établir que les grands doivent aux rois les mêmes services qu'ils exigent de leurs propres vassaux (1).

Les dernières années de Lothaire, le règne de Louis V et l'avènement d'une nouvelle race royale dans la personne de Hugues-Capet, occupent l'attention de l'histoire pendant la longue administration de Guillaume *Fier-à-Bras* en Aquitaine, qui ne dura pas moins de trente ans (963-993).

Les évènements particuliers à la province, pendant cette période sont peu nombreux. Guillaume passa les premières années de son gouvernement à réprimer de petites révoltes, soit en Poitou, soit en Limousin, ou dans les autres provinces de son obéissance directe. Son titre de duc était si illusoire sur le reste de l'Aquitaine que les annales de Toulouse, de Bordeaux et de Navarre parlent à peine de lui.

Il reçut à Limoges en 985, la visite du roi Lothaire qui voulut visiter l'Aquitaine en allant marier son fils Louis, avec Blanche, fille du roi de Navarre, (d'autres disent fille de Guillaume lui-même ce qui n'est pas prouvé). Lothaire pendant son séjour à Limoges donna des ordres pour en faire relever les fortifications. De retour *en France*, c'est le terme de sa chronique, il fut empoisonné, dit-on, à l'âge de quarante-cinq ans par sa femme Emme, qu'une intrigue de cœur aurait portée à ce forfait.

---

(1) H. Martin : *Histoire de France*, t. III, Passim.

Le jeune Louis V fut reconnu sans difficulté, même par les ennemis de son père, et Hugues-Capet à leur tête, mais il ne lui survécut guère. Blanche, femme légère et galante, dit Mézeray, pour un mari de vingt ans, sans vigueur d'esprit ni de corps le planta là, et s'en défit par le poison au bout d'un an à l'imitation de sa belle-mère, le 22 juin 987.

Louis V n'ayant pas laissé d'enfants, la couronne revenait à Charles, son oncle, frère de Lothaire et duc de Lorraine. Mais ce prince éloigné par son frère de la cour de France, avait accepté la suzeraineté d'Othon II, empereur d'Allemagne : cette circonstance suffit aux partisans de la nouvelle dynastie, pour prétendre qu'il n'était plus digne de régner sur la France. On s'empressa donc de déclarer roi Hugues-Capet, à Noyon, de lui prêter hommage et de le sacrer à Reims le cinquième jour des nones de juillet. Le premier janvier suivant, Hugues s'adjoignit son fils Robert en le faisant sacrer à Orléans et ils commencèrent de régner ensemble, du consentement de tous les grands feudataires de la couronne excepté du duc d'Aquitaine, « lequel réprouvant la lâcheté et la perfidie des Français refusa de lui faire hommage (1). »

Tant qu'il restait encore un débris de la race carlovingienne l'Aquitaine lui restait fidèle, comme elle l'avait été jadis aux derniers descendants de Clovis. « Guillaume, malgré les liens de parenté qui l'unissaient à l'usurpateur, ne pouvait vaincre le sentiment du droit héréditaire, tant ce sentiment était profondément gravé dans son cœur. » « Il accusait hautement, dit Mézeray, les Français de perfidie et d'avoir abandonné le sang de Charlemagne. » C'est un exemple qui s'est renouvelé dans toutes nos guerres de successions, et dont la guerre de la Vendée a été le dernier épisode.

Les rois irrités, selon Besly, dressèrent une armée pour en tirer raison et assiégèrent Poitiers, mais sans effet, car ils furent contraints de lever le siège. Le duc les poursuivit jusqu'à la Loire, comme avait fait son père du roi Lothaire, mais il ne fut pas plus

---

(1) R. de Saint-Amable : *Histoire de Saint Martial*, t. III, p. 371.

heureux et paya son ardeur de la perte d'un grand nombre de ses compagnons.

Cependant il ne se soumit point. Ce ne fut qu'après la mort de Charles de Lorraine, que Guillaume consentit à reconnaître comme légitime l'élection de Hugues-Capet, et à croire « que l'arbre ne portant plus de bons fruits, Dieu le voulait arracher pour en planter un autre plus beau et plus fertile (983). »

Aussi bien, les événements qui se passaient en ce moment en Aquitaine faisaient-ils de cette soumission une mesure de la plus sage prudence.

Fier-à-Bras pour avoir fait acte d'autorité et de justice sur quelques-uns des comtes et vicomtes du pays soumis à sa juridiction, venait de soulever contre lui une nuée d'ennemis acharnés à le perdre.

D'une part, Geoffroy Grisigonnelle, comte d'Anjou, appelé par quelques seigneurs de la Basse-Loire ses sujets qui croyaient avoir à se plaindre du comte de Poitiers, avait passé le fleuve, et après avoir bataillé l'espace d'une année avait été obligé de reconnaître la suzeraineté de Fier-à-Bras pour le Loudunois et le Mirebalais, d'où il conservait une profonde rancune.

D'autre part, le coadjuteur de l'évêque de Limoges ayant été pris dans un guet-à-pens, par Hélie Ier, comte de Périgord, qui lui avait fait crever les yeux, cette cruauté avait excité Guillaume, sur l'invitation duquel le vicomte de Limoges, Géraud, s'était mis en route pour venger l'évêque, avait saisi Hélie les armes à la main, ainsi que son frère Aldebert dans le château de Montignac; après quoi, le duc, usant de son autorité, avait déclaré le premier déchu du comté de Périgord, et fait enfermer le second dans la tour de Limoges.

Mais Aldebert, un des seigneurs les plus ambitieux et les plus habiles de son époque, étant parvenu à sortir de sa prison après avoir séduit la belle Almodis, sœur du vicomte, parvint à soulever contre le duc une assez grosse troupe de seigneurs aquitains, fit alliance avec Foulques-Nerra, qui avait remplacé Grisigonnelle, son père, dans le duché d'Anjou, et marcha avec eux sur Poitiers. Heureusement Fier-à-Bras n'était pas homme à se laisser surprendre. Il lança, au contraire, ses soldats avec une si grande témérité que les ennemis furent sur le point d'entrer dans la ville. Enfin ils passèrent outre, craignant sans doute une nouvelle rencontre, et se portèrent sur Tours, qui appartenait au comte de Blois, beau-frère de Guillaume, et sur laquelle le comte d'Anjou avait quelques prétentions.

On raconte que le comte de Blois, pris à l'improviste, eut recours au nouveau roi de France, Hugues-Capet, pour lui demander assistance ; mais le roi Hugues et Robert son fils, dit Adhémar de Chabanais, étaient encore si mal affermis sur le trône, qu'ils n'osèrent tenter le sort des armes contre Aldebert, et laissèrent tomber en ses mains la Touraine, dont il prit le titre et qu'il concéda en fief au comte d'Anjou. Hugues-Capet se contenta d'envoyer un héraut au conquérant pour lui demander compte de ses conquêtes : — Qui t'a fait comte, lui demanda-t-il ? — Qui t'a fait roi, répondit fièrement Aldebert.

Hugues mourut en 996, laissant à Robert-le-Bon des affaires très embrouillées, et un état ravagé tout ensemble par la famine, la peste et la terreur.

Guillaume Fier-à-Bras l'avait précédé de trois ans dans la tombe. Dans les dernières années de sa vie il prit, comme son père, l'habit religieux au monastère de Saint-Maixent. Il mourut le 3 février 993, âgé de soixante-un ans. La duchesse Emme lui survécut jusqu'en 1004. Elle l'avait rendu père d'un seul fils, Guillaume V, qui lui succéda au comté de Poitiers et au duché d'Aquitaine, et mérita de ses contemporains le surnom de *Grand*.

IX. Le nouveau duc était âgé de trente-cinq ans environ quand il hérita de la double couronne paternelle, étant né, selon Dufour, en 958. Il arrivait au pouvoir à l'époque la plus désastreuse du moyen-âge.

On touchait à l'an *mille*, c'est-à-dire à une date qui, selon la croyance populaire, devait être marquée par la venue de l'antechrist et la fin du monde. Déjà on avait vu, ou cru voir, des signes dans le ciel, et sur la terre des choses surprenantes et abominables. Travaux, affaires, jusqu'à la culture des champs, tout était interrompu. « On se contentait de pourvoir aux besoins les plus immédiats, on léguait ses terres, ses châteaux aux églises, aux monastères, pour s'acquérir des protections dans ce royaume des cieux où l'on allait entrer. Beaucoup de chartes de dotation aux églises commencent par ces mots : « *La fin du monde approchant, et sa ruine étant imminente*, *etc*. A mesure qu'arrivait le terme fatal, les populations, entassées dans les églises, attendaient, transies d'angoisses, que les sept trompettes du jugement retentissent du haut du ciel (1).

L'abandon de la culture avait amené la famine, fléau terrible à une époque où les transactions de peuple à peuple étaient inconnues, et où chaque pays devait nourrir ses habitants. La température était d'ailleurs si contraire, au dire des contemporains, qu'on ne trouvait plus de saison favorable pour ensemencer, et dans le peu de sillons qu'on était parvenu à faire, le grain, réduit en farine, ne rendait pas le sixième de son poids ordinaire. Les grands comme les petits manquaient de vivres. Tous avaient la pâleur sur le front et la faim sur les lèvres. Quiconque avait quelque denrée à vendre en pouvait demander le prix le plus excessif, il était sûr d'être pris au mot. On vit des hommes, après avoir dérobé les bêtes et les oiseaux des champs, se résoudre à ronger des cadavres; on mangeait l'écorce des arbres dans les bois, on arrachait l'herbe des ruisseaux afin d'échapper à la mort; le voyageur assailli sur la route succombait sous les coups de furieux affamés qui se partageaient ses membres; d'autres présentaient à des enfants un œuf ou une pomme pour les attirer à l'écart, et les immolaient à leur ventre. Dans la forêt de Châtenai, à trois milles de Mâcon, raconte Raoul Glaber, il y avait une église isolée, consacrée à saint Jean : un homme s'était construit près de là une cabane où il vivait dans la solitude. Deux voyageurs, le mari et la femme, vinrent un jour demander l'hospitalité à cette espèce d'ermite, et se reposèrent quelques instants chez lui : tout à coup, en jetant les yeux dans les coins obscurs de la chaumière, l'étranger y distingua des têtes

---

(1) M. Martin : *Histoire de France*, t. III.

Ducs d'Aquitaine.

d'hommes, de femmes et d'enfants. Il se trouble alors, il pâlit et veut sortir, mais son hôte s'y oppose et tente de le retenir malgré lui. L'épouvante doublant ses forces, le voyageur parvient enfin à se débarrasser des mains de cet affreux solitaire; il s'échappe avec sa femme, court à la ville et se hâte de communiquer son horrible découverte au comte de Mâcon. Celui-ci envoya aussitôt des hommes d'armes qui surprirent le monstre au milieu de quarante-huit têtes humaines dont il avait mangé les corps (1).

Comme il arrive toujours, la peste marchait sur les traces de la famine. Une maladie, appelée *feu volant* ou *mal des ardents*, se répandit dans un grand nombre de provinces de France et particulièrement dans l'Aquitaine. Cette maladie avait un caractère extraordinaire de violence. Ceux qui en étaient atteints se sentaient consumés à l'intérieur par un feu horrible sans que la température extérieure de leur corps fut changée. On lui opposa sans résultat toutes les ressources de la médecine du temps; cette maladie, dans laquelle les médecins ont cru reconnaître l'ergotisme grangreneux, devait provenir de l'usage des blés avariés. Elle s'est montrée depuis le x° siècle à plusieurs reprises dans nos provinces, et fournit à une certaine époque un si grand nombre de victimes, que Pierre de Lobbel, abbé de Saint-Augustin de Paris, fit construire un hôpital exprès pour les recevoir.

Le cardinal Baronius (2) n'a point assez de larmes à répandre sur ce siècle de fer, de plomb et de ténèbres, sur lequel passèrent à la fois toutes les calamités, sans en excepter l'ignorance, la plus déplorable de toutes, parce qu'elle est comme la mère des autres. En Aquitaine particulièrement, cette ignorance était telle, même dans le clergé, qu'il fallut composer à l'usage des prêtres des campagnes une espèce d'abrégé de la foi qu'ils pussent apprendre par cœur et réciter ensuite aux fidèles afin de leur apprendre les premiers éléments de la foi. « Sire, écrivait alors l'évêque Adalberon au roi

---

(1) H. Martin : *Histoire de France*, t. III.
(2) Baronius : *Hist. ecclésiastique*.

Robert de France, fils de Hugues-Capet, voyez comme les lois languissent; plus de paix, plus d'ordre, plus de mœurs : si vous ne rassemblez les grands pour qu'ils corrigent les abus, tout espoir s'éteindra dans nos cœurs; » à quoi Robert répondait : « quand l'Éternel aura permis à la Loire de se frayer un passage vers les champs Calabrais, aux fleuves de l'Asie d'arroser les plaines espagnoles, à la rose de fleurir sur les sommets de l'Etna, au lis de croître dans les marais, alors, évêque Adalberon, vous pourrez voir vos vœux s'accomplir. »

Pour comble de tristesse et de désolation, le roi Robert, ce grand beau jeune homme que les chroniqueurs représentent comme tellement appliqué aux lettres qu'il ne passait pas un jour sans lire le psautier, et dont la distraction favorite était de vêtir une chape pour chanter au lutrin, avait eu le malheur d'épouser sa cousine Berthe et d'aimer sa femme au point de refuser de s'en séparer malgré les ordres du pape Grégoire V. Il en résulta une sentence d'interdit pour tout le royaume. C'était défendre le service divin, ôter l'usage des sacrements aux vivants et la sépulture aux morts; les cloches étaient enterrées, les corps des saints enlevés de leur châsse et étendus sur le pavé des églises; il n'était permis ni de manger de la chair, ni de couper ses cheveux et sa barbe, ni de se saluer dans les rues. La terreur répandue dans le peuple par l'édit d'excommunication était si grande, que tout le monde fuyait l'approche du roi; il resta seulement près de lui deux serviteurs pour apprêter sa nourriture, encore ces serviteurs jugeaient abominables tous les vases dans lesquels le roi avait bu ou mangé, et les purifiaient par les flammes, après avoir jeté aux chiens toutes les viandes qui avaient été servies sur sa table.

Pour mériter le nom de Grand et laisser une trace glorieuse dans l'histoire à une pareille époque, il fallait à Guillaume V plus que de la bravoure, il lui fallut la prudence d'un sage et la sagesse d'un saint.

La première année de son gouvernement fut marquée par une révolte. Cet Aldebert de Périgord dont nous avons déjà signalé l'esprit fier et turbulent, ayant réuni autour de lui quelques autres seigneurs « enflés de biens et d'alliances et désireux de s'agrandir aux dépens de leur maître, » dont le plus considérable était son frère Boson, comte de la basse Marche, « se jeta aux champs et prit d'emblée le château de Gençais, en Poitou, qu'il démantela, ne pouvant le garder. » On ne sait quelle vengeance le duc tira de cette félonie, mais elle fut sans doute insuffisante, car, quelques années après, ayant fait rebâtir ce château à neuf, Aldebert vint de nouveau y mettre le siége. Cette fois le comte de Périgord fut moins heureux que la première, car, tandis qu'il chevauchait autour de la place, il fut frappé d'une flèche dont il mourut sur-le-champ. Son corps fut transféré et inhumé dans l'abbaye de Charroux, dont il était le défenseur séculier ou avoué.

Cet échec n'arrêta pas les rebelles, car Boson, frère d'Aldebert, se voit encore à leur tête deux ans plus tard. Sa conduite força le duc à mettre le siége devant Bellac, une de ses places, avec l'assistance du roi Robert, dont il était le grand ami, et une belle troupe d'excellents guerriers. « Néanmoins la fortune se montra moins ennemie de Boson que d'Aldebert, car après que le roi et le duc eurent longuement tenu leur siége, la nécessité les contraignit de se retirer frustrés dans leurs espérances (1).

Le duc d'Aquitaine fut plus heureux, en 1001, dans le siége du château de Rochemaux, près Charroux, qui appartenait à Boson. Il emporta le château et fit prisonnier le rebelle ainsi que sa femme Almodis, dont la beauté lui parut si parfaite qu'il ne put voir ses larmes et la rendit à la liberté ainsi que son mari.

Cette princesse passait, disait-on, pour s'occuper de sorcellerie, et le hasard avait déjà fait réussir plusieurs de ses prédictions, dont l'une était qu'elle deviendrait comtesse de Poitiers. C'était même sur cette prophétie que Boson s'était soulevé contre son seigneur. Mais le succès de la guerre ayant déjoué ses espérances, elle s'y prit, paraît-il, d'une autre façon, empoisonna secrètement son mari, puis, devenue veuve, trouva moyen de plaire au roi qui l'épousa. Almodis, dans

(1) Besly : *Histoire des comtes de Poitou.*

la suite, fonda plusieurs abbayes pour expier son crime, et fit élever à Boson un magnifique mausolée.

L'époque d'Almodis est célèbre en Poitou par une autre femme dont la vie et le nom sont encore entourés de mystère. Je veux parler de la fameuse *Mellusine*. Cette noble dame, dit Brantôme, de laquelle il y a tant de fables, était la femme de celui des seigneurs de Lusignan qui bâtit le château de ce nom, un des plus beaux édifices d'architecture ancienne, non-seulement de l'Aquitaine, mais de toute la France. Elle habitait une tour qui portait son nom, et s'y livrait sans doute à des travaux de nature à exciter l'imagination populaire, car la tradition raconte que son mari l'y ayant surprise un jour au moment où elle était moitié femme et moitié serpent, elle poussa un grand cri et disparut subitement pour ne plus reparaître qu'à intervalles inégaux, dans la suite des âges, lorsque quelque grand événement se préparait pour sa postérité. On la voyait alors tantôt en habit de veuve parmi les lavandières du château, tantôt en serpent gigantesque enlacé aux fenêtres de sa tour et poussant de ces cris aigus qui sont restés proverbiaux dans le pays : — des cris de Mellusine. — Ce ne fut qu'en 1574, lorsqu'on détruisit la tour de ces sortiléges, que la mystérieuse châtelaine cessa d'occuper l'imagination des villageois d'alentour.

Le duc d'Aquitaine, après la mort de Boson, donna le comté de Périgueux à Hélie, son fils, dont la postérité le garda jusqu'à Archambaud IV, c'est-à-dire pendant trois siècles, et il rendit la Marche à Bernard, fils d'Aldebert, dont une petite-fille porta cet apanage dans la maison de Lusignan.

Une assez longue période de paix suivit ces exécutions. Elle ne fut point perdue pour Guillaume V. On venait de franchir la terrible époque de l'an 1000, et la soumission aux canons de l'Eglise du roi Robert, qui s'était décidé enfin à répudier sa chère Berthe, avait fait rouvrir les temples et renaître l'espérance dans tous les cœurs. Dans un élan de joie et de religieux enthousiasme, partout les peuples reprenaient leurs occupations, leurs projets et leurs travaux. Une jeune et ardente sève bouillonnait dans les esprits qui venaient de traverser un si long hiver, et que le soleil ranimait enfin. Toutes les classes fermentaient, chacune dans le cercle de ses idées et de sa condition. Les clercs discutaient les questions religieuses, les chevaliers, las des guerres monotones de château en château, avaient soif de grandes aventures et de courses lointaines; les bourgeois et les vilains se débattaient contre les exactions de leurs seigneurs et aspiraient à recouvrer leur liberté; les artistes ne songeaient à rien moins qu'à secouer tous les haillons de vieilles églises de bois pour revêtir toute la Gaule d'églises neuves, comme d'une blanche robe dans le goût naissant de l'architecture dite romane, qui devait promptement amener à l'ogive, ce type idéal de l'architecture religieuse; enfin la poésie, si longtemps silencieuse, s'élançait dans ce monde nouveau sous une forme nouvelle, et les premiers troubadours accordaient leurs fraîches conceptions aux difficultés d'une langue inhabile à bien dire.

L'Aquitaine, pays du soleil et de l'enthousiasme ne se laissa dépasser par aucune de ses manifestations de l'intelligence humaine. Nous la verrons la première inspirer ses poètes, se couvrir d'églises majestueuses, dont Notre-Dame de Poitiers, Saint-Front de Périgueux, Saint-Cernin de Toulouse, sont des débris encore admirables. Plus ardente à la guerre qu'aucune autre province, elle lança toute sa noblesse, soit aux croisades à la suite de Raymond de Toulouse et de Louis VII, soit aux hasards de la guerre avec Guillaume-le-Bâtard qui promettait à ses compagnons de leur partager l'Angleterre. Enfin elle donna naissance aux plus grands clercs, aux plus illustres philosophes, aux saints les plus populaires. Déjà le moine Gerbert, devenu pape sous le nom de Sylvestre II, et une foule d'autres, faisaient présager ce qui allait advenir.

On ne pouvait manquer de trouver Guillaume V à la tête de ce mouvement régénérateur. « Se voyant jouir d'une profonde paix, dit Besly, il se mit à bâtir des églises, et à rétablir des monastères tombés en ruine ou par vieillesse, ou par les ravages des Normands. Le château de Maillezais avait été construit par ses prédécesseurs pour en faire un lieu de plaisance, il le transforma en abbaye; il rédifia Saint-Pierre de Poitiers, rebâtit le palais ducal plus beau et plus magnifique qu'il n'était sous ses prédécesseurs, fonda le château et le monastère de Vouvant, et combla en un mot tous les lieux saints de libéralité qui ne se peuvent compter. »

Il fut tenu sous son gouvernement plusieurs conciles en Aquitaine relativement à l'apostolat de saint Martial. Le premier s'assembla à Poitiers l'an 1023, sous la présidence de Geoffroy, archevêque de Bordeaux; le deuxième à Limoges en 1029, sous la présidence de Gauzelin, archevêque de Bourges; un troisième à Bourges en 1031, enfin un quatrième à Limoges vers la fin de la même année. Guillaume s'y montra toujours zélé protecteur de la foi et des bonnes mœurs.

Un de ses principaux titres de gloire est encore l'énergie avec laquelle il repoussa les Normands de ses états. « Une grosse flotte de Normands ou païens de Danemark, étant descendue en Guyenne, dit Besly, avec la pensée de détruire le pays à l'exemple de leurs prédécesseurs, le duc, sur l'avis qu'il en eut, dépêcha promptement çà et là, de terres de son obéissance, pour faire assembler les évêques, le clergé et le peuple ; afin de vaquer à jeûnes et oraisons. Lui, cependant, mit la main à l'œuvre et avec une gaillarde armée, un soir du mois d'août, entre chien et loup, s'en alla loger près du camp des infidèles, non loin du rivage de la mer. Eux épouvantés d'une si brave résolution jugèrent avoir plus besoin d'artifices que de forces, pour se dégager d'un pas si dangereux. Tellement que toute la nuit, à leur mode accoutumée, ils creusèrent des fossés et tranchées, qu'ils couvrirent dextrement avec des broussailles et gazons par dessus, de sorte qu'il était malaisé de s'en apercevoir. Le duc monté à cheval de bon matin, comme lui et les siens à la tête desquels il marchait, eussent donné des éperons, droit vers l'ennemi, ils ne faillirent de tomber dans les embûches. Les premiers renversés par terre furent faits prisonniers. Les derniers s'apercevant de la ruse abandonnèrent les destriers, mais un peu bien tard. Le duc même rencontrant un fossé tomba dedans, tout aussi pesamment armé comme il était, et sans une grâce spéciale de Dieu qui le tenait ordinairement en sa garde, et alors lui donna l'entendement et la force de remonter vigoureusement en haut et de se rallier à sa troupe, sans doute il tombait en la puissance des barbares. On trouva bon de cesser la mêlée pour ce jour, de crainte que les prisonniers qui étaient les principaux de la noblesse ne fussent impitueusement massacrés à la chaude, entre la peur et le désespoir des ennemis. La nuit venue avec le reflux de la marée, incontinent que les vaisseaux se trouvèrent à flot, les païens levèrent l'ancre et gagnant le haut, se garantirent pour cette fois, et désormais donnèrent patience à la Guyenne, où depuis ils n'osèrent plus retourner. Le duc employa libéralement ses trésors pour racheter les captifs et les mettre en liberté. Pesant la condition et le mérite de chacun, il tira de ses coffres les deniers de leur rançon, estimant déraisonnable qu'eux mêmes ou leur pauvre peuple en reçussent la corvée (1). »

Un autre fait non moins important de son règne, fut son mariage avec Brisque, fille de Sanche de Gascogne. Almodis était morte en lui laissant un fils qui sera Guillaume-le-Gras. Cette nouvelle union lui apportait les comtés de Bordeaux et de Gascogne et mettait directement sous sa main les seigneurs de cette partie de l'Aquitaine, qui avaient à peine jusque-là reconnu la primauté des ducs, surtout depuis Charlemagne. Du mariage de Guillaume et de Brisque, naîtra Othon ou Eudes à qui reviendront toutes les couronnes comtales des Pyrénées.

Cette importante alliance avait le double avantage de contrebalancer l'influence que la maison de Toulouse se targuait d'avoir, depuis le mariage du roi Robert avec une de ses filles, cette célèbre Constance, qui lui fit tant regretter sa première union et abreuva sa vieillesse d'amertume.

A partir de ce moment Guillaume V ne cessa de s'élever par degrés à une puissance que sa maison n'avait pas encore atteinte, « plus heureux que son père, il amena peu à peu la plupart des barons d'Aquitaine à lui rendre hommage et changea son vain titre de duc en une suzeraineté effective. » C'est ainsi qu'il mérita le titre que la postérité lui a décerné.

Adhémard de Chabanais, raconte de lui qu'il aimait par-dessus tout les voyages, et qu'il allait presque chaque année en pèlerinage soit à Rome, soit à Saint-Jacques-de-Compostelle. Cette fréquentation des Romains lui valut un nouveau titre de gloire, car elle lui

---

(1) Besly : *Histoire des comtes du Poitou*, p. 65.

fournit l'occasion de refuser la couronne impériale : voici à quelle occasion.

A la mort de Henri le Saint, qui était roi de Germanie et d'Italie, son vaste empire sembla près de se dissoudre. « Les germains partageaient leurs suffrages entre Conrad de Franconie, et Conrad de Corinthie; les Italiens, las du joug tudesque et n'ayant point parmi eux de seigneur qui put rallier ses égaux sous sa bannière, tournèrent leurs yeux vers Robert et lui offrirent la couronne impériale pour lui ou pour son fils; mais soit par crainte, soit par persuasion, le faible Robert recula devant les difficultés de l'entreprise. » Les Italiens s'adressèrent alors au vieux Guillaume-le-Grand. Leurs ambassadeurs vinrent à Poitiers trouver le duc auquel ils exposèrent leur désir de lui voir accepter pour lui ou pour son fils aîné la couronne de Charlemagne son ancêtre. Ils lui rappelèrent que toutes les fois qu'il entrait dans la ville de Rome, chacun l'acclamait à haute voix, père du sénat, père de la patrie, le priant « d'empoigner l'occasion, tandis que les Allemands consumaient le temps en querelles, ayant la main sur la garde de l'épée pour s'entre-égorger. Ils ajoutaient que l'exécution de cette entreprise lui serait facile, étant le prince de la chrétienté le plus puissant et le plus riche en biens et alliances. » Mais Guillaume qui connaissait de longue main la légèreté et le peu de loyauté de cette nation, ne se laissa point prendre à leurs belles paroles. Il voulut juger par lui-même des ressources de la faction qui l'appelait, et s'étant rendu secrètement en Italie sous l'habit de pèlerin, il acquit la certitude que le parti national Italien n'avait ni assez d'union, ni assez de force pour mener à bonne fin cette entreprise. Il laissa donc le champ libre à Conrad-le-Salique, qui fut couronné.

En 1023, Guillaume quoique fort avancé en âge, étant devenu veuf de Brisque, sa deuxième femme, épousa en troisièmes noces, Agnès, fille de Otto, duc de Bourgogne; il se trouva ainsi parent des trois plus puissants seigneurs de France, le roi, le duc de Normandie et le duc de Bourgogne, et véritablement leur égal par l'étendue de son gouvernement et l'autorité de sa renommée.

Un événement singulier signala les dernières années de ce prince, et suivant les idées de l'époque, le porta à rentrer en lui-même et à renoncer à toutes les vanités terrestres. Vers le milieu de l'année 1027, en un endroit que l'histoire ne désigne point autrement que sur le bord de la mer d'Aquitaine, durant trois jours avant la fête de saint Jean-Baptiste, il plut du sang « d'une telle propriété, que tombé de fortune, sur la chair nue de l'homme, sur ses vêtements ou sur des pierres, on avait beau laver la marque, la souillure demeurait toujours empreinte, tandis que s'il était chu sur du bois, il se laissait nettoyer. » Guillaume consulta vainement tous les savants évêques et le roi lui-même pour obtenir l'explication de ce phénomène. Ils s'accordèrent seulement à dire que quelque grand malheur menaçait le pays.

Guillaume n'avait à redouter d'autre grand malheur que la mort. Il résolut de s'y préparer comme ses pères en prenant l'habit monastique. Il s'enferma en 1028 dans l'abbaye de Maillezais qu'il avait fondée, et y rendit l'esprit au mois de janvier 1030, à l'âge de soixante-sans ans, laissant un fils de sa première femme qui allait lui succéder, Eudes de la seconde, et d'Agnès la troisième, Guillaume et Guy, et une fille Agnès qui devint impératrice.

C'est le premier des ducs d'Aquitaine en qui on signale l'amour des arts et des lettres. « Si on lui donnait avis de quelque personnage signalé en sagesse et littérature, qu'à cette heure-là on nommait *clergie*, dit son biographe, il ne cessait jusqu'à ce qu'il l'eût attiré en sa cour, où il recevait honneur et gratification. De cette sorte il pourvut Renaud, surnommé Platon, de l'abbaye de Saint-Maixent et Fulbert, évêque de Chartres, de la trésorerie de Saint-Hilaire-le-Grand. » Il attira également dans son palais Odilon, dit l'Archange, abbé de Cluny, auquel il confia la réformation de tous les monastères d'Aquitaine. Enfin lui-même était docte et savant selon le temps, et il avait dressé dans son palais de Poitiers une bibliothèque où il employait volontiers à la lecture le temps que lui laissaient les affaires publiques.

Sa mort fit passer sa double couronne sur la tête de son fils aîné qu'il avait eu d'Almodis. Le nouveau duc était déjà un homme fait quand il arriva au pouvoir sous le nom de Guillaume VI. Son embonpoint y fit joindre le surnom de *Gras*.

X. Le gouvernement de Guillaume VI qui ne fut que de huit ans,

(1020-1035), correspond avec la fin du règne du roi Robert et le commencement du règne tourmenté du roi Henri. Il fut presque entièrement occupé de la guerre, que le mariage d'Agnès, dernière femme de Guillaume V avec le jeune Geoffroy-Martel, fils de Foulques-Nerra, comte d'Anjou, fit éclater entre les deux provinces.

« Il y a apparence, dit Besly, que la duchesse Agnès se voyant mal venue auprès de ses beaux enfants des deux premiers lits, et de part étant jeune et chargée de trois enfants, ne fut pas fâchée de trouver à sa porte, l'appui d'un jeune prince issu d'illustre race, lequel alors était en réputation de vaillant homme et en la fleur de la jeunesse, car il n'avait que vingt-six ans. Mais le duc d'Aquitaine se sentit doublement offensé de ce mariage, tant parce qu'Agnès semblait faire injure au feu duc et à ses enfants, parce qu'elle rabattait son rang en se mariant avec son vassal, que parce que Martel semblait par là se vouloir rendre arbitre des différends qui pourraient naître entre Guillaume et Agnès et les enfants de son premier lit. Il est également bon de remarquer que cette union fut faite contre le gré du vieux pèlerin Foulques-Nerra, père de Geoffroy-Martel, et en son absence. »

La guerre qui en fut la suite s'ouvrit en 1033. Elle eut pour prétexte, la possession de l'Aunis et de l'Angoumois que Guillaume occupait, et qu'Agnès prétendait lui revenir. Ses débuts furent très sanglants. On ne voyait que fourrages, pillages et incursions sur les terres des deux seigneurs. Les Poitevins et ceux de Saumur saccagèrent et détruisirent le pays de Loudunois. Martel et ses Angevins d'autre part portèrent la désolation autour de Poitiers, dont ils pillèrent les faubourgs et brûlèrent plusieurs villages sur les rives du Clain.

Une année entière se consuma de cette sorte, au grand dommage des plats pays. Un vieux capitaine fort expérimenté, appelé Lysois, qui était sire d'Amboise, avait la charge de conduire l'armée de Martel, et y tenait bon ordre. Le duc de son côté ne s'était point endormi. Son armée était composée de soldats du Poitou, du Limousin, d'Angoumois, d'Auvergne, de Gascogne et de Béarn. Les Toulousains aussi et plusieurs autres nations étaient à son service et tous ensemble formaient une cohue redoutable.

La bataille fut donnée à Saint-Jouen-de-Marne, gros bourg situé à trois lieues de Thouars. L'issue en fut terrible pour les Poitevins, car non-seulement ils furent défaits, mais leur duc resta prisonnier aux mains de ses ennemis, après avoir été trahi par quelques-uns des siens, qui étaient demeurés partisans secrets d'Agnès (9 septembre 1033). On raconte que Martel lui imposa une captivité très dure, et que les conditions de sa rançon furent si excessives, que pour en ramasser le prix, la duchesse Eustache, son épouse, fut obligée de recourir aux trésors des monastères et des églises.

Le déplaisir que l'infortuné Guillaume conçut de tous ces événements fut si grand qu'il le conduisit au tombeau. Il mourut en 1038, et fut enterré à Maillezais près de son père. Sa marâtre lui survécut peu. Répudiée par celui auquel elle avait sacrifié sa dignité de mère, elle mourut misérablement.

Toute cette époque est pleine de tristes souvenirs, non-seulement pour l'Aquitaine, mais pour la France entière. L'année 1034 fut marquée par une des plus grandes famines que l'on eût jamais vue, et la cause en fut généralement attribuée plutôt aux troubles continuels, qui empêchaient les paysans de se livrer à l'agriculture qu'à un bouleversement réel des saisons.

C'est alors, que pour obvier à un abus qui allait chaque jour grandissant, les conciles provinciaux décidèrent l'observation d'une paix inviolable qui prit le nom de *Paix de Dieu*. Il fut enjoint à tout particulier, clerc ou laïque, de sortir sans armes. On arrêta que quiconque ravirait le bien d'autrui, ou se porterait à quelque excès contre son prochain, serait puni des peines les plus rigoureuses. On ordonna en esprit de pénitence et pour attirer la miséricorde céleste sur les pécheurs endurcis qu'un deuxième jour d'abstinence serait ajouté chaque semaine à celle du vendredi qui se pratiquait déjà. Enfin une sorte de pacte éternel envers Dieu fut solennellement prononcé dans chaque église par la voix des premiers pasteurs.

Mais ce généreux élan qui dépassait les bornes du possible, n'eut qu'un résultat bien éphémère; l'Aquitaine ne tarda pas à en faire la douloureuse épreuve.

XI. Après le décès du duc Guillaume-le-Gras, les barons du Poitou se trouvant « en merveilleuse anxiété » de n'avoir ni comte ni duc, s'étaient empressés de dépêcher en Gascogne pour en rappeler le comte Eudes, frère de Guillaume, qui y gouvernait du chef de sa mère. Il ne paraît pas même qu'on ait pris le temps de consulter le roi Henri, fort occupé d'ailleurs de ses propres affaires, tant le principe de l'hérédité des charges avait fait de progrès depuis trois générations et tant on était pressé. On espérait que le nouveau duc dont le propre apanage, joint à l'héritage de son frère, faisait le plus grand feudataire du royaume, paraîtrait même aux mécontents trop fort pour oser l'attaquer, mais il n'en fut rien.

À la nouvelle de la mort de Guillaume-le-Gras, Agnès qui n'était pas encore séparée de son mari fut assez habile pour armer le comte d'Anjou dans l'intérêt de ses enfants et le pousser à disputer au nouveau duc, la couronne d'Aquitaine dont il était cependant le légitime héritier. Martel qui avait gagné la Saintonge à sa première expédition, et qui venait de faire payer de la possession de la Touraine une petite armée envoyée au secours du roi, voyant une nouvelle occasion d'accroître sa réputation de valeur, n'hésita pas à se mettre en campagne.

Sa première démarche fut de gagner à son parti Guillaume, sire de Parthenay, qui disposait de toute la Gâtine, et de jeter des troupes dans les châteaux de Germon et de Mauzé. Le jeune Eudes, plein d'espérance dans son bon droit, commença par mettre le siège devant Germon. La vigoureuse résistance des assiégés le contraignit à battre en retraite. Il se porta alors sur Mauzé, mais il n'y fut pas plus heureux, et la mort vint le frapper pendant qu'il essayait de s'en rendre maître (mars, 1039).

XII. Cette issue funeste, d'une expédition qui avait à peine laissé au malheureux prince le temps d'essayer sa couronne, rendit le comte d'Anjou arbitre souverain des destinées de l'Aquitaine. Il s'empressa d'y faire reconnaître pour duc son beau-fils, Pierre Guillaume, né d'Agnès, sa femme, et de Guillaume-le-Grand. L'héritage de ses frères rendait en même temps ce jeune prince souverain direct du Poitou, du Limousin, de la Marche, du Périgord et de la Gascogne.

Le règne de Pierre-Guillaume est peu connu. « Ses gestes nous sont échappés, » dit l'historien des comtes de Poitiers. On sait cependant qu'il maria en 1044 sa sœur Agnès à Henri-le-Noir, empereur d'Allemagne, qu'il se distingua par ses aumônes et ses fondations pieuses, et qu'il eût à soutenir la guerre contre son beau-père, Geoffroy-Martel, qui faisait difficulté de lui rendre quelques places du Poitou, à une époque où la mésintelligence survenue entre l'Angevin et sa mère, ne lui imposait plus aucun ménagement.

Il assiégea Martel dans Saumur. Étant alors tombé gravement malade, il fut contraint de revenir à Poitiers, où il mourut sans enfants, au mois d'août 1058, après dix-huit ans de règne.

Ces dix-huit années avaient vu à plusieurs reprises se renouveler les efforts des conciles provinciaux qui avaient proclamé la paix de Dieu pour faire disparaître les maux de la guerre. N'y pouvant parvenir, ils voulurent au moins en adoucir les rigueurs. « Les peuples d'Aquitaine, dit Glaber, et toutes les provinces des Gaules à leur exemple, cédant à la crainte et à l'amour de Dieu firent pacte avec le ciel. On décréta que du mercredi soir au lundi matin, aucun chrétien ne tirerait vengeance de son ennemi. Les jours des grandes fêtes, l'Avent et le Carême en entier furent compris dans la pacification. Il fut même défendu de se livrer à tout travail guerrier, tel que construction de châteaux, exercices d'armes, etc. Cette loi nouvelle reçut le nom de *Trêve de Dieu*. On mit sous sa protection les églises et les cimetières non fortifiés, les personnes des clercs et des moines, pourvu qu'ils ne portassent point d'armes, les pauvres gens de la campagne et les instruments aratoires nécessaires pour produire les aliments conservateurs de la vie.

« La trêve de Dieu, sans être jamais complétement observée fut un grand bienfait pour l'Occident, et aida notre patrie à gagner l'époque à laquelle un véritable pouvoir public fut enfin constitué en France (1). »

XIII. La mort de Guillaume-le-Hardi appelait à lui succéder le quatrième des fils de Guillaume VI. Il fut couronné sous le nom de

---

(1) H. Martin : *Histoire de France*, t. III, p. 60.

Guy Geoffroy-Guillaume VII. Ce prince n'était plus jeune quand il arriva au pouvoir. Une sage administration en Gascogne dont il avait été investi par son frère lui avait gagné toutes les sympathies : il montra bientôt qu'il était digne de la nouvelle couronne qui venait de lui échoir.

Les premières années de son règne furent marquées par deux grands évènements qui émurent tellement l'esprit public qu'on ne saurait les passer sous silence, sans ôter à cette époque un trait principal de sa physionomie.

L'un fut le développement subit de la dévotion des pèlerinages. Cette dévotion est aussi ancienne que le christianisme; mais à la suite des calamités publiques du commencement du XIe siècle et de l'exemple donné par Foulques-Nerra et par l'aventureux Robert de Normandie, celui que les chroniqueurs ont surnommé le Diable ou le Magnifique, elle prit en Occident et particulièrement en France, des proportions tout à fait extraordinaires. Moines, gens du menu peuple, chevaliers, comtes, prélats, souverains mêmes, tout le monde partait : Les uns pour expier quelque grand crime, d'autres pour le simple plaisir de raconter au retour les péripéties de leur voyage, celui-ci par amour de l'oisiveté et du changement, celui-là pour remercier Dieu de quelque grâce obtenue, ou pour accomplir un vœu fait dans un moment de détresse.

On peut citer parmi les plus célèbres, le pèlerinage de Richard, abbé de Saint-Victor-d'Autun, qui partit à la tête de sept cents moines vers 1040; celui de Lietbert, évêque de Cambray, qui partit vers 1054 avec une suite si nombreuse qu'elle reçut le nom d'armée du Seigneur; enfin celui de Sigefroy, évêque de Mayence, qui se mit en route vers la même époque avec un cortège de plus de sept mille personnes.

Parmi la société de ce temps un pèlerin était comme un être privilégié. « Son départ et son retour étaient célébrés par des cérémonies religieuses. Lorsqu'il allait se mettre en route, un prêtre lui présentait avec la panetière et le bourdon des langes marqués de la croix; on répandait l'eau sainte sur ses vêtements et le clergé l'accompagnait en procession. Revenu dans sa patrie le pèlerin rendait grâce à Dieu de son retour, et présentait au prêtre une palme pour être déposée sur l'autel de l'Église, comme une marque de son voyage heureusement terminé (1). »

C'était ainsi que l'élan chrétien du moyen-âge préludait aux croisades dont l'ère allait bientôt s'ouvrir.

Un autre appât non moins important s'offrait aux esprits aventureux et avides de richesses. Le duc Guillaume de Normandie, résolu de conquérir l'Angleterre, venait de faire publier son ban de guerre dans toutes les contrées voisines. Il offrait une forte solde et le droit au pillage à tout homme robuste et de haute taille qui voudrait le servir de la lance, de l'épée ou de l'arbalète.

A cet appel répondirent tous les aventuriers de l'Europe occidentale; les Aquitains surtout et les Bretons. Celui-ci était chevalier, celui-là soldat, chacun élevait ses prétentions suivant son rang. Les capitaines qui amenaient avec eux leurs hommes d'armes, réclamaient pour leur récompense après la dernière bataille un comté Anglais ou la main de quelque riche héritière Saxonne. Il y en eut même qui voulurent être évêques, et le duc Guillaume leur répondit qu'ils seraient évêques. En un mot il promit tout ce qu'on lui demanda.

Il le promit et il le tint; car la fortune ayant favorisé son entreprise, et la victoire d'Hasting l'ayant couronnée (1036), il put en effet partager à ses compagnons le pays de la conquête. Il existe un recueil curieux, le *Doomsday book*, où sont consignés les noms et les parts des co-partageants. Un certain nombre de ces noms représentent d'anciennes familles d'Aquitaine.

Notre duc ne paraît avoir ambitionné ni la renommée populaire de Robert, ni la gloire orageuse de Guillaume de Normandie, mais il n'en mérite pas moins une place illustre dans les Annales de l'Aquitaine à laquelle il rendit ses anciennes limites.

Déjà du vivant de ses frères, Guillaume étant chargé du gouvernement de Gascogne, s'était montré courageux et vaillant, en châtiant d'une main ferme les seigneurs turbulents du pays, et à leur tête Guillaume de Toulouse, frère du comte Raymond de Saint-Gilles,

---

(1) Michaud : *Histoire des Croisades*, t. I, p. 29.

dont il enleva de vive force la capitale. Il avait su maintenir sa renommée dans une affaire en Normandie où il avait été chargé par le roi Henri et le comte d'Arques, son oncle, de défendre une petite place contre le redoutable Guillaume-le-Conquérant. En devenant duc d'Aquitaine et souverain d'une contrée qui s'étendait depuis la Loire jusqu'aux Pyrénées et à la mer d'Espagne, son courage ne diminua point, et il en donna immédiatement une preuve en réclamant les pays envahis sous ses trois prédécesseurs par les derniers ducs d'Anjou.

La mort de Geoffroy-Martel, qui s'éteignit à Angers sous un habit de religieux, le 12 novembre 1060, venait de faire passer le comté d'Anjou entre les mains de Foulques-Réchin et Geoffroy-le-Barbu, ses neveux. Guillaume les somma de restituer la Saintonge, que Martel et son père avaient injustement occupée. Sur leur refus, il marcha contre eux. Les deux armées se rencontrèrent à Chef-Boutonne et se battirent avec une grande animosité. Mais des traîtres qui étaient à la suite du duc ayant abandonné leur drapeau, furent cause que son armée se mit en fuite, laissant la victoire aux Angevins (1061).

Ce revers ne découragea cependant pas l'énergique Guillaume. Dès l'année suivante il mit sur pied une nouvelle armée et vint assiéger Saintes, qu'il força par la famine à demander merci. Il put ensuite entrer en possession de toute la province sans être inquiété par les deux frères angevins, que la discorde divisait en ce moment.

Par ce succès et par le châtiment sévère infligé à l'un de ses vassaux, Hugues de Lusignan, qui s'était révolté et dont il pilla le château, le nouveau duc eut bientôt assis son autorité sur des bases solides et mis à raison l'esprit remuant des seigneurs poitevins et gascons.

L'étendue de ses états le faisait proche voisin des rois d'Espagne ; en habile politique en fit leur ami. Il s'unit à eux pour lutter contre les Sarrazins qui occupaient encore une bonne partie de la Péninsule. Il fut même assez heureux pour arracher Barbastro des mains des infidèles, et conclut avec les chrétiens du pays une alliance si étroite, qu'elle fut couronnée, peu d'années après, par le mariage de ses deux filles avec Alphonse de Tolède, frère du roi Ferdinand, et avec Pierre d'Aragon.

À son retour il reprit la guerre contre le comte d'Anjou, s'empara du château de Saumur et châtia les habitants de leur félonie en brûlant sans pardon la ville et les faubourgs. Il marcha ensuite contre Luçon, dont il réduisit le château en cendres, sans épargner le monastère de Notre-Dame ni aucun des habitants du fort.

De si éclatants succès ne pouvaient manquer d'attirer sur Guillaume l'attention publique et la faveur royale. Philippe I venait de succéder à Henri I, son père. Déjà, dans une cérémonie solennelle célébrée à Reims le saint jour de la Pentecôte, 1058, le jeune Philippe, à peine âgé de sept ans, ayant été associé au trône, Guillaume d'Aquitaine, Hugues de Bourgogne, les envoyés de Baudouin, comte de Flandre, ceux de Guillaume de Normandie, et une foule d'autres avaient donné leur approbation en disant par trois fois : « Nous consentons qu'il soit fait ainsi. » Lorsque Philippe fut devenu grand et que la mort de son père l'eut rendu seul maître des destinées du royaume, il n'oublia pas ceux qui l'avaient acclamé, et après que Guillaume de Normandie, vainqueur d'Angleterre, couronné roi et enivré de sa gloire, se fût permis d'investir la ville de Dol, en Bretagne, le roi de France vint lui-même à Poitiers demander secours au puissant duc d'Aquitaine. Il y eut à cette occasion des fêtes solennelles auxquelles assistèrent Hugues, frère du roi, Foulques, évêque d'Amiens, Raoul, trésorier de Saint-Martin de Tours, Galeran de Senlis, chambrier de France, Audebert, comte de la Marche, Guy, comte de Nevers, Odon, abbé de Saint-Jean-d'Angely, Hugues de Lusignan, Borrel de Montreuil, Béraud de Dun, Mangot de Melle, et nombre d'autres personnages illustres. Guillaume se rendit incontinent à l'invitation du roi, envoya des troupes en Bretagne, et le normand fut honteusement mis en déroute (1076).

Peu de temps après ce fut le pape lui-même qui prit le duc d'Aquitaine pour intermédiaire et pour ambassadeur. L'Eglise avait alors à sa tête ce célèbre moine Hildebrand, le plus grand homme de son siècle, qui, revêtu de la tiare, sous le nom de Grégoire VII, rêvait de réunir en ses mains le sceptre de la terre et les clefs du ciel, et de substituer à toutes les royautés terrestres, filles de l'orgueil humain, l'autorité souveraine d'un monarque électif, infaillible conservateur de l'unité, représentant de Dieu et roi des conciences comme des épées. Grégoire VII débutait dans son œuvre par ce qu'il appelait l'extirpation de l'hérésie simoniaque, et comme le jeune Philippe I, plongé dans une vie molle et libidineuse, faisait argent de tout, et particulièrement des bénéfices ecclésiastiques, le Saint-Père s'adressa à Guillaume d'Aquitaine pour rappeler le roi aux devoirs de sa charge et de sa religion.

Besly, qui parle de cette mission, n'a pas conservé le texte des bulles pontificales, mais il en donne la substance, indiquant que le roi y est dépeint comme un tyran aussi faible que misérable, et que le Saint-Père prie le duc de choisir un certain nombre de prélats français et de seigneurs des plus considérables du royaume afin de « moyenner » envers sa majesté qu'elle réforme ses mœurs, et de lui faire entendre qu'elle s'expose à l'excommunication majeure.

Cette lettre, datée du mois de novembre 1074, fait voir en quelle grande réputation était le duc d'Aquitaine tant en France qu'à l'étranger, et quel éclat il jetait par sa conduite sur la couronne qu'il portait.

Cet illustre prince mourut au château de Chizé, le 24 septembre 1086. Il avait été marié deux fois : la première avec Mahaut, fille d'Aldebert de Périgord, qu'il répudia pour cause de parenté; la deuxième, avec Aldearde, fille de Robert, duc de Bourgogne, qui le rendit père de plusieurs enfants. On lui doit la fondation de Saint-Séverin, près d'Angers, de Saint-Vincent, près de Fontenay-le-Comte, et du célèbre couvent de Montier-Neuf, de Poitiers, dans l'église duquel il fut inhumé et où se voit encore sa sépulture. Il avait porté la couronne pendant vingt-huit ans.

XIV. L'aîné de ses fils, Guillaume IX, lui succéda. De tous les comtes de Poitou, dit un écrivain, ce prince est sans contredit celui dont le règne excite l'intérêt au plus haut degré, car il devança son siècle par l'énergie de son caractère et par la hardiesse de ses conceptions.

Au moment où la mort de son père l'appela à gouverner, Guillaume n'avait que quinze ans. C'était un encouragement pour ceux de ses nombreux vassaux que leur humeur turbulente entraînait vers les idées d'indépendance. Plusieurs en profitèrent à l'exemple de Gaston, vicomte de Béarn, et de Gelduin, seigneur de Parthenay, et obligèrent ainsi avant l'âge celui dont au contraire ils auraient dû protéger la jeunesse, à prendre les armes et à verser inutilement le sang des fidèles serviteurs dévoués à sa couronne.

Mais un but plus noble et plus grand que des luttes intestines vint bientôt s'offrir à l'ambition et à l'humeur turbulente des chevaliers d'Aquitaine et les entraîner sur un plus vaste théâtre.

La sève ardente qui fermentait chez toutes les nations d'Europe et qui donnait depuis un demi-siècle à la ferveur religieuse la forme aventureuse des pèlerinages lointains, venait d'enfanter le projet des croisades. Cette pensée féconde, née dans l'esprit exalté de Pierre l'Ermite, avait trouvé un écho sympathique dans le cœur du pape français Urbain II, originaire de Champagne et alors âgé seulement de cinquante ans. Il avait donné à Pierre la mission de parcourir les campagnes, un crucifix à la main, pour soulever les multitudes, tandis que lui-même, pour entourer son projet de toutes les pompes de l'Eglise, convoquait un concile général à Clermont d'Auvergne, et en présence de quatorze archevêques, de deux cent vingt-cinq évêques, et d'une multitude de chevaliers et de peuple, proclamait la guerre sainte aux cris de: *Dieu le veut*. (Dieu el voit) (novembre 1095)

Rien ne peut donner une idée de l'enthousiasme qui répondit dans toute la France à l'appel du souverain Pontife: cependant, entre toutes les provinces, celle d'Aquitaine se montra encore, s'il est possible, plus vivement impressionnée et plus disposée à tous les sacrifices. Nous en avons la preuve matérielle, d'une part, en parcourant les listes des premiers chevaliers croisés, qui, presque tous, appartiennent aux provinces d'Aquitaine (1), et de l'autre, en faisant le recensement des chartes nombreuses de ventes et de donations aux monastères consenties par les gentilhommes de petite fortune pour subvenir aux dépenses de l'expédition.

Le premier prince qui répondit à l'appel d'Urbain II fut le plus

---

(1) Voyez l'ouvrage intitulé: *l'Ouest aux croisades*, 3 vol. in-8.

grand feudataire d'Aquitaine, Raymond, qui de simple comte de Saint-Gilles, était devenu marquis de Provence, marquis de Gothie, comte de Rouergue, comte d'Alby, et enfin comte de Toulouse et de Quercy par la mort de Guillaume, son frère aîné. Il avait eu la gloire de combattre en Espagne à côté du Cid, et il n'hésita pas à reprendre l'épée à l'âge où les hommes ne pensent plus qu'à jouir en paix du fruit de leurs travaux. Son exemple fut suivi par Godfroy de Bouillon, duc de basse Lorraine, Robert Courte-Heuse, duc de Normandie, Gaston de Foix, Robert, comte de Flandre, Etienne, comte de Chartres, Alain de Bretagne, Baudouin, comte de Hainaut, Eustache de Boulogne, Rotrou, comte de Perche, Hugues de Vermandois, frère du roi Philippe, et bon nombre de seigneurs étrangers; les rois presque seuls résistèrent à l'entraînement universel. Guillaume d'Angleterre, fils et successeur du conquérant, était trop rusé politique, Philippe de France trop indolent et trop voluptueux, Henri de Germanie trop hostile à l'Eglise pour suivre l'exemple de leurs vassaux; Guillaume d'Aquitaine, trop jeune ou trop inexpérimenté, fit comme le roi.

Une armée, que les chroniqueurs évaluent à six cent mille hommes se mit en marche au printemps de 1096, par diverses voies sous des chefs différents, mais tous animés du même désir de délivrer le tombeau du Sauveur des mains des infidèles. La bande que conduisait Raymond de Toulouse n'avait pas moins de cent mille hommes. Il prit, à leur tête, une route par terre qui devait l'engager dans des périls sans nombre.

Au mois de mai 1097, les différentes bandes se trouvèrent réunies à Constantinople, où elles furent accueillies par l'empereur grec, Alexis Comnène. On passa le Bosphore, on soumit Nicée, le 37 juin, après un siège assez difficile, puis Antiochette (*Aker*), Iconium (*Konia*), Tharsa (*Tarsous*), Edesse (*Orfa*); on arriva, au commencements d'octobre 1098, sous les murs d'Antioche, qui opposa une opiniâtre résistance, et qu'il fallut défendre après l'avoir prise; on poursuivit la marche en longeant la mer par Berith (*Beyrout*), Sidon, Tyr, Ptolémaïs (*Saint-Jean-d'Acre*), Rama, Emmaüs, Bethléem; enfin le 10 juin 1099, on salua Jérusalem, le 14 juillet on en était maître, et à la fin du même mois le royaume latin de Jérusalem était constitué avec Godefroy de Bouillon pour chef (1).

La renommée de ce grand triomphe ne tarda pas à se répandre en Occident et à réchauffer l'ardeur de ceux qui avaient d'abord craint de se mettre en route. On racontait que le moindre gentilhomme parti de France était devenu un puissant seigneur en Asie, et qu'il y avait assez de terre en Palestine pour y tailler des fiefs aux derniers valets d'armée. On s'émerveillait de la grande fortune de Baudouin, devenu comte d'Edesse, et de celle de Bohémond, créé prince d'Antioche. On faisait de l'Orient, de sa fertilité, de sa richesse, mille peintures merveilleuses : il arriva un moment où c'était presque une honte de n'avoir pas pris part à l'enthousiasme général.

Le jeune Guillaume d'Aquitaine fut des premiers à éprouver ce sentiment et il résolut dans son cœur de ne point laisser échapper l'occasion de réparer sa faute aussitôt qu'elle se présenterait.

Aussi bien avait-il à purger sa renommée de quelque mauvais propos qui couraient sur son compte et que ses ennemis se plaisaient à répandre. Quoiqu'il fût déjà marié à Philippe, fille de Guillaume de Toulouse, il passait pour entretenir des relations coupables avec la femme d'un de ses vicomtes, le seigneur de Châtellerault. Malmesbury, que sa qualité d'Anglais doit rendre suspect, en cette matière, raconte que Pierre, évêque de Poitiers, personnage renommé pour sa sainteté, l'ayant à ce sujet menacé des peines de l'Eglise, Guillaume se présenta en armes dans sa cathédrale, et saisissant l'évêque aux cheveux, il le somma, le poignard sur la gorge, de lui donner l'absolution. A ces paroles l'évêque se recueille et au lieu de l'absolution, prononce sur le profanateur du lieu saint une sentence d'excommunication ; après quoi il tend sa tête au duc en lui disant qu'il peut frapper. Mais Guillaume joignant la raillerie à l'outrage : « Je ne t'aime pas assez, dit-il en remettant son glaive dans le fourreau

---

(1) Voir pour les détails, notre ouvrage : *Les Français en Palestine*.

pour t'envoyer en Paradis. » Il exila néanmoins l'évêque qui mourut loin de son troupeau.

A ce trait Malmesbury en joint d'autres, encore moins honorables. Quoiqu'il en soit de leur véracité, le jeune duc d'Aquitaine ne tarda pas à changer de conduite. Ayant eu occasion d'assister à un concile qui se tint à Limoges en 1100, et d'entendre les ardentes prédications de Robert d'Arbrissel, le célèbre réformateur auquel on doit la fondation de Fontevrault, il résolut de corriger ses mœurs, et pour en donner un témoignage public il prit la croix. Guillaume IX avait alors vingt-neuf ans.

Le moment ne pouvait être plus favorable pour porter secours aux chrétiens de Palestine. Godefroy de Bouillon était mort après un an de règne et en le remplaçant sur le trône de David son frère, Baudouin avait tiré le glaive pour ne plus le remettre au fourreau jusqu'à sa mort, tant les Sarrazins apportaient d'énergie à repousser les chrétiens et à reprendre pied à pied ce que la première surprise de la guerre leur avait fait perdre.

D'un autre côté, l'armée formidable de la Croix n'avait pas tardé à voir s'éclaircir ses rangs. Une fois leur pèlerinage accompli et l'œuvre pour laquelle ils s'étaient mis en route terminée par la délivrance du Saint-Sépulcre, la plupart des croisés, qu'aucun lien militaire n'attachait à leur chef, avaient songé à revoir leur famille et leur patrie et reprenaient la route de France emportant leur part de butin. Parmi les chefs eux-mêmes, un grand nombre, trompés dans leur ambition ou rappelés par leurs intérêts, avaient quitté la Palestine. Hugues de Vermandois avait donné l'exemple, il fut suivi par Robert de Flandre, Alain de Bretagne, Etienne de Chartres, Gaston de Foix, Eustache de Boulogne, troisième frère de Godefroy, Robert de Normandie, et Pierre l'Ermite lui-même. Raymond de Toulouse qui avait fait serment de ne jamais revenir en Occident s'était aussi lui retiré à Constantinople, où l'empereur Alexis satisfit son ambition en lui donnant la principauté de Laodicée.

Guillaume avait pu apprendre tous ces détails de la bouche de son vassal Ebbon, seigneur de Parthenay, qui ayant assisté à l'expédition, rentra à Poitiers au commencement de décembre 1099 (1). Pressé par les sollicitations du clergé et par l'exemple d'un bon nombre d'autres grands feudataires, tels que Guillaume, comte de Nevers, Harpin, comte de Bourges, Etienne, duc de Bourgogne, Hugues-le-Diable, sire de Lusignan, Geoffroy de Preuly, comte de Vendôme, etc, le jeune Guillaume quitta sa cour brillante au mois d'avril 1101, emmenant avec lui un grand nombre de seigneurs aquitains, et une armée de soixante mille pèlerins, au témoignage de Malmesbury. L'armée, ou plutôt les armées levées tant en France que dans les autres états chrétiens, prirent leur route par Constantinople comme avait fait la première expédition. « Un grand nombre de dames et principalement d'Aquitaine accompagnaient les croisés. La multitude des pèlerins, moines, clers, enfants, femmes et guerriers, dépassait quatre cent mille. L'empereur de Constantinople en fut effrayé, et à mesure que les armées arrivaient, il les sollicitait de se remettre en route. »

Cette conduite égoïste eut les plus funestes résultats : si les croisés s'étaient attendus pour traverser ensemble l'Asie-Mineure, ils auraient probablement inspiré par leur nombre un effroi fructueux aux musulmans : ils se mirent au contraire en route par trois bandes, et chacune d'elles eut un sort fatal.

Le duc de Bourgogne, le comte de Chartres, les évêques de Laon et de Soissons, avec les guerriers des rives de la Loire, de la Seine et de la Meuse, augmentés de Lombards, formaient le premier corps. Ils voulurent prendre leur route par la Cappadoce. Dans le courant du mois de mai, quelques succès signalèrent leurs premières étapes. Mais bientôt, étant arrivés au milieu des montagnes escarpées et des rochers arides de la Paphlagonie, la famine se mit parmi eux, et après plusieurs grandes batailles où les Turcs furent presque constamment victorieux, les derniers survivants, au nombre de quelques mille au plus, reste d'une armée de 160,000 hommes, prirent honteusement la fuite, abandonnant aux infidèles leurs femmes, leurs enfants et leurs trésors.

---

(1) Ledain : *Histoire de la ville de Parthenay*, p. 74.

Une seconde troupe de pèlerins, conduite par le comte de Nevers et celui de Bourges, partit de Constantinople au commencement de juillet. Elle prit par Iconium, Héraclée et Tarse, sans rencontrer trop de mécréants. Mais un autre ennemi non moins cruel ne tarda pas à l'assaillir. Les sources et les fontaines étaient desséchées, et les Turcs, en fuyant, avaient comblé les puits et les citernes. Quand la famine et la soif eurent épuisé le courage des plus braves, les ennemis parurent dans une plaine voisine d'Héraclée, et leur attaque fut si violente que les chefs donnèrent l'exemple de la fuite, abandonnant leurs tentes, leurs équipages, et des milliers de femmes et d'enfants qui tombèrent entre les mains des Barbares.

Les compagnons de Guillaume, auxquels s'étaient réunis le comte de Vermandois, le duc de Bavière et la comtesse Ida, margrave d'Autriche, avec leurs sujets, formaient la troisième armée. Ils étaient au nombre de plus de cent mille. Arrivés les derniers à Constantinople, ils en partirent au mois d'août seulement, sans rien savoir du sort de leurs devanciers, car, disent les vieilles chroniques, on ne revenait pas plus de ce pays qu'on ne revient du royaume des morts. Néanmoins, de tristes pressentiments préoccupaient leurs pensées; les uns regardaient l'Asie-Mineure comme un vaste sépulcre où s'engloutissaient les peuples de l'Occident, et voulaient se rendre par mer en Palestine; d'autres disaient que les vengeances et les trahisons d'Alexis suivraient les croisés sur les flots, et que les tempêtes serviraient encore mieux ses projets que les Turcs. « Au milieu des incertitudes les plus cruelles, dit Ekkard, on voyait le père se séparer de son fils, le frère de son frère, l'ami de son ami, et dans cette séparation où chacun avait pour but de sauver sa vie, il y avait plus d'amertume et de regrets qu'on n'en éprouve pour mourir. L'un voulait se confier aux flots, l'autre traverser la terre ferme; quelques-uns, après avoir pris place dans un vaisseau, se précipitaient sur le rivage, et, rachetant les chevaux qu'ils avaient vendus, couraient à la mort qu'ils voulaient éviter. » Tel est le récit abrégé d'un pèlerin parti d'Occident avec le duc d'Aquitaine; lui-même, après avoir hésité longtemps, prit le parti de s'embarquer, et, sans courir aucun des dangers qu'il craignait, il arriva avec beaucoup d'autres au port de Jaffa (1).

Guillaume traversa le Bosphore avec une foule innombrable de tout âge, de tout sexe et de toute condition. Cette multitude se mit en marche à travers l'Asie-Mineure en suivant la route de Godefroy de Bouillon. Quoique les guides parussent avoir pour mot d'ordre de ne mener l'armée que par des lieux stériles et inaccessibles, quelques villes, entre autres Philomélium (*Ilguin*) et Salamieh, tombèrent en son pouvoir. Elle descendit ensuite vers Héraclée dans l'espoir d'y trouver de l'eau dont elle manquait : mais en approchant de la rivière elle y trouva les Turcs rangés en bataille, la lance au poing. A la suite d'un combat qui dura deux jours, les chrétiens furent réduits à fuir, laissant derrière eux plus de cinquante mille personnes qui furent massacrées. L'évêque de Clermont, le duc de Bavière et le duc d'Aquitaine échappèrent presque seuls au glaive des Turcs en fuyant à travers les montagnes par des défilés inconnus. Le duc de Vermandois, percé de deux flèches, alla mourir à Tarse. La margrave d'Autriche et un grand nombre d'illustres matrones disparurent dans le tumulte, écrasées, suivant les uns, sous les pieds des chevaux, emmenées, selon d'autres, dans le Korassan, pays dans lequel les chrétiens captifs restaient enfermés « comme le troupeau dans l'étable. »

Recueilli par Tancrède, prince d'Antioche, Guillaume passa l'hiver à sa cour, et au mois de mars suivant (1102), étant parvenu à recueillir les fugitifs des deux autres colonnes, les deux Etienne de Blois et de Bourgogne, Raymond de Saint-Gilles, le duc de Bavière, Hugues de Lusignan, Harpin de Bourges, le comte de Nevers, et Conrad, connétable de l'empire germanique, ils se mirent ensemble en route avec les quelques compagnons échappés au désastre pour achever leur pèlerinage dans les lieux saints.

Le successeur de Godefroy au trône de Jérusalem, Baudouin, nouvellement couronné, vint à leur rencontre jusqu'aux défilés de

---

(1) Michaud : *Histoire des croisades*, t. I, p. 268.

Beyrouth. Quelle triste entrevue avec un souverain auquel ils avaient amené de si loin une armée, maintenant évanouie ! Quel spectacle pour les fidèles de la ville sainte, où tant de puissants seigneurs entraient presque couverts de haillons et dans la misère la plus complète !

Guillaume et ses compagnons passèrent les fêtes de Pâques à Jérusalem, et, ayant accompli leur vœu, ils se rendirent ensemble à Joppé vers le commencement de mai, afin de s'embarquer pour l'Europe.

C'est pendant qu'ils y attendaient les vents favorables qu'eut lieu la désastreuse affaire de Ramla, dans laquelle Baudouin faillit être tué, et Harpin fut fait prisonnier, ainsi que Conrad de Germanie, dont la force extraordinaire excita l'admiration des vainqueurs.

Cet événement retarda le départ du duc d'Aquitaine jusque vers l'équinoxe d'hiver, dit Besly, « auquel temps se voyant dénué de commodités et de gens pour pouvoir mener à chef quelque mémorable entreprise, il s'embarqua, et ayant le vent bon, vint heureusement prendre port en la côte de France. »

Il retrouva son duché paisible et sagement administré par la duchesse Philippe, sa femme. L'histoire ajoute que pour se remettre des fatigues et des privations du voyage, il reprit sa vie joyeuse et fit briller sa cour d'un éclat inusité jusqu'alors, se montrant lui-même au milieu de ses hôtes, valeureux et courtois chevalier, mais grand trompeur de dames, courant sans cesse le monde pour y trouver des dupes de ses galanteries (1).

Si quelque chose peut racheter la légèreté de sa conduite, c'est la protection éclairée que ce prince accorda aux arts et aux lettres. Sa cour était le rendez-vous des savants. On y put voir vers ce temps Guillaume, chanoine de Saint-Hilaire-le-Grand, auteur d'un poème latin en vers rimés ; Raoul Ardun, qui fut un prodige d'érudition et d'éloquence, Hilaire, chef de l'école de Saint-Hilaire-le-Grand, qui doit être regardé comme une lumière de son temps ; enfin Philippe

---

(1) L'abbé Millot : *Histoire des Troubadours*, t. I.

de Thouars, auteur de deux ouvrages en français : le *Bestiaire* et *les Créatures*.

C'est aussi au temps de Guillaume de Poitiers que l'histoire fait remonter les premiers essais de la lyre des troubadours et des trouvères qui, dans un langage nouveau, renouvelèrent l'Eglogue, l'Elégie, l'Ode et la Satire antique, avec leurs *canzos*, leurs *tensons* et leurs *sirventes*.

Depuis Charlemagne, on avait vu, de siècle en siècle, sortir des rangs de la littérature purement érudite, quelques esprits aventureux qui, avec une langue informe, essayaient, soit en vers, soit en prose, d'exprimer leurs conceptions poétiques. On peut citer dans ce nombre, parmi les productions littéraires du nord de la Loire, la *Chanson de Roland*, *Raoul de Cambray*, la *Chanson des Saisnes*, le *Roman de Brut*, *Tristan*, etc., et parmi celles du Midi, *Gérard de Roussillon* et les *quatre fils Aymon*; mais c'est au commencement du xiii° siècle qu'il faut reporter l'essor de cette joyeuse poésie, dont les trouvères au Nord et les troubadours au Midi, ont rencontré le secret dans l'enthousiasme que leur inspirait la vertu des châtelaines, l'héroïsme des chevaliers, la gloire des héros et les merveilles de la nature ; et c'est une des gloires de notre duc Guillaume d'avoir encouragé leurs essais.

Non content de les protéger, dit un de ses biographes, il partagea lui-même leurs travaux et se rendit célèbre par le tour original et la délicatesse de ses poésies.

Il avait composé, paraît-il, à son retour de la croisade, un poëme entier où il chantait les fatigues, les dangers et les malheurs de cette expédition; mais cette œuvre s'est perdue comme le reste de ses compositions, dont neuf morceaux seulement nous restent pour faire regretter les autres.

Voici, d'après M. Rainouard, un échantillon du talent poétique de notre duc :

> Mout jauzen, me prenc en amar
> Un joy don plus mi vuelh aizir :
> E pus en joy vuelh revertir,
> Ben deu si puesc al mielhs anar;

Quar mielhs or n'am estiers cuiar
Qu'om puesca vezer ni auzir.

Jeu so sabetz, no 'm dey gabar,
Ni de grans laus no 'm say formir;
Mas si anc nuls joys poc florir,
Aquest deu sobre totz granar
Et par los autres esmerar.
Si cum sol brus jorns esclarzir.

Anc mais no poc hom faissonar
Com en voler ni en dezir,
Ni es pensar ni en cossir,
Aitals joys no pot par trobar;
E qui be 'l volria lauzar,
D'un an no y poiria venir.

Totz joys li deu humiliar,
E tota ricors obezir
Mi dons, per son bel aculhir
Et per son bel doucet esguard;
E deu hom mais cent ans durar
Qui 'l joy de s'amor pot saisir.

Per son joy pot malautz sanar,
E per sa ira sas morir,
E savir hom enfolezir,
E belhs hom sa beutat mudar,
E 'l plus cortes vilanejar
E totz vilas encortezir.

Pus hom gensor non pot trobar,
Ni huelhs vezer, ni boca dir,
A mos ops la 'n vuelh retenir
Per lo cor dedins refrescar,
E per la carn renovellar
Que no puesca envellezir.

Si 'm vol mi dons s'amor donar,
Pres suy del penré del grazir.
E del celar et del blandir,
E de sos plazers dir et far.
E de son pretz tenir en car,
E de son laus enavantir.

> Ren per autrui non laus mandar
> Tal paor ai qu'ades s'azir !
> Ni jeu mezeys, tan tem falhir,
> No l'aus m'amor fort assemblar ;
> Mas elha 'm deu mon mielhs triar.
> Pus sap qu'ab lieys si a guerir.

Ces élégantes distractions n'empêchaient point le jeune duc de porter haut l'honneur de sa couronne et de maintenir énergiquement dans leur devoir les voisins et les vassaux turbulents.

A peine était-il revenu dans ses états que la guerre éclata entre lui et Geoffroy IV, comte d'Anjou. C'était l'ancienne rivalité des comtes de Poitiers et d'Anjou qui se réveillait de nouveau (1103). La Gâtine devint le théâtre des combats que se livrèrent les deux adversaires. Au mois de novembre 1104, les armées de Guillaume et de Geoffroy étaient en présence sous les murs de Parthenay, et une bataille décisive était sur le point d'avoir lieu, lorsqu'une pluie torrentielle, survenant tout-à-coup pendant deux jours consécutifs, arrêta l'action qui allait s'engager. Des hommes conciliants, que la chronique ne nomme pas, profitant de cette circonstance, déterminèrent les deux partis à poser les armes.(1).

L'année suivante, Guillaume conduisit une armée dans le midi pour revendiquer les droits qu'il croyait avoir sur le comté de Toulouse. Nous avons dit qu'il avait épousé Philippe, fille de Guillaume de Toulouse son héritière directe, et que Raymond de Saint-Gilles, frère puiné de ce prince, quoique parti pour la croisade avait des prétentions sur ses domaines. Le duc d'Aquitaine, pendant son séjour en Terre-Sainte, lui avait même fait l'abandon de ses droits pour acquérir sa protection : mais le vieux croisé étant mort à la besogne en faisant le siège d'un château fort de Syrie, son neveu d'Aquitaine se crut en droit de faire revivre les prétentions de la duchesse, et envahit la contrée. Toulouse était défendue par l'aîné des fils de Raymond, nommé Bertrand, Guillaume IX l'en chassa et s'y

---

(1) B. Ledain : *Hist. de Parthenay*, p. 75.

établit à sa place. Ce séjour lui plaisait tant qu'il en fit sa capitale et y demeura quatre ou cinq ans, s'occupant plus que jamais de poésie et de plaisir.

C'est durant cette période que le roi Alphonse d'Aragon ayant sollicité son secours contre les Maures d'Espagne dont il était entouré, notre duc passa les monts, et, après avoir aidé son allié à repousser ses ennemis, rentra à Toulouse chargé d'honneur et de butin.

Mais de nouveaux troubles en Poitou ne tardèrent pas à le rappeler au nord de ses états. Ils étaient suscités par Hugues de Lusignan, comte de la Marche, à qui son mariage avec une sœur de Guillaume et de Raymond de Toulouse donnait également quelques prétentions sur ce comté. Hugues s'était adjoint son neveu, Simon de Parthenay, et quelques autres mécontents. A leur tête il marcha contre son suzerain. Cette guerre, longue et acharnée, a fait époque dans les annales du pays. Elle se termina le 9 août 1118, par une bataille dans laquelle tout l'avantage demeura au duc d'Aquitaine. Simon tomba au pouvoir du vainqueur et demeura deux ans prisonnier.

Pendant que ces choses se passaient, le roi Philippe était mort, et son fils Louis, jeune et aimé généralement à cause de son caractère affectueux, lui avait succédé sur le trône (1108) — Louis, sans avoir une capacité supérieure, joignait un sens droit aux vertus militaires qui manquaient à ses devanciers. Quoique le domaine royal dont il héritait fût fort restreint, son titre de suzerain féodal lui donnait droit de s'immiscer dans une certaine mesure suivant les rapports des grands feudataires et de leurs vassaux. Il en profita pour se déclarer le champion de l'Eglise et des opprimés. C'est à lui qu'on doit l'affranchissement des communes de Cambrai, Beauvais, Saint-Quentin, Noyon, Laon, Amiens, Soissons, dans le nord, et dans le midi, la confirmation des anciennes franchises des municipes romains qui n'avaient jamais été entièrement supprimés, telles que celles de Nîmes, Marseille, Limoges, Arles, Toulouse, Narbonne, Béziers, Perpignan, Avignon, Montpellier, Lyon, Vienne, Valence, etc. Il passa la plus grande partie de sa vie dans des luttes obscures, mais non pas sans gloire, contre Henri Beauclerc, roi d'Angleterre et dernier fils de Guillaume-le-Conquérant, qui, plus puissant que le roi de France à cause de sa couronne étrangère, lui devait néanmoins l'hommage comme duc de Normandie, et manquait souvent d'égards envers son suzerain. Louis essaya de détacher son ennemi du continent en lui suscitant, dans Guillaume Cliton, son neveu, fils de l'ancien duc de Normandie, Robert Courte-Heuse, un compétiteur de quelque importance. Mais la mort du jeune prétendant détruisit ses projets en 1126. D'une autre part le naufrage de tous les enfants de Beauclerc, sur le vaisseau *la Blanche-Nef*, à l'exception d'une fille veuve de l'empereur d'Allemagne, rendit bientôt cette princesse unique héritière des vastes états de son père, et Geoffroy Plantagenet, duc d'Anjou, en obtenant la main de l'illustre veuve, put, dès ce jour, voir s'ouvrir devant lui des horizons infinis, tandis que les amis du roi de France durent y reconnaître le présage de nouvelles calamités.

Le duc Guillaume d'Aquitaine ne vécut pas assez pour assister à ces sanglantes luttes. La mort le surprit, jeune encore, à l'âge de cinquante-cinq ans. Dans les dernières années de sa vie il avait renoncé à ses prétentions sur Toulouse en faveur d'Alphonse Jourdain, le dernier des fils du grand Raymond, et était revenu se fixer à Poitiers. C'est dans cette ville qu'il expira, le 13 février 1126. Ses restes furent déposés dans le chapitre de l'église de Montier-Neuf, où reposait déjà son père.

Il laissait, de la duchesse Philippe, quatre enfants : Guillaume X, qui lui succéda ; Raymond, qui devint prince d'Antioche et s'acquit en Palestine une brillante renommée ; Henri, qui, renonçant au monde, fut prieur de Cluny, et une fille, Pétronille ou Pernelle, qui, devenue veuve du vicomte de Thouars, son premier époux, se remaria dans la maison royale d'Aragon (1).

XV. Le nouveau duc d'Aquitaine avait vingt-sept ans. Élevé à la cour d'un prince libéral, ami des lettres, poète et bel esprit, il ne paraît avoir partagé ni ses goûts, ni ses travaux, et nous verrons tout à l'heure que c'est particulièrement vers les intérêts matériels qu'il porta son intelligence jusqu'au moment où Dieu le toucha pour faire de lui un illustre pénitent.

---

(1) Besly : *Histoire des comtes de Poitou*, p 127.

Au moment où la couronne lui échut il était absent de Poitiers. Une guerre, déjà ancienne, entre le comte d'Auvergne et l'évêque de Clermont, venait d'amener Louis-le-Gros, au secours du prélat; par contre, le duc d'Aquitaine avait levé une armée pour porter aide à son vassal, selon la loi des fiefs. Mais il paraît qu'en arrivant sur les montagnes voisines de Clermont, investi par l'armée royale, Guillaume fut frappé par le bon ordre, le bel équipage, et surtout le nombre des troupes, car il conçut aussitôt la pensée de changer son rôle d'auxiliaire en celui de médiateur. Ayant donc demandé une audience au roi, il lui tint ce discours, dont les chroniqueurs ont conservé le texte : « Sire, votre duc d'Aquitaine vous souhaite tout honneur et fidélité. Plaise à Votre Grandeur et Royale Majesté avoir son service agréable, et par le même moyen lui conserver ses droits. Car, comme la justice requiert service, aussi elle demande une juste domination et seigneurie. Si le comte d'Auvergne, qui tient son comté de moi, lequel je relève de vous, s'est mépris en quelque chose, la plainte s'en doit premièrement adresser à moi, qui suis obligé, si vous le demandez, de le représenter en votre cour pour répondre et être fait raison de l'offense, chose que nous n'avons jamais empêchée. Nous offrons même de le faire ainsi, et supplions Votre Majesté de le vouloir trouver bon ; et afin que Votre Majesté n'entre en aucun doute, nous sommes prêt à bailler nombre de bons et suffisants ôtages et cautions. Si vos barons jugent que l'affaire doive se passer de la sorte, nous en sommes content. S'ils en jugent autrement, nous en passerons à leur mot et comme ils l'ordonneront. »

Le roi accepta ainsi que les barons. Le comte d'Auvergne et l'évêque de Clermont reçurent ordre de se trouver à Orléans afin de débattre leurs différends en présence du duc d'Aquitaine, ce à quoi ils s'étaient refusés jusqu'alors, et la paix fut rétablie.

Peu de temps après, le duc Guillaume entreprit, pour son propre compte, une autre guerre contre le jeune comte de Toulouse, Alphonse Jourdain. L'histoire ne dit pas clairement s'il voulait faire revivre les prétentions du chef de sa mère sur la possession directe du comté, ou s'il avait à se plaindre de son cousin comme vassal insoumis. Toujours est-il que le débat s'accrut en importance par l'intervention du roi Alphonse de Castille, qui, prenant parti pour les Toulousains, se jeta en Gascogne et assiégea Bayonne. Ce plan de diversion réussit, car Guillaume, qui déjà se portait sur Toulouse, fut obligé de rebrousser chemin pour défendre ses propres états. Le roi de Castille profita de la circonstance pour entamer des négociations qui aboutirent à une paix définitive.

A quelque temps de là nous trouvons encore notre duc les armes à la main pour secourir Geoffroy Plantagenet. La mort du roi d'Angleterre, Henri I Beauclerc, ayant laissé la couronne vacante, le comte d'Anjou, se trouva, du chef de sa femme Mathilde, unique héritière du défunt, en concurrence pour sa succession avec Etienne de Chartres, qu'en considération de ses grands biens en Angleterre les barons normands avaient choisi pour roi. Plantagenet trouva moyen d'intéresser à sa cause non-seulement Guillaume d'Aquitaine, mais les comtes de Vendôme et de Ponthieu et un grand nombre d'autres. Plusieurs villes telles qu'Argentan, Exmes, Séez, Domfront, s'empressèrent d'ouvrir leurs portes au gendre du dernier roi ; mais les violences des soldats de Geoffroy empêchèrent promptement les autres d'imiter cet exemple. « Les Angevins, dit Oderic Vital, restèrent treize jours en Normandie, et par leurs excès méritèrent une haine éternelle, mais ils n'obtinrent pas la conquête du pays. Comme les Normands n'avaient pas de chef, les ennemis n'eurent pas à soutenir une guerre générale ; mais pendant qu'ils s'éparpillaient çà et là, pour voler et incendier, ils furent battus en détail par les paysans, et perdirent un grand nombre de soldats. Le 1er octobre, à l'attaque de la forteresse de Sap, le comte Geoffroy fut blessé grièvement au pied droit, et malgré le secours de plusieurs milliers d'hommes de guerre que sa femme lui amena le soir même, il fut contraint de battre en retraite. Lui qui était entré en Normandie la menace à la bouche, et, bondissant sur un coursier, s'en alla pâle, dolent, et couché sur une litière. » (Oderic Vital, trad. H. Martin). Ses auxiliaires se retirèrent avec lui.

C'est ici le lieu de remarquer que depuis longtemps ces guerres privées de seigneur à seigneur, et de province à province, avaient cessé d'enthousiasmer les gens d'épée. La trêve de Dieu avec ses prohibitions d'une part et la croisade avec ses promesses de l'autre, avaient changé le cours des ambitions privées. Ajoutons que depuis le réveil de l'esprit public d'autres aspirations plus nobles se faisaient jour à travers les masses. C'était, d'une part, le besoin de libertés administratives qui agitait les citoyens éclairés des villes, et d'autre part, dans les hautes sphères de l'intelligence, la libre discussion des grandes questions de philosophie et d'esthétique qui passionnait les érudits.

« On a dit, écrit un célèbre historien, qu'il y avait eu trois renaissances : celle de Charlemagne, celle du douzième siècle et celle du seizième. La renaissance du douzième siècle est bien plus étendue et bien plus vivace que sa devancière; elle n'a plus besoin d'être suscitée et personnifiée par un grand homme; elle naît spontanément; elle est partout; et ce qui fait à nos yeux son plus beau titre, ce qui la distingue de la renaissance toute classique du seizième siècle, c'est qu'elle est toute nationale. Elle est moins une renaissance du passé que la naissance même de l'esprit français. Fils de la Gaule, élève de la Grèce et de Rome, ravivé au contact énergique de la barbarie tudesque, l'esprit français manifeste dès son premier éveil sa vraie nature, et fait du douzième siècle une grande ère dans l'histoire de l'esprit humain. »

Nous avons vu poindre d'abord l'art national dans l'architecture ogivale, puis la poésie nationale dans les œuvres des troubadours et des trouvères, vint après le droit national dont l'établissement graduel des communes est la manifestation, la philosophie devait couronner l'œuvre : c'est ce qui arriva, et parmi les premiers athlètes l'histoire ne peut oublier les noms d'Abailard, de Guillaume de Champeaux, et de saint Bernard, dont deux ont habité l'Aquitaine, et que le troisième visita à plusieurs reprises et remua de sa puissante parole.

Le cadre restreint de ce livre ne me permet pas de décrire les doctrines des réalistes, des nominalistes; mais ces termes, qui n'ont même plus cours aujourd'hui suscitaient des tempêtes au moyen âge, et les doctrines qu'ils représentaient donnèrent lieu entre nos trois athlètes à un véritable tournoi de dialectique.

Le premier qui entra dans la lice fut Guillaume de Champeaux, écolâtre de la cathédrale de Paris. Il était né, de parents pauvres, à Champeaux, en Brie, et passa sa jeunesse à enseigner la rhétorique, la dialectique et la philosophie dans diverses écoles. Il défendit la doctrine des universaux jusqu'au jour où, vaincu par Abailard, il alla cacher sa défaite sous l'habit monastique à Saint-Victor, d'où il sortit plus tard pour devenir évêque de Châlons.

Pierre Abailard, né au Pallet, entre Nantes et Clisson, en 1079, d'une famille titrée, commença à enseigner dès l'âge de 24 ans, c'est-à-dire vers 1103. Il prit en main, contre le coryphée du réalisme, la cause de l'individualité humaine, et à travers une vie très accidentée et rendue célèbre à plus d'un titre, il foudroya son adversaire en tirant de ses principes leurs dernières conséquences qui attaquaient le dogme inébranlable de l'Eglise : mais son propre triomphe fut sa perte, car ayant voulu à son tour appliquer la dialectique à la théologie positive, il fut entraîné hors du sein de l'Eglise.

C'est alors que parut saint Bernard, jeune aussi lui, instruit comme ses adversaires, éloquent comme eux, mais invinciblement attaché à l'enseignement de la tradition chrétienne et inébranlable dans sa conviction. Bernard était né près de Dijon, en 1091. Il montra dès l'enfance un esprit exalté et contemplatif, et se fit moine à vingt ans dans le sévère couvent de Cîteaux, entraînant avec lui ses six frères et tous ses amis. Orateur à la fois tendre et fougueux, il exerçait sur les âmes une attraction si terrible que ceux qui l'entendaient quittaient tout pour le suivre. La prodigieuse influence qu'il conquérait de près par sa parole, la renommée de ses vertus la lui gagnait au loin. L'histoire nous le montre sans cesse invoqué comme un arbitre, ou plutôt comme un oracle, par les princes, par les rois, par les évêques, par les papes eux-mêmes. C'est lui que les docteurs de l'Eglise chargèrent de réfuter Abailard, et il paraissait tellement sûr de son triomphe que son brillant adversaire déclina la lutte en s'avouant vaincu d'avance.

Les événements de sa vie agitée amenèrent Bernard en Aquitaine en 1135, et ses relations avec notre duc firent sur son esprit une impression si profonde qu'incontinent il changea de conduite et abandonna les vanités du siècle pour ne plus songer qu'au salut de son âme.

A la mort du pape Honoré II un schisme avait éclaté dans l'Eglise, et le duc Guillaume, entraîné par l'ambitieux Gérard, évêque d'Angoulême, était de ceux qui avaient abandonné la cause du véritable pontife, Innocent II, pour s'attacher à l'antipape Anaclet. Cette décision l'avait même poussé à chasser de leurs sièges Guillaume, évêque de Poitiers, et Eustorge, évêque de Limoges, qui défendaient la cause d'Innocent pour les remplacer par deux fauteurs d'Anaclet.

L'Aquitaine se trouvant ainsi bouleversée, le légat du pape, après avoir épuisé les mesures de persuasion pour ramener le duc, eut recours à l'éloquence de saint Bernard. Une première entrevue n'amena aucun bon résultat. L'abbé de Clairvaux fut même obligé de quitter précipitamment Poitiers où sa vie était en danger ; mais bientôt il revint à la charge, et, par l'entremise de personnes considérables de la cour de Guillaume, il obtint une deuxième entrevue dont le lieu fut fixé à Parthenay.

Le docteur de la foi n'eut pas de peine à démontrer que l'Eglise étant une et indivisible, ceux qui l'abandonnaient couraient eux-mêmes à leur perte et s'exposaient aux plus rigoureux châtiments dans ce monde et dans l'autre. Guillaume, à demi ébranlé, accordait, si l'on veut, que le pape Innocent, reconnu par les conciles, avait plus de droit à la tiare que son compétiteur, mais il refusait obstinément de rétablir les évêques qu'il avait chassés de leur siège.

C'est alors, dit la chronique, que saint Bernard, voyant qu'il était impossible de vaincre par le raisonnement la résistance du duc, résolut de recourir à des moyens plus efficaces. Un jour donc qu'il célébrait devant lui la messe à Notre-Dame de la Couldre, église fondée par les seigneurs de Parthenay dans l'intérieur de leur citadelle, prenant tout à coup l'hostie consacrée dans ses mains et s'avançant vers le prince il l'interpella directement en ces termes : « Nous vous avons prié, monseigneur, de donner la paix à l'Eglise et vous avez dédaigné nos prières ! Oserez-vous résister aussi au Fils de la Vierge, au chef de l'Eglise affligée qui s'avance vers vous pour vous supplier. C'est votre juge au nom duquel tout genou fléchit, dans le ciel et sur la terre, votre juge entre les mains duquel tombera votre âme ; le repousserez-vous lui-même comme vous avez repoussé ses serviteurs. » A cette apostrophe directe, Guillaume, dit le narrateur, tomba à genoux, et, subitement changé en un autre homme, il jura de se soumettre au pape et de rétablir dans leurs fonctions ses ministres persécutés (1135).

Le duc tint sa promesse. Non-seulement il donna ses soins à éteindre dans ses états le schisme qu'il y avait favorisé, mais de nombreuses chartes témoignent qu'il donna des signes de son repentir par des fondations pieuses et des donations abondantes au clergé.

Besly rapporte qu'en réparation de certaine offense qu'il avait faite aux religieux de Saint-Jean-d'Angely, il se présenta à la porte de leur église au pieds et les verges en main, et déposa sur l'autel un acte de donation de son propre château qu'il possédait en ce lieu, avec le privilège, très rare à cette époque, d'inviolabilité pour les fugitifs qui se réfugiaient dans leur cour ou leur église.

Peu de temps après, poursuivi par le remords des exactions de ses soldats en Normandie et du scandale que sa conduite envers le Saint-Père avait donné à ses sujets; il résolut d'entreprendre un pèlerinage à Saint-Jacques de Compostelle.

Avant de partir, « comme s'il eût deviné en mauvaise part de sa santé et de sa vie, il disposa ses affaires et sa dernière volonté par un testament qui se trouve à Montier-Neuf de Poitiers. » Il acheva en effet son pèlerinage, mais il ne revit plus sa patrie. Sa mort est fixée par la plupart des historiens au 9 avril 1137. Il était âgé de trente-huit ans, et en avait régné onze.

Toutefois, l'auteur des *Annales d'Aquitaine* donne une fin plus dramatique à sa vie accidentée.

Selon lui, Guillaume X profita de son séjour à Compostelle pour mettre à exécution le projet de se retirer du monde qu'il avait mûri avec saint Bernard. Ayant donc réuni trois de ses confidents, son secrétaire, son valet de chambre et son maître d'hôtel, il leur annonça son projet et leur donna ordre de le faire passer pour mort.

« Mes enfants, leur dit-il, vous savez et entendez très bien que nous avons paradis pour les bons, enfer pour les mauvais, et ce monde pour mériter ou démériter. J'entends au mérite de Jésus-Christ, et que ceux qui vivront en vraie foi, espérance et charité, auront paradis : et ceux dont la vie sera méchante et déshonnête auront enfer, lieu de peine durable et infinie. Vous connaissez aussi et voyez les merveilleux dangers de ce monde, et qu'à peine les hommes, mêmement ceux qui ont les grands honneurs et richesses, y peuvent faire leur salut, et qu'ils y ont cent mille empêchements. Et d'une part je sais comme il m'en va, et que j'ai si pauvrement et si vilainement vécu, que si n'était la miséricorde de Dieu, en laquelle j'espère, je me réputerais du nombre des damnés, et entre autres mes grands péchés que vous avez connus, sont que j'ai persécuté le pape Innocent et les évêques de Poitiers et de Limoges, et que pour les avoir ôtés de leurs évêchés, je suis par aventure cause de deux mille prêtres et simples clercs mal ordonnés; dont je me suis conseillé avec les sages et saintes personnes, et ne pense pas que Dieu me pardonne si je ne fais une fort austère pénitence.

» Mes amis, j'ai délibéré, pour le salut de mon âme, de me retirer avec l'un de vous, celui auquel plaira me tenir compagnie, en quelque désert, loin de ce pays où je ne pourrais demeurer sans être tenté de mon parentage, et s'il en est averti, à quoi je veux obvier. Mais je trouve la chose difficile fors par une fiction et dissimulation. C'est que je ferai le malade, où je ne mentirai point, car je le suis de la maladie de l'âme, tant, que plus ne le pourrais être. Puis je feindrai d'être mort. Hélas! je le suis mieux que ne le fut jamais Lazare, j'entends de la mort du péché. Et vous feindrez mon corps être en un cercueil que vous emplirez d'autre chose, lequel ferez mettre où il vous plaira, en sorte qu'on pense que la mort soit véritable. Et mes obsèques faites, vous me trouverez, avec l'un de vous, en une telle île, où je prendrai perpétuel congé de vous, et m'en irai où j'ai délibéré mourir au service de Dieu.

» Les trois serviteurs, en oyant ce piteux propos, pleuraient si très fort qu'ils furent longtemps sans pouvoir proférer parole, comme aussi fit ce bon duc, après son propos fini. Et quand ils eurent pris haleine, le plus hardi, qui était le plus jeune, et son secrétaire, nommé Albert, se prit à parler et dire : Monsieur, vous nous dites piteuse nouvelle et nous voulez charger d'une chose qu'il est impossible faire sans nous mettre en un merveilleux danger de nos vies, car il est impossible qu'on ne sache la vérité de la chose avant qu'il soit demi an : dont le roi de France, votre cousin, nous pourrait faire grièvement punir d'avoir envers lui usé de tel mensonge.

» Et d'avantage, Monsieur, pensez bien ce que vous deviendrez et ce qu'il sera de vous. Je vous prie que vous considériez trois ou quatre choses : La première, que vous êtes vieil, et que vieillesse ne saurait porter les rigueurs des déserts, où le froid et le chaud sont excessifs. La seconde, que vous avez toujours été délicatement nourri, et que peu vivrez à laisser vos aises et à prendre austérité de vie, qui est, au lieu d'un mol lit, coucher sur sarments, au lieu de vins bien choisis, boire eau pure ; au lieu de viandes délicates, manger racines ; au lieu du passe-temps des hommes, ouir les cris et les hurlements des bêtes sauvages ; au lieu de plaisantes salles et chambres bien tapissées, avoir l'ombre des arbres ou quelque logette de chaume. La tierce, qu'en l'état où vous êtes pourrez faire trop plus de bien qu'en ermitage ; car en ce lieu solitaire ne ferez bien qu'à vous seul, et au monde pouvez de vos biens temporels nourrir pupilles et femmes veuves, alimenter pauvres mendiants, réparer les églises, les fonder, doter et augmenter, profiter à la chose publique et addoucisser vos pauvres filles qui demeureront bien ébahies si vous les abandonnez. Les autres deux furent bien de l'opinion du secrétaire, et persuadèrent tant qu'ils purent leur seigneur et maître de laisser son dessein, lequel, en y persévérant, leur dit ce qui suit :

« Mes amis, je vois et connais que votre amour n'est parfait, parce que vous aimez plus mon corps que mon âme. Vous dites que je suis vieux : il est vrai ; et pour les folies de ma jeunesse je veux macérer ma fâcheuse vieillesse. Vous dites qu'il me sera difficile de laisser mes aises : aussi je veux faire ainsi pour satisfaire, si je pouvais, aux superfluités des grandes délices que j'ai eues. Vous dites que je n'aurai plus le passe-temps des hommes : mais j'espère avoir le passe-temps des anges ; car en lieu solitaire je serai par contemplation plutôt en paradis. Vous dites davantage que je ne profiterai plus à la chose publique ; et je vous réponds que plus ne saurais faire de profit au bien commun au moyen de ce que je me suis retiré de la cour. Et touchant mes filles et les églises, j'y ai pourvu ainsi que pourrez voir par mon testament que voici signé et authentique, et par ce, ne m'en parlez plus. Touchant votre salaire, il est en mes coffres, c'est à savoir pour chacun de vous deux mille pièces d'or.

» Les dits serviteurs n'osèrent plus répliquer, et s'accordèrent à faire ce qui leur était enjoint par leur seigneur et maître. Si se coucha au lit le bon duc feignant être malade de maladie corporelle, jamais ne voulut être visité des médecins, et reçut les sacrements de confession et de l'autel. Et au quart jour, sur la minuit, ses serviteurs firent bruit qu'il était mort. Le bon duc, cette même nuit, en habit déguisé, s'en alla en une île, et Albert son secrétaire avec lui.

» Le lendemain, le bruit fut que le duc d'Aquitaine était mort : par quoi les seigneurs de la ville allèrent à son logis et trouvèrent un cercueil qui était couvert d'un drap d'or et rempli dedans de quelque faix, en sorte qu'on pensait bien que ce fut un corps mort. L'obsèque fut fait le jour du vendredi-saint, l'an 1137.

» La fiction de la mort du dit duc Guillaume fut si secrète qu'on n'en sut rien jusque dix-huit ou dix-neuf ans après, qu'à la vérité ledit duc décéda. Et à cette cause tous les historiens gaulois ont écrit que ledit duc Guillaume décéda audit lieu de Saint-Jacques, en Galice, audit an 1137. Toutefois, par sa légende qui est aux Blancs-Manteaux de Paris, qu'on appelle *Guillemins*, duquel ordre il fut premier père et fondateur, comme ils disent, appert que ledit duc Guillaume, accompagné seulement d'Albert, son secrétaire, s'en alla vers un ermite auquel il conta son cas. Et quand il eut demeuré un an avec ledit ermite, s'en alla, et Albert avec lui, vers le pape Innocent, à Rome, qui ne le reconnut. Toutefois parla à lui en secret, et en confession lui déclara son cas, et lui demanda absolution des offenses qu'il lui avait faites. Le pape Innocent lui promit de ne jamais révéler son entreprise et la fiction de sa mort, et l'envoya à Jérusalem vers le patriarche dudit lieu qui le reçut bénignement.

» Après que le duc Guillaume eut visité les saints lieux, le patriarche lui donna une cellule, où il fut neuf ans en grande misère et solitude, et illec dressa un monastère de religieux, puis retourna à Rome du temps du pape Eugène (Eugène III), et par tentation diabolique s'en alla à Lucques pour soutenir une guerre qu'on y faisait. Toutefois incontinent reconnut sa faute, et retourna à Jérusalem en sa première cellule où il demeura encore deux ans; et d'illec alla encore en pèlerinage à Saint-Jacques, en Galice, et de là en Toscane, près Pise, en une forêt, où il érigea un petit monastère et y assembla des religieux.

» Quand le duc eut mis ordre audit monastère, il y mit un prieur et s'en alla en un horrible désert nommé le mont de Pruno, où il fut quelque temps jusqu'à ce que les diables, en forme de gens de guerre, vinrent autour de son ermitage; l'un desquels le persuadait de retourner au monde. Il fit le signe de la croix, et incontinent s'évanouirent devant ses yeux. Et après qu'il eut assemblé audit ermitage quelques nobles religieux, s'en alla, par révélation, à la montagne de Pericion, près Castellion, et de là en la ville, où un honorable prêtre, nommé Guidon, le reçut humainement. Et tantôt après, à la persuasion dudit prêtre, les bourgeois de la ville lui donnèrent, et à son serviteur Albert, une cellule en un horrible désert, où il vivait avec les bêtes sauvages en merveilleuse solitude et austérité de vie, car il ne mangeait que pain et racines avec eau pure; fors qu'il prenait un peu de vin trois fois la semaine, au moyen de la vieillesse et décrépitude, et couchait toujours sur la terre.

» Vers la fin de l'année 1156, il sentit venir l'heure de sa mort, et appelant son secrétaire Albert, il lui dit : « Mon ami, l'heure est venue que Dieu se contente de ma vie, et lui plaît que l'âme se départe de mon méchant et misérable corps. Je vous prie d'aller en diligence à Castellion quérir un prêtre afin qu'il lui plaise me bailler mes derniers sacrements. Le bon Albert, qui n'était pas de moindre austérité de vie que son seigneur et maître, se prit à pleurer et dire : Hélas! Monsieur, faut-il que je demeure seul en ce lieu tout séparé de gens? Mon ami, dit le bon duc Guillaume, ne vous désolez, car avant que je meure viendra ici un homme de plus grande consolation que je ne suis, lequel vous tiendra compagnie.

» Albert fit le commandement de son maître, et alla à Castellion quérir le prêtre, lequel se transporta en diligence en l'ermitage du bon duc Guillaume. Ils le trouvèrent couché sur terre, les mains jointes et les yeux tendus vers le ciel. Et comme ils entraient audit ermitage, vint un nommé Regnaud, docteur en médecine, lequel avait laissé et abandonné le monde pour vivre solitaire comme faisaient le duc et Albert. Il fit la révérence au bon duc et lui déclara pourquoi il était venu, et que c'était pour faire pénitence d'infinis péchés qu'il avait commis. « Soyez le très bien-venu, lui dit le bon duc, mais je ne vous tiendrai pas grande compagnie en ce monde, car il plait à Dieu que je m'en aille par-delà lui rendre mon compte. J'ai érigé certains ermitages et assemblé en tels lieux de bons et saints ermites, je vous prie qu'après qu'aurez été quelque temps avec mon bon ami Albert en ce lieu-ci pour y assembler d'autres ermites, vous alliez consoler ceux qui sont ès autres ermitages. Et comme il eut dit toutes ces paroles, s'adressa au prêtre qu'il avait envoyé quérir; et après qu'il se fut confessé à lui et reçu le saint sacrement de l'autel, tomba par terre tout à l'envers, en disant : *In manus tuas Domine, commendo spiritum meum*, et rendit son âme à Dieu.

» Le prêtre retourna à Castellion déclarer le trépas du bon duc Guillaume, et pour faire ses obsèques tous les suppôts des églises dudit lieu avec tout le peuple allèrent à l'ermitage où il y avait une petite chapelle que le bon duc avait fait faire, et l'y enterrèrent honorablement. Et à son obsèque y eut plusieurs miracles faits, comme aussi depuis; tellement qu'il y fut élevé un beau monastère, où lesdits Albert et Regnaud assemblèrent plusieurs saints ermites. Deux ans après ils allèrent visiter les autres ermitages et en érigèrent de nouveaux, dont par le congé et licence du pape Adrien qui présidait en la chaire de Saint-Pierre, l'an 1100, fut fait un Ordre qu'on appela l'Ordre des Guillemins, dont le monastère des Blancs-Manteaux de Paris fut des premiers. Et le corps du bon duc Guillaume relevé et canonisé, et une légende mise et rédigée par écrit, laquelle légende j'ai retirée du monastère des Blancs-Manteaux de Paris (1). »

Quoiqu'il en soit de l'exactitude de cette pieuse légende, la nouvelle de la mort de Guillaume X arriva en Poitou au mois de mai 1137, et incontinent se présenta à l'esprit des barons d'Aquitaine

---

(1) Bouchet : *Annales d'Aquitaine*, p. 130 et suivantes.

la difficile question de sa succession. Le duc ne laissait de son mariage avec Ænor, dont on ignore la naissance, que deux filles, Aliénor ou Éléonore, et Pernelle, incapables par leur sexe, aux termes de la loi féodale, de porter une si lourde couronne. En bonne justice, le duché d'Aquitaine revenait à Raymond, second fils de Guillaume IX, et il paraît surprenant que personne n'y ait songé. Ce prince cependant ne manquait ni de renommée ni de bravoure, et il était dans la force de l'âge; sa conduite en Syrie l'avait fait choisir pour gendre, l'année précédente, à Bohémond II, prince d'Antioche, qui, en lui donnant sa fille Constance, lui avait également laissé sa principauté (1).

Mais l'Aquitaine était une perle trop belle pour que le roi Louis-le-Gros ne cherchât pas à l'attacher à sa couronne. On profita donc de l'absence de Raymond, et, se basant sur un testament d'une validité contestable que Guillaume X avait signé, on n'opposa d'autre obstacle à l'ambition royale que celle d'unir son fils Louis à la plus riche héritière du royaume.

XVI. Le nom d'Aliénor est trop connu, ses aventures galantes trop célèbres, et son mérite réel trop petit pour qu'il soit nécessaire de lui consacrer un long article. Son principal mérite fut d'être belle, et cette beauté lui fut à elle-même aussi funeste qu'à la contrée dont un de ses sourires anéantit la vieille indépendance, et qu'un de ses caprices plongea dans un abîme de maux en la faisant passer sous le joug étranger.

Aliénor avait au plus seize ans quand les exécuteurs testamentaires de Guillaume X se présentèrent à Louis-le-Gros au château de Bethisy, en Valois. Il eût été difficile de dissimuler la joie que lui causait une pareille démarche. Sans perdre un instant, il réunit cinq cents chevaliers des meilleurs du royaume, leur donna pour chefs Thibaud de Champagne, comte du Palais, Raoul de Vermandois, son cousin, et le sage Suger, abbé de Saint-Denis, le meilleur de ses

---

(1) Raymond devint dans la suite père de deux fils, d'où sortirent les rois de Chypre et d'Arménie.

conseillers, en leur ordonnant d'accompagner en Aquitaine le futur époux d'Aliénor, qui était lui-même dans tout l'éclat de la jeunesse. De peur que les hommes d'armes de l'escorte n'exerçassent quelques déprédations et ne se rendissent ennemis des peuples amis, le roi voulut encore que toute la troupe fut défrayée pendant le voyage aux frais du trésor.

La route se fit par le Limousin jusqu'à Bordeaux, où résidait la fiancée. Un historien rapporte que la ville de Limoges, épuisée par une guerre entre son vicomte et le comte de Périgueux, était alors en si mauvais état, qu'il ne se trouva pas de maisons pour loger le royal cortége, et que le jeune prince et les personnes de sa suite furent reçus sous des tentes dressées au bord de la Vienne.

Suger, témoin oculaire, raconte ainsi le reste du voyage : « Après avoir traversé le Limousin nous arrivâmes sur la frontière du pays de Bordeaux ; nous fîmes halte en face de la cité dont le grand fleuve de la Garonne nous séparait. De là nous passâmes dans la ville sur des vaisseaux.

» Le dimanche suivant le jeune Louis épousa et couronna du diadème royal la noble damoiselle Aliénor, en présence de tous les grands de Gascogne, de Saintonge et de Poitou réunis. La mort récente de Guillaume mit un peu de réserve dans les premières réjouissances, mais la joie du peuple ne connut plus de bornes quand les jeunes époux firent leur entrée dans Poitiers, au mois de juillet, par un temps magnifique. « C'est ainsi, ajoute prudemment Mézeray, que le destin, caché dans l'avenir, montre souvent aux hommes de belles apparences de joie pour leur faire ensuite sentir ses coups avec plus de rigueur. »

Quand le couple royal arriva à Paris, l'héritière d'Aquitaine était déjà reine. Le vieux roi venait de succomber à une attaque de dyssenterie, le 1er août 1137, sans avoir eu le temps de bénir ses enfants. Louis VII commença le lendemain à faire graver sur ses monnaies « roi des Francs, duc des Aquitains, » témoignant ainsi lui-même quelle importance inusitée son mariage donnait à la couronne. Désormais la force allait se trouver jointe au droit, et une nouvelle ère politique semblait prête à s'ouvrir.

Cet espoir ne tarda pas à disparaître. Malgré les conseils de Suger, le nouveau roi débuta par deux grosses fautes. La première fut d'aller réveiller une vieille querelle pour disputer à Alphonse de Toulouse un titre que Guillaume X avait implicitement reconnu, et de mettre ainsi sa maison en hostilité contre une vieille famille indigène depuis plusieurs siècles, couverte de gloire et fort populaire en Aquitaine. La seconde fut de s'aliéner le clergé en s'immisçant dans les questions cléricales de manière à laisser planer sur sa couronne pendant trois ans l'excommunication qui avait autrefois porté tant de préjudice à Philippe I.

L'enivrement du pouvoir est toujours le présage d'une catastrophe. Celui qu'éprouvait Louis VII tenait du vertige. Riche plus que ne l'avaient jamais été ses ancêtres, uni à une jeune femme fort belle et élevée dans toutes les élégances politiques du Midi, entouré d'une noblesse fastueuse et vaillante, imbu lui-même des idées nouvelles de chevalerie, de cours d'amour, de gai savoir, que les trouvères et les troubadours avaient mises à la mode dans leurs poésies et qui avaient pour couronnement l'idéalisation mystique de la femme, il paraissait uniquement préoccupé de briller aux yeux de la foule, de jouir, de vivre heureux, d'étaler son faste, de faire parler de sa puissance, et prenant la cruauté pour de l'énergie, de faire respecter sa volonté par des moyens que ses courtisans eux-mêmes, comme après le massacre de Vitry, ne pouvaient connaître sans les désapprouver.

Avec de telles dispositions d'esprit, Louis VII ne pouvait manquer d'être emporté par le torrent qui depuis un demi-siècle entraînait vers la Palestine les mécontents et les chercheurs d'aventures autant que les pieux pèlerins. C'était, du reste, un moyen assuré de se réconcilier avec le Saint-Siége et de réparer les maladresses qui commençaient à le rendre impopulaire. Les prudents conseils de Suger, les pieuses ruses même du bon abbé de Saint-Denis, qui alla jusqu'à écrire au pape pour le prier de défendre au roi cette expédition, ne purent arrêter sa destinée.

En 1145, une nouvelle qui remua l'Europe jusqu'aux entrailles vint précipiter la résolution du roi. La ville d'Edesse, capitale de la principauté fondée en Mésopotamie par Baudouin, frère de Godefroy de Bouillon, avait été emportée d'assaut et saccagée avec un immense carnage par le sultan d'Alep. Ce triomphe, considéré par les musulmans comme un immense succès, apparut aux chrétiens de Syrie comme le présage de calamités d'autant plus grandes que la couronne de Godefroy se trouvait placée sur la tête d'un enfant de quinze ans. Aussitôt Mésilinde, régente de Jérusalem, Raymond de Poitiers, prince d'Antioche, Pons de Toulouse, comte de Tripoli, dépêchèrent en Europe pour exposer leur affreuse situation.

Un cri de détresse ne pouvait s'élever en Palestine sans trouver de sympathiques échos en Occident, en France surtout. Le souverain pontife chargea l'illustre Bernard, alors à l'apogée de son talent, d'entraîner par son éloquence les fils de ceux qui avaient délivré le Saint-Sépulcre.

On sait quel triomphe il obtint à l'assemblée du Vézelay, à laquelle assistaient Louis VII et Aliénor. Les gens du pays montrent encore la place d'où le grand orateur se fit entendre à la multitude, et la modeste demeure qui servit d'hôtellerie au couple royal. Entraîné par les paroles de l'austère abbé de Clairvaux, le roi de France, le premier, se jeta à genoux en présence de la multitude, et lui demanda la croix, aux cris de *Dieu le veut*. Aliénor d'Aquitaine reçut comme son époux le signe des croisés, et la foule des ducs, des comtes, des barons, suivit l'exemple des souverains. Il fut convenu qu'on se mettrait en route dans le délai d'une année, et Bernard, après avoir obtenu en France ce grand triomphe pour la cause du crucifié, se dirigea vers l'Allemagne pour lui chercher de nouveaux défenseurs.

Quand Louis VII et la reine se mirent en route, le 30 juin 1147, l'armée française comptait cent mille combattants. Les croisés allemands, conduits par l'empereur Conrad III, n'étaient guère moins nombreux. Louis VII, en partant, alla prendre l'oriflamme dans l'église de Saint-Denis, nouvellement reconstruite par l'abbé Suger, auquel il laissa, comme au plus sage de ses conseillers, le gouvernement du royaume. Il était accompagné d'Alphonse de Toulouse, d'Hugues de Lusignan, d'Henri de Champagne, d'Enguerrand de Couci, etc., etc. La reine, les comtesses de Toulouse, de Flandre, de Champagne, beaucoup d'autres belles dames, l'accompagnaient

Un cortège de troubadours et de trouvères achevait de donner à ce départ l'aspect d'une partie de plaisir.

La route fut prise par terre. On y employa tout l'été, faisant successivement étape à Metz, à Worms, à Ratisbonne, à Andrinople et à Constantinople, où Manuel Comnène, tout en trahissant les croisés, leur offrit l'hospitalité de ses somptueux palais : enfin on traversa le détroit au commencement d'octobre.

» Une bien fâcheuse nouvelle attendait les Français sur l'autre rive. A peine avaient-ils pris la route de Nicée que les députés de l'empereur Conrad vinrent leur annoncer que, trahi par les guides grecs auxquels il s'était confié, et égaré dans les montagnes, ce prince avait été surpris par les musulmans, et son armée anéantie. Louis hâta sa marche afin de pouvoir au moins protéger la retraite de son allié. Les deux princes se rencontrèrent à Nicée. Ils se jetèrent dans les bras l'un de l'autre et pleurèrent sur les malheurs qu'ils avaient déjà éprouvés et sur ceux qui les attendaient encore.

» Louis VII poursuivit sa marche en suivant le rivage de la mer. Cette route devait offrir plus de ressources que l'autre pour l'approvisionnement d'une armée. Il visita Cisyque, Priapus, Lampsaque, Abydos, Smyrne, Éphèse, où il s'arrêta quelques jours pour célébrer les fêtes de Noël. Toutes ces villes appartenaient à l'empire grec. L'armée traversa enfin le Caïstre et parvint dans les plaines du Méandre, où une troupe turque s'offrit pour la première fois à ses yeux.

» De part et d'autre l'attaque fut vigoureuse. Les croisés avaient à venger la défaite de leurs frères d'armes : les Turcs étaient enhardis par leurs victoires sur les Allemands. Quoique le passage du Méandre fût rendu difficile par les pluies d'hiver, les Français y entrèrent sans crainte, se précipitèrent sur les bataillons ennemis, les taillèrent en pièces et les mirent en déroute si promptement et avec si peu de pertes, qu'ils attribuèrent la victoire à un miracle.

» L'armée ne se reposa qu'un moment à Laodicée, dernière ville grecque de l'intérieur, et se dirigea vers le sud-est à travers les gorges difficiles de la Phrygie occidentale. Deux jours après avoir quitté Laodicée, vers midi, les croisés se trouvaient au pied d'une montagne abrupte. Le roi envoya en avant le comte Amédée de Maurienne et Geoffroy de Rancogne, baron poitevin, avec ordre d'occuper la crête de la montagne pour protéger la marche de l'armée. Mais Geoffroy et le comte Amédée, au lieu d'exécuter exactement leur mission, une fois parvenus au sommet, descendirent la pente opposée et allèrent établir leurs tentes dans une vallée. Les Turcs, maîtres des hauteurs voisines, se jetèrent aussitôt entre l'imprudente avant-garde et le gros des bataillons chrétiens. Leurs continuelles décharges de zagaies et de flèches jetèrent une effroyable confusion dans le camp des croisés. Hommes, chevaux, bêtes de somme, glissaient à chaque instant le long des rochers, entraînant avec eux au fond de l'abîme tout ce qu'ils rencontraient dans leur chute.

» Le jour baissait, et le gouffre se remplissait de plus en plus des débris de notre armée. Le crépuscule accrut l'audace des musulmans; ils attaquèrent enfin, le cimeterre au poing, l'ennemi qu'ils s'étaient d'abord contentés de harceler à coups de traits. Le centre de l'armée, où se pressait le pauvre peuple, frappé, massacré sans pouvoir se défendre, se mit à fuir comme un troupeau de moutons. Le roi, qui était en arrière, accourut et se précipita bravement dans la mêlée avec l'élite de ses chevaliers. Les musulmans réunirent tous leurs efforts contre cette troupe vaillante. Noyés dans les rangs épais des ennemis comme dans une mer, les chevaliers furent bientôt séparés les uns des autres, renversés et dépouillés. Le roi, demeuré seul et entouré de Turcs, abandonna son destrier, et, s'aidant des branches d'un arbre, il s'élança sur le haut d'un rocher. Là il recevait sur sa cuirasse les flèches lancées de loin contre lui, mais sa position lui permettait d'abattre de son glaive les têtes et les mains de ceux qui osaient l'approcher. La fatigue aurait infailliblement fini par vaincre son courage si un gros de Templiers, accourant du fond de la Palestine sous les ordres du grand maître Evrard des Barres, pour servir de guide aux croisés, ne fût arrivé comme par miracle pour l'arracher des mains de ses ennemis.

» Louis VII rendu prudent par une si terrible leçon, s'abandonna à la prudence des Templiers, accoutumés à chevaucher dans ces solitudes. Il n'eut point à s'en repentir. Après douze jours de mar-

Ducs d'Aquitaine.

che, on arriva à Satalie sans nouvelles pertes malgré les difficultés indicibles de la route et l'acharnement des Turcs toujours occupés à harceler les flancs de l'armée. Là on trouva enfin quelque repos et des vivres à un prix exorbitant. Le roi donna de grosses sommes au gouverneur grec de la ville pour qu'il reçût et soignât ses malades, et pressé de poursuivre sa route il en donna de plus fortes encore pour obtenir qu'on le transportât par mer, lui et ses chevaliers jusqu'à Antioche. Malheureusement les galères étaient trop peu nombreuses pour embarquer tout le monde; grande foison de gens du menu peuple n'y purent trouver place (1). »

Ce fut le 19 mars 1148 que le roi de France et ses compagnons arrivèrent enfin à Antioche. Ils y trouvèrent dans Raymond de Poitiers, oncle d'Aliénor un hôte prévenant et désintéressé. Mais quelque bon accueil qu'il leur fît, les croisés ne pouvaient se dissimuler à eux mêmes leur misère, leurs pertes, et le peu de fruit de leur expédition.

Ce fut dit-on de la comparaison de la cour brillante de son oncle avec le piteux état de son mari, que commença à naître dans l'esprit d'Aliénor un sentiment indigne d'une reine et d'une chrétienne. Tant que Louis VII avait été le roi entouré d'hommages, Aliénor l'avait aimé; vaincu, elle ne sentit plus pour lui que de la pitié. Elle oublia la majesté de la reine pour ne plus songer qu'à la coquetterie de la femme. Elle s'accoutuma aux hommages empressés des seigneurs et des chevaliers; on dit même qu'elle fut sensible aux soins d'un jeune sarrazin de bonne mine. Jusqu'où allèrent ses fautes ? c'est ce qu'aucun chroniqueur ne dit positivement; mais il paraît certain qu'elles furent suffisantes pour éveiller la jalousie du roi. « Dans ces choses là, dit ingénieusement Mézeray, on en dit souvent plus qu'il n'y en a, mais aussi, il y en a souvent plus qu'on n'en dit. »

Toujours est-il que le roi alarmé quitta précipitamment Antioche, résolu d'accomplir au plus vite son pèlerinage à Jérusalem et de

---

(1) Voir notre ouvrage : *Les Français en Palestine.*

reprendre la route de France. La piété exaltée dont il fit preuve pendant le reste de son séjour en Palestine, et qui, jusque-là n'avait point été dans ses mœurs, montre bien la profondeur de la blessure dont son cœur était ulcéré et que la religion seule pouvait guérir. Un esprit plus large que le sien, y eût peut-être trouvé le secret d'une grande réhabilitation en consacrant toute son énergie à l'œuvre de la croisade. Louis VII, bourgeoisement jaloux, n'y trouva que le projet de l'action la plus impolitique qu'ait jamais accompli un souverain.

» Les croisés s'en allèrent droit à Jérusalem à travers le comté de Tripoli, et après avoir accompli leur vœu au saint sépulcre, se réunirent à Ptolémaïs (Saint-Jean-d'Acre) où avait été convoqué un parlement général. A cette assemblée assistèrent trois monarques, Louis de France, Conrad de Germanie, récemment revenu par mer de Constantinople, et Baudouin de Jérusalem. Ils étaient accompagnés des prélats et des seigneurs les plus illustres d'Occident et de Terre-Sainte; mais les forces réelles, dont disposaient les chefs de cette assemblée, offraient un triste contraste avec l'éclat de leurs titres. On résolut toutefois d'attaquer Damas dont la garnison infestait tout le nord de la Palestine (1). »

L'entreprise était difficile et pleine de périls. Les chaleurs excessives de l'été, l'opiniâtre courage des assiégés, les discussions entre les chefs rebutèrent les pèlerins; ils ne songèrent plus qu'à retourner chez eux en toute hâte. Le temps écoulé depuis le départ d'Antioche, n'avait point dissipé les alarmes de Louis VII. Il se rembarqua comme les autres, le cœur plus ulcéré que jamais, en juillet de 1149, ramenant avec lui la reine.

Ce retour fut triste, plein d'ennui de part et d'autre, sans plaisir pour la reine, sans honneur pour le roi. Le séjour de Rome, où ils s'arrêtèrent quelques jours ne changea point leurs dispositions réciproques. Le roi ne pouvant oublier son déshonneur avait cessé

---

(1) H. Martin : *Histoire de France*, t. III, p. 416.

d'avoir pour la reine tout égard et tout attachement. Elle, de son côté, traitait son époux avec la fierté la plus insultante, et se plaignait hautement d'avoir épousé un moine plutôt qu'un roi.

Les choses durèrent ainsi pendant deux ans. Tant que vécut le sage Suger, il parvint à faire patienter son maître, mais après sa mort, pendant un voyage que les deux époux firent en Aquitaine, durant l'hiver de 1151 à 1152 un éclat décisif eut lieu entre eux.

Louis rappela ses sénéchaux et les hommes d'armes français des villes d'Aquitaine, et se rendit à un concile, assemblé à Beaugency, où il demanda l'autorisation du divorce. Les pères prirent en main la cause. L'évêque de Langres qui portait la parole comme accusateur annonça que le roi demandait la séparation « parce qu'il ne se fiait point en sa femme, et jamais ne serait assuré de la lignée qui viendrait d'elle. » Le concile, entraîné par l'archevêque de Bordeaux, passa outre sur cette scandaleuse requête, mais il déclara le mariage nul sous prétexte de parenté, s'apercevant un peu tard qu'Éléonore était cousine de son mari à l'un des degrés prohibés. Ils étaient unis depuis quinze ans et avaient eu deux filles.

La sentence fut signifiée à la reine par deux de ses juges. Elle ne paraissait pas s'y attendre, car « incontinent qu'elle en fut par eux avertie, dit Bouchet, elle tomba évanouie d'une chaise où elle était assise, et fut plus de deux heures sans pleurer, ni pouvoir parler, ni desserrer les dents. Et quand elle fut un peu revenue, commença de ses clairs et verts yeux, regarder ceux qui lui avaient dit la dure nouvelle, en leur disant : Ah ! Messieurs, qu'ai-je fait au roi, pourquoi il veut me laisser ? en quoi l'ai-je offensé ? quel défaut a-t-il trouvé en ma personne ? je suis jeune assez pour lui, je ne suis point stérile, je suis riche comme il est selon moi, je lui ai toujours obéi, si nous parlons de lignage je suis de la vraie tige de Charlemagne, et d'avantage nous sommes parents de par père et de par mère.

» — Madame, dit l'évêque de Langres qui portait la parole, vous dites vrai : vous êtes parents, dont le roi ne savait rien ; et à cette cause vous n'êtes pas sa vraie femme, et les enfants que vous avez ne sont pas légitimes, telle est la raison pour laquelle il convient que la séparation soit faite.

» La pauvre reine ne sut répliquer, fors que le pape leur eut pu aisément donner dispense. »

Lorsqu'il eut été réglé qu'Aliénor reprendrait sa dot, c'est-à-dire toutes les possessions paternelles, à simple redevance de foi et hommage envers la couronne, pour en disposer à son gré en se remariant, l'épouse répudiée se mit en route pour retourner dans son pays.

J'ai dit ailleurs, combien ce divorce fut déplorable. Le roi renonçait non-seulement à la main de cette princesse, mais encore à ses domaines, c'est-à-dire au Poitou, au Limousin, à la Marche, au Bordelais, à l'Agenois, à l'Auvergne, au Périgord et à la Gascogne qu'elle possédait en propre.

« Si une multitude de témoignages n'attestaient toutes les circonstances de ce divorce, dit un érudit, on ne saurait croire à la stupide insouciance avec laquelle Louis abandonna les immenses domaines d'Aliénor, sans songer qu'ils allaient passer à un rival, sans en assurer la moindre part aux deux filles qu'il avait eues de la duchesse, sans se réserver aucun moyen d'influence quant à un second mariage d'Aliénor, selon le droit reconnu à tout suzerain sur sa vassale (1) »

» La reine de France, redevenue duchesse d'Aquitaine, était trop riche et trop puissante pour manquer de prétendants, malgré le scandale de son divorce; elle n'eut à se plaindre que de l'excès de leur empressement et des moyens fort peu chevaleresques que deux d'entre eux employèrent pour succéder au mari qui la répudiait.

» En partant de Beaugency pour retourner en Poitou, elle fut obligée de passer par le Blaisois, domaine de Thibaud, comte de Blois et de Chartres. Thibaud rechercha sur le champ la main de la duchesse. Sur le refus d'Aliénor, il résolut de l'enfermer au château de Blois et de l'épouser de force : Aliénor se sauva et gagna de nuit

---

(1) Grellet Dumazeau : *Mémoires de la société archéol. du Limousin*, t. II.

les frontières de la Touraine. Mais là un autre péril de même nature l'attendait encore. Un jeune homme de dix-huit ans, Geofroy d'Anjou, second fils de Geofroy Plantagenet, s'était embusqué au port de Piles, sur la Loire, pour enlever la belle proie qu'il convoitait aussi ardemment que Thibaud. Aliénor, dit la chronique de Tours, avertie par ses anges gardiens, se détourna, évita Geofroy et regagna heureusement le Poitou (1). »

A peine était-elle arrivée à Poitiers qu'un autre prétendant se présenta. Celui-là était un jeune homme plein de courtoisie, d'adresse, d'ambition, d'un magnanime courage, et d'une beauté renommée quoique « un peu rousseau. » Il était par son père comte d'Anjou, de Maine, de Touraine et duc de Normandie, et par sa mère héritier présomptif de la couronne d'Angleterre. Henri avait donc grande chance pour plaire : de plus il avait dix-neuf ans, ce qui ne gâte rien aux yeux d'une femme de trente. Après quelques difficultés, Aliénor se laissa persuader que si elle ne prenait un mari pour la défendre, ses états et sa personne pourraient être exposés aux vexations de Louis VII; elle consentit au mariage qui lui était proposé.

Les fêtes en furent célébrées à Poitiers en grande solennité, au milieu d'un immense concours de toute la noblesse de Normandie et d'Aquitaine, vers les premiers beaux jours du printemps.

A la nouvelle de cette alliance, qui mettait dans les mains du futur roi d'Angleterre, toute la partie occidentale de la Gaule sauf la pointe de Bretagne, Louis VII, dit-on, s'alarma, et somma Henri, comme son vassal pour le duché de Normandie, de ne point contracter alliance sans l'aveu de son seigneur suzerain. « Mais les obligations de l'homme-lige envers le suzerain, même quand les deux parties les avaient expressément avouées et consenties, n'avaient guère de valeur entre gens d'égale puissance. Henri ne tint nul compte de la défense de se marier, et Louis VII fut obligé de se

---

(1) H. Martin. *Histoire de France*, t. III.

contenter de ses nouveaux serments d'hommages pour le comté de Poitou et le duché d'Aquitaine (1). »

Quant aux seigneurs et aux peuples de la contrée qui changeaient ainsi de maître, habitués depuis longtemps à former une population distincte du royaume Franc proprement dit, et à n'admettre l'autorité royale que d'une façon évasive, en conservant leur race, leur langage et jusqu'au nom significatif de romains, ils ne virent dans cet événement capital, que des baillis et des gens d'armes normands et angevins au lieu des sénéchaux et des chevaliers François, les uns comme les autres ennemis de leur nationalité puisqu'ils disaient *oui* et *nenny*, au lieu de *oc* et *no*.

D'ailleurs la situation géographique de leur pays comparé à celui qui servait de séjour aux Plantagenets, était pour eux un motif apparent de sécurité. « Leur suzerain allait fixer sa résidence au-delà de l'Océan au milieu de sujets nouveaux, difficiles à contenir, ses apparitions sur le continent seraient rares, et puis, là, tout près, serait le roi de France suzerain du suzerain d'Aquitaine; et de plus, son rival et son ennemi » c'étaient de belles illusions, la triste réalité ne tarda pas à les détruire.

---

(1) Aug. Thierry : *Hist. de la conquête d'Angleterre* t. III.

CHAPITRE IV.

(1152-1259.)

Les ducs-rois. — *Henri II. le Vieux.* — Ses démêlés avec l'Aquitaine. — Malheurs domestiques. — *Richard, Cœur-de-Lion.* — Ses dissensions avec son père, avec ses frères, avec Bertrand de Born et les Aquitains. — Sa croisade avec Philippe-Auguste. — Sa fin tragique. — *Jean-Sans-Terre.* — Guerre pour la succession d'Aquitaine entre lui et Arthur de Bretagne, son neveu. — Meurtre d'Arthur. — Confiscation des possessions anglaises en France. — Destinée de l'Aquitaine. — *Henri III.* — Bataille de Taillebourg. — Traité de 1259. — Démembrement de l'Aquitaine.

Le transport de la couronne d'Aquitaine dans la maison d'Anjou signale pour les populations d'outre-Loire une ère entièrement nouvelle. Jusque-là, à l'aide de leurs ducs, de leurs comtes, et de la vieille coutume qu'avaient les Francs de regarder cette région comme une sorte d'état séparé, les habitants avaient pu y vivre dans une indépendance relative, très agréable aux petits seigneurs et aux anciennes curies municipales des villes autrefois affranchies par Rome. Mais du moment où le roi d'Angleterre, comme duc d'Aquitaine, put exercer une influence directe sur le gouvernement, toutes ces anciennes franchises, toutes ces petites dominations commencèrent nécessairement à sombrer. Placés entre deux puissances rivales, également ambitieuses et également redoutables, les Aquitains s'attachèrent tantôt à l'une, tantôt à l'autre; au gré des circonstances, et furent tour à tour soutenus, délaissés, trahis, vendus par toutes les deux. Depuis le douzième siècle jusqu'à Louis XI, les méridionaux ne se sentirent bien que quand les rois de France et d'Angleterre étaient en querelles. « Quand donc finira la trêve des sterlings avec les tournois? disaient-ils dans leurs chants nationaux; et ils avaient sans cesse les yeux fixés vers le nord, se demandant : que font les deux rois?

La nature leur avait tout donné, l'industrie, la richesse, les grâces de l'imagination, le goût des arts et des jouissances délicates, mais il leur manquait la prudence et l'union, comme issus d'une même race et enfants du même sol : leurs ennemis s'entendaient pour leur nuire, et ils ne surent pas s'entendre pour se défendre et s'aimer, et faire cause commune. Ils en ont durement porté la peine. Non-seulement ils ont perdu leur indépendance, leurs richesses et leurs lumières, mais leur langue même a fait place dans leur propre bouche à un langage étranger, dont l'accentuation leur répugne, tandis que leur idiome national, celui de leur liberté et de leur gloire, celui de la belle poésie du moyen-âge, est devenu le patois des journaliers et des servantes (1). »

I. Cependant l'histoire ne mentionne aucun dissentiment sérieux survenu entre le nouveau duc et les Aquitains dans le cours des huit premières années de son occupation (1152-1159). Henri avait ailleurs des intérêts trop graves pour s'occuper activement du douaire de sa femme. Les fêtes de son mariage étaient à peine célébrées depuis deux ans, et son hommage pour son fief d'Aquitaine accepté par Louis VII, son couronnement célébré, suivant l'ancien usage, à Saint-Martial de Limoges, que la mort du roi Étienne réunit en ses mains le royaume d'Angleterre à ses magnifiques domaines de la Gaule. Le soin de recueillir cette immense succession et l'organisation de son gouvernement dût nécessairement l'occuper plusieurs années. Il y parvint au-delà de toute espérance, et le baronnage anglais courba sa tête sans murmurer.

---

(1) Aug. Thierry : *Histoire de la conquête d'Angleterre*, t. III, p. 003.

Tout réussissait à cet heureux favori de la fortune. Le testament de son père avait stipulé que s'il devenait roi il céderait à son cadet, Geoffroy, les possessions de la maison d'Anjou ; il réduisit son frère à une pension, se fit autoriser au parjure par le pape, et fit son hommage à Louis VII avec tant de pompe pour ce nouveau fief, que celui-ci oublia pour une vaine cérémonie les intérêts de son royaume et de la justice (1156).

Après avoir mis son frère hors d'état de lui nuire il en fit un instrument pour s'étendre encore. Il le fit choisir pour duc par les Bretons divisés, dont les anciennes familles régnantes remplissaient le pays de troubles, et après sa mort, qui survint en 1158, il se fit octroyer, par droit d'héritage, toute la contrée entre la Loire et la Vilaine.

Pendant ce temps le roi de France s'était remarié à Constance de Castille. Il en avait eu une fille qu'il avait fiancée, à l'âge de six mois, au fils de son puissant vassal, âgé lui-même de trois ans, et toujours pointilleux, toujours étroit de vue, toujours dévot depuis son retour de Palestine, il laissait, à l'est et au sud comme à l'ouest, démembrer les états que son père avait si péniblement unis.

Quant à la belle Aliénor, le changement de trône et de mari ne lui procura point le bonheur qu'elle n'avait pas su trouver près de Louis VII. Si sa vanité fut émue de devenir reine d'Angleterre près du plus habile politique que la race normande ait produit, si son amour-propre de femme fut flatté de donner naissance à quatre princes, dont l'un devait être Richard Cœur-de Lion, elle eut, comme mère, une longue série d'épreuves, qui, plus d'une fois, durent lui faire regretter le premier mari, dont elle avait compromis l'honneur.

Au dire des vieux historiens, une fois en possession des richesses et des titres que la fille du comte Guillaume lui avait apportés en dot, et pour lesquels seulement il l'avait aimée et épousée, Henri s'était promptement dégoûté d'elle et livré à des amours étrangères. La tradition a conservé parmi ses favorites le nom de la belle Rosemonde, qui avait séduit le roi son moins par les grâces étincelantes de l'esprit que par les charmes de sa personne, et que la tendresse du souverain ne put cacher aux yeux jaloux et à la vengeance d'Aliénor.

Au bruit de ces intrigues, à la nouvelle de ces humiliations imposées à sa belle duchesse, il y eut en Aquitaine comme un réveil chevaleresque. L'héritière des vieux ducs y était aimée; le roi Henri, au contraire, un parvenu de race nouvelle, n'y était toléré qu'à cause d'elle. Quand on les vit mal ensemble on se demanda dans toute la province pourquoi on payait des tailles à cet étranger, pourquoi on souffrait que ses officiers vinssent violer ou détruire les anciennes coutumes.

L'occasion ne tarda pas à s'offrir de prendre les armes : l'ambition toujours croissante d'Henri II lui suggéra la pensée de faire revivre les anciennes prétentions de la maison de Poitou sur le comté de Toulouse, qui était alors occupé par Raymond V, fils d'Alphonse. Pendant le carême de 1159 il convoqua les barons en parlement général à Poitiers, et à l'aide d'un impôt assez lourd (*Escuage*) qu'il leva sur eux, il put, sans dégarnir ses trésors, lancer contre le Midi une armée redoutable de mercenaires brabançons. Mais le comte de Toulouse réclama si énergiquement son droit à la protection royale, et toute l'Aquitaine poussa une telle clameur, que Louis VII, réveillé de sa torpeur, se décida enfin à intervenir, et, s'étant jeté dans Toulouse au moment où Henri allait en commencer le siège, il déconcerta les projets du roi d'Angleterre, trop fin pour oublier en cette circonstance ses devoirs de vassalage.

De 1159 et 1168, le mécontentement des Aquitains ne cessa de fermenter. Pendant les courtes apparitions qu'Aliénor faisait en Aquitaine, où les troubadours, à l'imitation de Bernard de Ventadour, le plus illustre d'entre eux, ne cessaient de célébrer ses louanges, les indiscrétions du palais faisaient connaître dans tous les châteaux les dissensions conjugales dont elle se croyait victime. Sa sollicitude empressée pour ce pays où elle était née, où reposait la cendre de ses aïeux, n'était ignorée de personne. On savait que sa bourse était toujours ouverte pour élever des églises, pour doter des monastères, pour secourir les pauvres. On lui devait un célèbre code de justice maritime connu sous le nom de jugements d'Oléron; enfin elle était toujours belle, et le sang du midi coulait dans ses veines; c'était plus qu'il n'en fallait pour enflammer des âmes chevaleresques et armer des gens qui se souvenaient encore de l'ancienne indépendance dont avaient joui leurs pères sous leurs anciens ducs.

Le mouvement éclata en Poitou et dans la Marche, en 1167. Un gouverneur anglais fut tué à Poitiers par le peuple. Les principaux seigneurs de la contrée, le comte d'Angoulême, le vicomte de Thouars, le comte de la Marche, l'abbé de Charroux se mirent à la tête de la conjuration et appelèrent à leur aide le roi de France, seigneur et suzerain de leur maître. Le moment était des plus favorables, car Henri II était au plus fort de cette grande querelle avec Thomas Becket, qui fut le commencement de ses revers, et qui devait se terminer par le meurtre de l'archevêque de Cantorbéry; mais le roi de France fit la sourde oreille. Il laissa Henri écraser les conjurés, prendre le château de Lusignan, ruiner le pays, et forcer Aliénor de se démettre de son titre de duchesse d'Aquitaine en faveur de son troisième fils, Richard, à peine âgé de onze ans.

II. Ce fut le jour de l'Epiphanie, 1169, dans une entrevue à Montmirail avec Louis VII, que le roi d'Angleterre, sentant combien il lui importait de rentrer dans son île, fit prêter au jeune prince serment de vassalité envers son suzerain, en même temps que ses deux autres fils, Henri au *court mantel*, et Geoffroy faisaient le même hommage, l'un pour la Normandie, l'Anjou et le Maine, l'autre pour la Bretagne.

En vertu de cet acte, Richard prit possession du duché d'Aquitaine et fut couronné duc à Limoges, où il reçut au doigt l'anneau de sainte Valérie. La reine resta près de lui pour continuer les travaux de la cathédrale de Saint-Pierre de Poitiers, mais elle cessa d'être la souveraine des Aquitains, et cette illustre province devint désormais une partie de l'Angleterre, comme la Normandie et comme l'Anjou; partie éloignée, remuante, insoumise, honteuse de son rôle secondaire, et s'offrant comme une proie facile aux pilleries de ses maîtres et à celles des rois de France, qu'elle se souvenait trop rarement d'avoir conservés pour seigneurs-suzerains.

L'histoire a jugé Richard avec indulgence. Cet aventurier fougueux, fier et hardi, ce brutal soldat, mêlé d'un grain de poésie, séduit en effet l'imagination ; mais il ne faut pas oublier qu'il portait en lui tous les vices de son temps, l'audace aveugle, l'énergie sans frein, l'ambition sans but, l'ingratitude et la prodigalité; nous n'en verrons que trop d'exemples.

Son premier acte d'autorité fut une révolte contre son père. On raconte que le jour même du couronnement, à Limoges, en présence de toute la cour, le comte de Toulouse, après avoir prêté serment entre les mains du nouveau duc, s'approcha du roi, son père, et lui dit : « J'ai à vous avertir de mettre en sûreté vos châteaux, et de vous défier de votre femme et de vos fils. » Henri comprit qu'un complot se tramait contre lui dans sa propre famille. Il en eut bientôt une preuve certaine en apprenant que le roi de France, sollicité par Henri au court mantel, son gendre, avait juré sur l'Evangile, et après lui tous les seigneurs de sa suite, d'aider le fils de tout leur pouvoir à conquérir les états de son père : il ne tarda pas à apprendre de même que ses deux autres fils, Richard de Poitiers et Geoffroy de Bretagne, étaient partis pour aller rejoindre leur aîné à la cour de France.

Ce coup de foudre, après le meurtre de Thomas Becket, dont tout l'odieux retombait sur lui, eut abattu un homme ordinaire. Henri n'en perdit pas un instant sa présence d'esprit, mais son énergie devint de la fureur.

On vit alors commencer une guerre scandaleuse, purement personnelle, et sans profit pour les populations. En Normandie, en Angleterre, en Aquitaine, toute la jeunesse remuante, tous les ambitieux, dont le nombre n'est jamais déterminé, tous les partisans de la vieille Aliénor, que son mari, devinant l'origine du mal, avait commencé par enfermer dans une triste prison, tous les mécontents s'étaient déclarés pour les fils.

Abandonné de tous côtés, Henri rassembla une armée de ces soldats mercenaires qu'on nommait alors brabançons, bandits pendant la paix, mais qui formaient en temps de guerre des troupes bien supérieures aux milices féodales, parce qu'on pouvait les retenir en campagne tant qu'on avait de l'argent et du butin à leur offrir, tandis que les hommes d'armes féodaux se dispersaient aussitôt que leur service, obligé ordinairement de quarante jours, était terminé (1).

Avec une partie de cette armée, le roi anglais fit rentrer les Bretons dans le devoir; avec l'autre il tint tête au roi de France et le força à demander la paix; mais ses fils, un instant apaisés par les concessions qu'il leur fit dans une célèbre entrevue sous l'orme de Gisors, arbre gigantesque qui, de temps immémorial, servait à abriter les entrevues diplomatiques entre les ducs de Normandie et les rois de France, ne tardèrent pas à reprendre les armes de manière à forcer leur père à entrer en Aquitaine.

Il y commença la campagne, à la tête de ses fidèles brabançons, par le siége de Saintes. Cette ville était défendue par deux châteaux, dont l'un portait le nom de capitole, reste des souvenirs de l'ancienne Rome, et son église qui, comme plusieurs autres basiliques d'Aquitaine, pouvait être transformée en citadelle. Henri s'empara des forts et de l'église, et, poursuivant ses conquêtes, mit à sac le château de Taillebourg et un grand nombre d'autres sur toutes les frontières du pays poitevin, qu'il traita avec une cruauté telle que le reste de ses partisans en Aquitaine se déclara contre lui.

Ses succès momentanés en Angleterre et en Normandie contre son fils Henri au court mantel n'empêchèrent pas les mécontents d'Aquitaine de se réunir l'année suivante dans les parties montueuses du Périgord, du Limousin et du Poitou. Leur nombre s'accrut rapidement, non-seulement des barons, des châtelains et des fils de châtelains sans patrimoine, mais aussi des habitants des villes et des bourgs, hommes libres de corps et de biens, car la servitude n'existait pas au midi de la Loire comme au nord de ce fleuve.

« A la tête des révoltés figurait, moins par sa fortune et son rang que par son ardeur infatigable, Bertrand de Born, seigneur de Hautefort, près Périgueux, homme qui réunissait au plus haut degré toutes les qualités nécessaires pour jouer un grand rôle en

---

(1) M. Martin : *Histoire de France*, t. III, p. 495.

moyen-âge. Il était guerrier et poëte, avait un besoin excessif de mouvement et d'émotion, et tout ce qu'il sentait en lui d'activité, de talent et d'esprit, il l'employait aux affaires politiques. Mais cette agitation, en apparence vaine et turbulente, n'était pas sans objet réel, sans liaison avec le bien du pays où Bertrand de Born était né. Cet homme extraordinaire semble avoir eu la conviction profonde que sa patrie, voisine des états des rois de France et d'Angleterre, ne pouvait échapper aux dangers qui la menaçaient toujours d'un côté ou de l'autre, que par la guerre entre ses deux ennemis. Telle, en effet, paraît avoir été la pensée qui présida durant toute la vie de Bertrand à ses actions et à sa conduite. En tout temps, dit son biographe provençal, il voulait que le roi de France et le roi d'Angleterre eussent guerre ensemble, et si les rois avaient paix ou trêve alors il se prenait et se travaillait pour défaire cette paix. Par le même motif, Bertrand mit en usage tout ce qu'il avait d'adresse pour faire éclore et envenimer la querelle entre le roi d'Angleterre et ses fils; il fut l'un de ceux qui, s'emparant de l'esprit du jeune Henri, éveillèrent son ambition et le poussèrent à la révolte. Il prit ensuite un égal ascendant sur les autres frères, et même sur le père, toujours au détriment et au profit de l'Aquitaine.

» Ses efforts, couronnés d'un plein succès, lui acquirent une célébrité funeste auprès de ceux qui ne voyaient en lui qu'un conseiller de discordes et un homme cherchant malicieusement à diviser le chef et les membres. C'est pour cette raison que le Dante lui fait subir dans son *Enfer* un châtiment analogue à l'expression figurée par laquelle on désignait sa faute : « Je vis un tronc sans tête marcher vers nous, et sa tête coupée, il la tenait par les cheveux en guise de lanterne..... Sache que je suis Bertrand de Born, celui qui donna au jeune roi de si mauvais conseils. » Mais Bertrand fit plus encore. Il ne se contenta pas de donner au jeune Henri, contre son père, ces conseils que le poëte appelle mauvais; il lui en donna de semblables contre son frère Richard, et quand le jeune roi fut mort, à Richard contre le vieux roi, puis enfin, quand ce dernier fut décédé, à Richard contre le roi de France, et au roi de France contre Richard. Il ne souffrait pas qu'il y eût entre eux un instant de bon accord, et les animait l'un contre l'autre par des *sirventes*, ou chants satiriques fort à la mode dans ce temps (1). »

Quelle que fut l'énergie de l'insurrection, le vieux roi Henri parvint cependant à la calmer, au moins en ce qui concernait les états d'Henri le Jeune et de Geoffroy, auxquels il arracha des serments qui laissèrent à Richard toute la responsabilité de la révolte. Richard, indigné, mais incapable de résister seul à toutes les forces du roi d'Angleterre, implora son pardon et rendit toutes les villes qu'il avait fortifiées. Il alla plus loin : jaloux de paraître à son père plus sincèrement soumis que ses frères, il livra les populations qui l'avaient soutenu, et fit tout le mal qu'il put à ses anciens alliés du Poitou, c'est-à-dire à ses sujets les plus immédiats.

Alors, d'un bout à l'autre de ce vaste pays d'Aquitaine, s'alluma une guerre vraiment patriotique, une guerre dans laquelle étaient enveloppés d'une haine commune et l'époux et les enfants de celle qu'ils avaient tant aimée. Il fallait un bien vif mécontentement pour qu'une petite province osât seule, et même sans l'appui du roi souverain de France, se heurter à de tels ennemis. Cependant elle ne recula pas, et durant près de deux années, de 1176 à 1178, on vit les princes étrangers et les barons d'Aquitaine se livrer bataille sur bataille depuis Limoges jusqu'aux Pyrénées, à Taillebourg, à Angoulême, à Agen, à Dax, à Bayonne. Toutes les villes qui avaient suivi le parti des fils du roi furent occupées militairement, puis reprises et accablées d'impôts.

Loin de se décourager par leurs échecs, les partisans de l'indépendance, étant parvenus, à l'aide de Bertrand de Born, à détacher Henri le Jeune des intérêts de sa famille, renouèrent immédiatement une seconde ligue dans laquelle on voit figurer le nom des principaux seigneurs de la contrée, les vicomtes de Ventadour, de Limoges et de Turenne, le comte de Périgord et les seigneurs de Montfort et de Gourdon. Pendant deux nouvelles années, de 1179 à 1182, quoique la trahison du jeune Henri leur eût enlevé bientôt l'appui sur lequel

---

(1) Aug. Thierry : *Histoire de la conquête d'Angleterre*, t. III.

ils comptaient de sa part, on les vit de nouveau lutter et combattre avec cette énergie que donne le souvenir du foyer paternel. Leurs bourgs et leurs châteaux furent dévastés, et leurs terres ravagées par l'incendie; mais à l'exemple de Bertrand, qui s'était retiré dans son château de Hautefort, il fallait les poursuivre un à un dans leurs castels, et les traquer pied à pied dans leurs gorges profondes pour les soumettre.

Une troisième fois, en 1183, les Aquitains, croyant avoir gagné à son tour Geoffroy, le troisième frère, relevèrent leur drapeau sanglant. C'est alors qu'eut lieu le célèbre siége de Limoges qui a laissé une trace dans l'histoire. Geoffroy était dans la ville avec les révoltés, son père au dehors faisant le siége. Henri le Jeune, qui avait conservé quelques amis dans le pays voulut se poser en intermédiaire, et obtint qu'une entrevue aurait lieu. Mais soit hasard, soit préméditation, au moment où Henri le Vieux se présentait devant les portes pour la conférence, il les trouva fermées, et reçut du haut des remparts une volée de flèches, dont l'une perça son pourpoint, et l'autre blessa un de ses chevaliers à côté de lui (1). Un peu plus tard, le vieux roi étant arrivé sur la grande place du marché, pendant qu'il parlementait avec son fils, un nouveau projectile, lancé du haut de la citadelle, traversa l'oreille de son cheval. Les larmes lui vinrent aux yeux; il fit ramasser la flèche, et, la présentant à Geoffroy : « Parle, mon fils, lui dit-il, que t'a fait ton malheureux père pour mériter que tu fasses de lui un but pour tes archers. » Comme on devait s'y attendre, l'entrevue échoua. Le jeune Henri, ayant voulu faire de nouvelles tentatives, fut lui-même blessé d'une pierre à la tête, et alla mourir, quelques jours après, au château de Martel, près de Turenne (11 juin 1183), en donnant de grandes marques de contrition et de repentir (2). Cette perte imprévue causa au roi une vive affliction et augmenta sa colère contre les Aquitains. Geoffroy lui-même, touché du deuil de son père, sortit de

---

(1) *Historiens de France*, t. XVI, Roger de Hoverden.
(2) Il écrivit à son père, de son lit de mort, une lettre qui commence par ces mots : *Delicta juventutis meæ ne memineris, Domine*.

Limoges et vint se joindre à lui. Les révoltés, livrés à leurs propres forces, perdirent courage, et, dans un assaut qui fut livré le lendemain des funérailles de Henri le Jeune, la cité et le château de Limoges furent pris et détruits de fond en comble.

Henri II rasa de même les châteaux de plusieurs autres seigneurs Aquitains, mit des troupes dans quelques autres, et fit rentrer chacun dans le devoir.

Enfin, avant de se retirer, il rassembla ses enfants, résolu de se réconcilier sérieusement avec eux. La reine même, paraît-il, qui depuis quelques années était tenue captive, assista à cette entrevue. En sa présence, la paix fut solennellement jurée entre le roi Henri et ses fils Richard, Geoffroy et Jean, le plus jeune, que son âge avait empêché de jouer un rôle dans les intrigues de ses frères. Ce fut la dernière fois que la famille se trouva réunie, car Geoffroy mourut l'année suivante dans un tournois.

Pendant que ces choses se passaient, le trône de France avait changé de maître. Le faible Louis VII était mort le 18 septembre 1180, laissant de sa troisième femme, Alix de Champagne, un fils, Philippe, qui reçut en naissant le nom de *Dieudonné*, parce que son père l'avait eu sur la fin de ses jours, mais que la postérité devait surnommer *Auguste*. Peu de temps avant sa mort, le premier époux d'Aliénor écrivit à son rival une lettre où il se peint lui-même tout entier : « Il serait difficile de calculer les pertes et les dommages que vous m'avez causés depuis le commencement de votre règne, dit-il à Henri II, au mépris de l'hommage qui vous lie à moi. Je suis trop vieux aujourd'hui pour revendiquer par la force des armes les terres que vous m'avez prises. Je n'y renonce pourtant point, et qui plus est, devant Dieu et les barons du royaume, je réclame ici tous les droits de ma couronne, suppliant le roi des rois qui m'a donné un fils, de donner à mon successeur la force de les reconquérir. » Ce pauvre prince, dit un contemporain, fut très dévôt envers Dieu, très doux envers ses sujets, et plein de vénération pour les gens d'église, mais plus simple qu'il n'eût convenu à un prince. » Son successeur, alors âgé de dix-huit ans, ne devait avoir ni ses vertus chrétiennes, ni ses défauts de roi.

Enfant précoce d'esprit et de corps, avide d'agir et de commander, Philippe II était né avec cet esprit emporté qui plus tard devient de l'énergie, cette opiniâtreté qui devient de la persévérance, et laissait deviner sous les défauts de son enfance les qualités de son âge mûr.

A peine fut-il couronné, que le jeune duc d'Aquitaine lui prêta solennellement l'hommage dû par le vassal à son suzerain. Richard même, en dépit des recommandations paternelles, devint son ami intime, et lorsqu'il quittait sa belle résidence de Montreuil-Bonnin, en Poitou, pour se rendre à la cour, l'union entre lui et le jeune roi était si grande que, non contents de manger au même plat, ils couchaient, dit la chronique, dans le même lit.

Le vieux roi d'Angleterre n'avait pas tort de regarder cette intimité comme funeste. Elle finit par armer encore contre lui son fils en faveur du roi de France, et amena l'entrevue d'Azay; cette suprême insulte à sa vieillesse, dans laquelle Philippe-Auguste exigea qu'on détachât le Berry de l'Aquitaine, et qu'il donnât comme dédommagement l'Anjou à Richard. Le déplaisir que ressentit le vieux roi de cette dernière humiliation suscitée par ses enfants, car Jean lui-même l'avait trahi, fut si sensible à son cœur, qu'il en mourut en maudissant sa famille et en prononçant cet adieu d'une âme désabusée : « Que tout aille dorénavant comme il pourra, je n'ai plus souci ni de moi ni du monde (6 juillet 1189). »

Cette mort mettait la couronne d'Angleterre sur la tête de Richard, et l'appelait hors de Poitiers. Il ne fut pas regretté en Aquitaine. Non-seulement les seigneurs nombreux dont il avait détruit les châteaux, enlevé les terres, déshonoré les femmes et les filles, car ce jeune débauché ne respectait ni vertu, ni titres, ni fortune, virent survenir avec joie un événement qui allait l'éloigner d'eux; mais les rares partisans de sa race apprirent eux-mêmes avec d'autant plus de joie son départ, que ce fut sa mère, la vieille malheureuse Aliénor, qui, après sa proclamation, revint prendre le gouvernement de ses états héréditaires, où elle ne cessa de faire bénir son nom jusqu'à ce que, touchée de repentir pour les fautes de sa jeunesse, elle allât s'ensevelir au monastère de Fontevrault pour y finir ses jours dans la pénitence, à l'âge de quatre-vingts ans.

Il est pénible de dire d'un paladin tel que Richard qu'il était avare comme un juif. C'est cependant la vérité, et son premier acte d'autorité royale en donne un exemple frappant. A peine son père eut-il été enseveli qu'il s'empressa de faire saisir son trésorier et de l'enfermer dans un cachot, d'où il ne sortit qu'après avoir livré tout l'argent du roi défunt et le sien propre. « Il passa ensuite le détroit accompagné de Jean, son frère, et, dès son arrivée en Angleterre, il s'occupa des mêmes soins que sur le continent : il courut aux différents trésors royaux conservés dans plusieurs villes, et les fit rassembler, inventorier et peser ; puis aussitôt qu'il eut été sacré et couronné selon l'ancien usage, il commença à mettre en vente tout ce qu'il possédait, ses terres, ses châteaux, ses villes, et jusqu'au domaine d'autrui (1). »

Il y avait déjà deux ans que dans une entrevue célèbre, Richard, n'étant encore que duc d'Aquitaine, et Philippe-Auguste, son suzerain, sollicités par le souverain pontife Grégoire V, et entraînés par les éloquentes paroles de Guillaume, archevêque de Tyr, auteur de l'un des plus émouvants récits des guerres saintes, avaient juré de conduire des troupes en Palestine et reçu la croix des mains du légat. Philippe, qui connaissait Richard mieux que personne, le voyant maître d'un vaste royaume et de trésors immenses, avec un caractère bouillant et un courage indomptable, comprit que s'ils restaient en Europe avec des intérêts si voisins et des forces si actives, ils ne manqueraient pas de recommencer les luttes de leurs pères au grand détriment de leurs sujets. En Orient, au contraire, ils trouveraient un vaste champ à leur humeur guerrière, et peut-être un de ces hasards qui change la fortune d'une dynastie. Il le pressa donc de partir, et, après avoir lui-même vidé l'escarcelle des Juifs de son royaume pour faire face à ses dépenses, il alla s'embarquer à Gênes avec l'élite de sa noblesse. Richard devait le rejoindre en Sicile pour y passer l'hiver à la cour de Tancrède, heureux héritier d'un état fondé, comme on sait, depuis moins d'un siècle par des aventuriers normands.

---

(1) Aug. Thierry : *Histoire de la conquête d'Angleterre*, t. IV, p. 20.

En partant Richard laissa l'administration de son royaume à Guillaume de Longchamp, évêque d'Ely, son chancelier. Philippe confiait le sien à sa mère Adèle et à son oncle le cardinal de Champagne.

L'hiver qu'ils passèrent en Sicile, ne s'écoula point sans discussions; plus d'une fois ces deux vigoureux athlètes, quoiqu'ils se fussent juré fidélité et secours comme frères d'armes, furent sur le point d'en venir aux mains; mais Philippe plus sage, plus réfléchi que Richard sut maintenir la paix sans abaisser sa couronne.

Ce fut lui qui partit le premier pour la Terre-Sainte. Le roi d'Angleterre retenu par les préparatifs de son mariage avec Bérengère, fille de don Sanche, roi de Navarre, n'arriva en Palestine qu'en juin 1191, et vint ranger ses troupes devant Ptolémaïs (Saint-Jean-d'Acre), dont le siége, commencé par le roi de Jérusalem Guy de Lusignan, durait depuis deux ans. Philippe l'y attendait depuis trois mois. Ce secours merveilleux qui réunissait, disent les historiens, trois cent mille hommes dans un seul camp, effraya Saladin lui-même, le plus illustre des chefs musulmans, qui s'était donné pour mission de chasser les chrétiens de Palestine.

Il n'entre pas dans le plan de ce livre de raconter les péripéties de ce siége mémorable. Il se termina comme on pouvait le prévoir, par la soumission de la ville qui se rendit au mois d'août 1191. Mais si courte qu'eut été la présence de deux rois réunis, ce temps avait suffi pour faire éclater entre eux la discorde.

Philippe qui avait ses projets prétexta une maladie, et se hâta de remettre à la voile, sans avoir visité le Saint-Sépulcre.

Richard, resté seul redoubla de fierté et de hauteur comme aussi d'imprudence; et pendant l'année qu'il passa en Terre-Sainte, s'il parvint à se faire parmi les Musulmans un nom impérissable, il se créa aussi une foule d'ennemis dont la vengeance devait lui être funeste.

Il quitta l'Orient à son tour le 10 août 1192, sur la nouvelle que son chancelier avait été chassé par les Anglais, et que son frère Jean conspirait contre lui avec Philippe-Auguste, mais son voyage fut rempli par des événements qui en ont fait une véritable odyssée.

Parvenu en mer à la hauteur de la Sicile, au lieu de traverser la Méditerranée il entra dans le golfe Adriatique, après avoir congédié la plus grande partie de sa suite pour n'être pas reconnu. Dans cet état il prit terre à Zara, mais ayant voulu demander un sauf-conduit, il fut découvert par un seigneur, parent du marquis de Montferrat qu'il avait insulté devant Acre, et ne dut son salut qu'au patriotisme d'un de ses sujets. Ce seigneur avait un valet d'origine normande. Il lui ordonna de visiter chaque jour toutes les hôtelleries où logeaient des pèlerins, et de voir s'il ne reconnaîtrait pas le roi d'Angleterre au langage ou à quelque autre signe, lui promettant, s'il réussissait, une grosse récompense. Le normand se mit à la recherche et finit par découvrir le roi; mais bien loin de l'arrêter, il le conjura de partir en lui découvrant le danger qu'il courait, et lui offrant son meilleur cheval. Richard profita de l'avis; mais comme il passait à Vienne, le duc d'Autriche qui avait pareillement à se plaindre de lui, le fit cerner par ses archers dans l'hôtellerie où il était descendu, et s'étant saisi de sa personne, le livra à l'empereur Conrad, son suzerain. Richard fut enfermé à Worms dans une forteresse impériale et y languit deux ans, en attendant qu'on eût ramassé dans ses états la somme énorme de cent mille livres pour payer sa rançon. C'est pendant sa captivité que Richard s'adonna à la poésie et écrivit, dans la langue de ses sujets méridionaux qu'il avait tant persécutés, des chansons dont quelques fragments sont arrivés jusqu'à nous (1). Ayant été relâché, vers la fin janvier 1194, et craignant, s'il traversait la France, de tomber entre les mains du roi Philippe dont il avait appris à redouter la perfidie, il s'embarqua en Hollande, sur la galiote d'un marchand qui le conduisit heureusement en Angleterre.

La majorité des comtes et des barons Anglo-Normands était restée dévouée à sa cause. Sa présence fit rentrer dans le devoir tous ceux qui avaient prêté la main aux conspirations de son frère Jean. Il fut même assez heureux pour attirer à lui une partie des bandes indis-

---

(1) Raynouard : *Poésies des Troubadours*, t. IV, p. 183.

ciplinées d'anciens Saxons qui n'avaient jamais voulu se soumettre à la conquête et sous le nom d'*Outlaws*, vivaient en proscrits au milieu des forêts. Son entrevue avec Robin Hood, un de leurs chefs, est restée célèbre dans les ballades et les romans populaires.

Aussitôt son autorité assurée de ce côté, Cœur-de-Lion passa sur le continent, brûlant de demander raison au roi de France de son manque de parole, et à son frère de sa félonie. Il n'eut pas de peine à venir à bout de Jean, prince aussi lâche que fourbe; mais avec Philippe la chose était plus difficile, et la guerre se poursuivit en Normandie, en Touraine et en Anjou sans grands résultats pendant plusieurs années.

Les Aquitains crurent l'occasion favorable. A la voix de Bertrand de Born, ils prirent les armes de tous côtés. Ce n'était point le désir de relever directement du roi de France qui les poussait, mais la passion vivace de leur nationalité propre. A leur tête se trouvaient le vicomte de Limoges et le comte de Périgord. Cependant Philippe ayant épousé leur cause, transporta le théâtre de la guerre en Saintonge, et les armées se rencontrèrent près de Niort; mais elles se séparèrent sans se battre grâce à l'intervention du clergé. Les deux rois conclurent une trêve, et Richard, resté seul en Aquitaine, en profita pour ravager de nouveau les terres des révoltés (1195).

A quelques mois de là, Richard, qui, comme duc d'Aquitaine comptait le comte d'Auvergne parmi ses vassaux, reçut du roi de France la proposition d'échanger avec lui la suzeraineté de cette province contre d'autres avantages politiques. Cette proposition fut acceptée sans consulter les seigneurs du pays, qui n'ayant aucun désir de devenir sujets directs de la couronne, se révoltèrent. Il en résulta une invasion des archers de Philippe, et le pillage de cette pauvre province. Elle finit par se soumettre: Richard comptait sur son patriotisme pour pouvoir la soulever de nouveau quand ses intérêts le permettraient; mais lorsque sa trêve expira, Richard voulut la rattacher à sa cause et y lever des troupes, il ne reçut du dauphin d'Auvergne qu'une amère satire rimée pour toute réponse. A partir de ce moment, l'Auvergne ne suivit plus les destinées de l'Aquitaine.

De 1196 à 1199, la guerre entre les rois de France et d'Angleterre prit un caractère plus terrible que jamais. L'un et l'autre avaient fait argent de tout pour payer des soudoyers Brabançons ; les rencontres d'Aumale, des Andelys, du pont de Gisors et plusieurs autres non moins meurtrières coûtèrent la vie à un grand nombre de ces mercenaires, et ce qui était plus regrettable à beaucoup de chevaliers que les usages féodaux obligeaient à suivre la bannière de leur suzerain. On était à se demander, quand et comment finirait cette horrible lutte, lorsque la Providence intervint d'une façon tout-à-fait inopinée.

La légende raconte qu'Aymar V, vicomte de Limoges, ayant trouvé un trésor dans le château de Châlus. Richard, dont l'avarice était proverbiale, accourut pour s'en saisir et mit le siège devant le château. Le trésor qui consistait en un bloc d'or, représentant une table autour de laquelle étaient assis un proconsul romain avec sa femme et ses enfants, était de nature, s'il eût réellement existé, à exciter la convoitise royale. Toujours est-il qu'un jour, tandis que Richard, avec ses brabançons, cherchait un point favorable pour l'attaque, une flèche, lancée par une main inconnue (1), l'atteignit à l'épaule et lui fit une blessure dont il mourut au bout de dix jours, le 6 avril 1199, à l'âge de quarante-deux ans. Une partie de ses restes fut ensevelie à Fontevrault, une autre à Charroux, et son cœur à Rouen, où se voit encore sa statue dans la cathédrale.

Les historiens ont jugé ce prince fort diversement. Pour les uns, il remplissait le type du parfait chevalier, à cause de sa bravoure et de son caractère ouvert ; d'autres n'ont considéré que sa vie privée pleine de licence, d'orgueil farouche et de rapacité. L'Aquitaine eut beaucoup plus à souffrir de ses vices qu'à se louer de ses qualités.

III. Richard étant mort sans postérité, l'héritage appartenait légitimement à son neveu Arthur, fils de Geoffroy de Bretagne, jeune prince alors âgé de douze ans. Ce fut son frère Jean qui s'en saisit, avec l'assentiment des barons anglais que le gouvernement d'un

---

(1) Des quatre historiens qui racontent ce fait, l'un appelle le meurtrier *Pierre de Basile*, un autre, *Jean Sabras*, le troisième, *Guy*, et le quatrième *Bertrand de Gourdon*.

enfant effrayait. La politique de Philippe-Auguste qui avait soutenu Jean contre Richard, prit aussitôt le parti d'Arthur contre le nouveau monarque.

A son instigation le Maine, la Touraine, l'Anjou, la Bretagne et le Poitou saluèrent Arthur roi d'Angleterre, tandis que le reste de l'Aquitaine et la Normandie, sur la production d'un testament vrai ou faux reconnaissaient Jean.

Ce prince, qu'un sobriquet surnommait *Sans-Terre*, est une des figures les plus hideuses de l'histoire : joignant à une ambition sans frein une pusillanimité puérile, arrogant, lâche, cruel et abject, il ne racheta ses défauts par aucune vertu, par aucun élan ; il fut la honte de sa race et le fléau de ceux qui étaient obligés de lui obéir. Les Aquitains qui d'abord l'avaient accueilli pour se conformer aux dernières volontés de la vieille duchesse Aliénor dont il était l'enfant gâté, ne purent rester longtemps sans prendre les armes contre lui.

Un de leurs seigneurs les plus puissants, Hugues de Lusignan, comte de la Marche, mortellement offensé par le roi d'Angleterre, qui épris des charmes de sa fiancée, Isabelle d'Angoulême, la lui avait enlevée et avait répudié sa première femme pour s'unir à elle, leva le premier l'étendard de la révolte en 1200. Il n'eut pas de peine à entraîner dans son parti la plupart des barons du Poitou, du Limousin et de la Marche. Philippe-Auguste, auquel Jean n'avait pas encore voulu faire son hommage pour l'Aquitaine (1), prêta main forte à la conspiration, et lui donna pour drapeau le jeune Arthur, après l'avoir fiancé à sa propre fille Marie, âgée de cinq ans, et avoir reçu son hommage pour les provinces d'Anjou, de Maine, de Touraine, de Bretagne et de Poitou.

Avec un auxiliaire comme le roi de France, l'issue de cette lutte semblait ne pouvoir être douteuse. Pendant qu'Arthur entrait en Poitou, l'armée royale s'avança en Normandie, où elle emporta rapidement Tillères, Boutavant, Longchamp, Mortemer, La Ferté,

---

(1) Le Breton : *Vie de Philippe-Auguste*, édit. Guizot, p. 221.

Lions et La Ferté-Gournai; mais l'armée du Midi ne répondit pas aux espérances qu'on en avait conçues. Arthur se laissa surprendre par son oncle devant le château de Mirebeau, dont il faisait le siège, et, livré par la trahison de Guillaume des Roches, il tomba entre les mains de son plus mortel ennemi. Les seigneurs qui étaient venus le joindre eurent le même sort et furent envoyés les uns en Normandie, les autres en Angleterre, où ils moururent pour la plupart dans les cachots (1202).

Maître du champ de bataille, Jean songea à se porter sur Poitiers pour châtier les habitants de leur défection. C'est alors qu'eut lieu, suivant la chronique, le célèbre *miracle des clefs*, dont Bouchet fait ainsi le naïf récit :

« Le maire de Poitiers avait un clerc fort avaricieux, lequel, moyennant un fort pot de vin, était convenu de livrer la ville à une troupe d'Anglais qui devait se trouver à jour fixe sous les murailles. La nuit venue, après que le maire fut couché et eut mis derrière son chevet de lit toutes les clefs des portes de la ville, ainsi qu'il avait accoutumé de faire, le déloyal serviteur, voyant que son maître dormait, lui voulut dérober lesdites clefs de la porte de la Tranchée où se devaient rendre lesdits Anglais, environ minuit, pour leur ouvrir les portes; mais ne put les trouver, quelque diligence qu'il en fît, derrière le chevet du lit de son maître, ni par tous les lieux secrets de la maison. Si pensa le traître clerc que le lendemain matin, en feignant de bailler les clefs à celui qui avait la garde des portes, se déroberait et les irait ouvrir, avant que les portiers vinssent quérir lesdites clefs : et s'en alla montrer aux Anglais sur la muraille, auxquels il jeta un brevet par lequel leur mandait qu'ils attendissent jusqu'à quatre heures du matin, et qu'il ne faillirait de promesse.

» Ladite heure sonnée, le clerc réveilla son maître et lui dit que les portiers de la Tranchée demandaient les clefs pour ouvrir les portes. Le maire fit réponse qu'il était encore bien matin. Le serviteur dit qu'il y avait un gentilhomme qui voulait sortir en diligence pour aller vers le roi Philippe. Le maire le crut et voulut prendre les clefs desdites portes de la Tranchée, mais ne les put trouver, dont fut tout effrayé, et après les avoir quises et cherchées partout, se douta de trahison. Si manda incontinent à plusieurs des habitants qu'ils allassent en armes aux portes, ce qu'ils firent, et mêmement à ladite Tranchée, parce que c'était la plus dangereuse, et qu'il n'y a rivière, et virent les Anglais, lesquels s'entre-battaient entre eux-mêmes. Le pauvre maire s'en alla tout effrayé recommander la ville à Dieu et à la benoîte Vierge Marie, en son église de Notre-Dame-la-Grande; et comme il fut devant l'image de Notre-Dame vit entre ses bras lesdites clefs, dont il rendit grâces à Dieu, et plusieurs autres gens de bien qui étaient avec lui.

» Le bruit fut incontinent par la ville que les Anglais étaient à la Tranchée, et le beffroi sonné; par quoi chacun des habitants se mit en armes, et s'en allèrent tout émus à la porte, et virent par les créneaux de la porte plus de mille et cinq cents Anglais morts et couchés par terre, et les autres qui se tuaient. Par quoi ouvrirent les portes et sortirent sur eux pour défaire le demeurant; ce qu'ils firent fors ceux qu'ils retinrent prisonniers, lesquels déclarèrent au maire et aux principaux de la ville toute la trahison, et que ledit jour, à l'heure de quatre heures, avaient vu au-devant desdites portes une reine vêtue le plus richement qu'on saurait faire, et avec elle une religieuse et un évêque suivis d'un nombre infini de gens armés qui s'étaient mis à frapper sur les Anglais : et qu'aucun d'eux, considérant que c'était la Vierge Marie, saint Hilaire et sainte Radegonde, dont les corps reposaient dans la ville, s'étaient par désespoir occis eux-mêmes, et les autres tué et occis leurs compagnons.

» En mémoire de ce beau miracle, les habitants de Poitiers ont toujours depuis fait une belle et notable procession, par chacun an, autour des murailles, le lendemain de Pâques. »

Pendant ce temps, Jean, revenu en Normandie, avait enfermé son neveu dans la tour de Falaise, cherchant dans son esprit un moyen de se délivrer de lui. « Le gouverneur de Falaise était un vieux chevalier brave et loyal, appelé Guillaume de Brause. Jean, après avoir sondé cet officier, comprit qu'il n'en pourrait faire le complice des sinistres desseins qu'il agitait dans son âme, et lui ôta la garde d'Arthur qu'il transféra dans la grosse tour de Rouen. — Je ne sais le sort qui attend ton neveu, avait dit Guillaume de Brause au roi, lorsque Jean vint enlever Arthur de Falaise, mais je te le remets sain de la vie et des membres, je suis aise que tu m'ôtes le souci de le garder. — Il paraîtrait que le commandant de la tour de Rouen repoussa aussi les insinuations criminelles du roi ; enfin, dans la nuit du jeudi-saint (3 avril 1203), Jean, après être demeuré seul pendant trois jours caché au fond du val des Moulineaux, s'embarqua sur un bac(?) avec un écuyer ; puis, abordant à la porte de la tour qui donnait sur la Seine, il se fit amener Arthur et prit le large avec son captif. Arthur ne reparut jamais. Le roi Jean et ses partisans prétendirent qu'il s'était noyé en cherchant à s'échapper, mais leur récit n'obtint aucune créance, et l'on crut presque universellement que Jean avait égorgé son neveu de sa propre main, et jeté le cadavre dans la Seine (1). »

La nouvelle de la mort du jeune Arthur, sur la tête duquel reposaient toutes les espérances de la Bretagne, produisit dans ce pays un cri général d'indignation. Les principaux seigneurs de la province, et à leur tête Guy de Thouars, prince de la famille de Lusignan, qui avait épousé en secondes noces la mère d'Arthur, s'empressèrent d'en appeler au roi de France. Philippe, comme suzerain, accueillit leur plainte, cita le roi Jean, qui était aussi son vassal, à comparaître devant les barons de France, qu'on commençait à nommer pairs, d'un nom emprunté aux romans sur la vie de Charlemagne, et sur son refus de se justifier, fit prononcer contre lui un jugement de *forfaiture*.

Cette sentence déliait du serment féodal toutes les provinces françaises jusque-là soumises aux Plantagenets ; mais il était plus facile de la prononcer que de la mettre à exécution. Cependant Philippe-Auguste y trouva moins d'obstacles qu'on aurait pu le croire. Déjà, depuis cinq ans, soumises à la juridiction de Jean, nos provinces gémissaient d'obéir à un pareil maître, et le récit de ses débauches, de ses orgies, de ses cruautés, avait détaché de lui les plus sincères partisans de sa famille.

---

(1) M. Martin : *Histoire de France*, t. III, p. 574.

Les Angevins, les Manceaux et les Tourangeaux laissèrent sans résistance s'installer dans leurs villes les sénéchaux du roi de France à la place des gouverneurs anglais, les Poitevins ouvrirent presque toutes leurs places, les Normands eux-mêmes, envahis de tous côtés, courbèrent la tête, les bourgeois de Rouen, après avoir souffert toutes les horreurs de la faim, capitulèrent, entraînant après eux la soumission de la Normandie entière, et, chose bizarre, de toutes les possessions des Plantagenets en France il ne resta à Jean de partisans fidèles que dans la contrée méridionale de l'Aquitaine.

M. Grellet Dumazeau fait très bien ressortir ce fait par les clauses du traité de 1206 entre Philippe-Auguste et son rival qui, en constatant l'abandon de la Normandie, de l'Anjou, du Maine, de la Touraine et de la Bretagne, indique qu'en Aquitaine Jean ne dut retirer ses troupes que d'une partie du Poitou, de la Marche et du Limousin. Quant au Berry et à l'Auvergne ils étaient déjà depuis un certain temps retranchés de son obéissance.

Après avoir signé ce pacte qui lui enlevait la moitié de ses états, Jean, sans vergogne et sans honte, se retira en Angleterre, où il vécut huit ans dans la mollesse et la volupté avec sa reine, « croyant n'avoir rien perdu, pourvu qu'il la possédât. » C'est pendant cette période de son règne que ce prince, détesté à la fois de la noblesse, du peuple et du clergé, fut déclaré déchu du trône à cause de sa scandaleuse conduite, par le pape Innocent III, et obligé, pour obtenir son pardon, de se reconnaître vassal de l'Eglise (15 mai 1213).

Cependant, en 1214, Jean parut se réveiller de son apathie pour entrer, avec Othon, empereur d'Allemagne, et les comtes de Flandre et de Hainaut, dans une grande ligue contre Philippe-Auguste. Il fut convenu que tandis que ses alliés attaqueraient la France du nord, il débarquerait en Aquitaine, et rendrait à sa province ses anciennes limites en chassant les garnisons françaises des places qu'elles y occupaient.

Plein d'espérance dans le succès, il débarqua à La Rochelle avec une nombreuse armée vers la mi-février, et entra en Poitou, où ses anciens partisans n'attendaient que son arrivée pour se déclarer en sa faveur. Parmi eux se faisaient remarquer Hugues l'archevêque, seigneur de Parthenay, les Lusignan, autrefois ses ennemis les plus acharnés, et Savary de Mauléon, son ancien sénéchal, qui l'avait abandonné pour passer du côté de Philippe. Certain de leur concours, et renforcé par de nouvelles levées faites dans toute la partie méridionale de l'Aquitaine, Jean se dirigea vers l'Anjou. Mais après quelques succès il fut battu complétement à la Roche-aux-Moines par le prince Louis (depuis Louis VIII), qui avait mission de surveiller ses mouvements. Refoulé en Poitou, il errait çà et là découragé lorsqu'arriva tout à coup la nouvelle de la victoire de Bouvines (27 juillet 1214). Ce coup de foudre acheva de l'anéantir. Réduit à l'impuissance, honteux et indécis, il se réfugia à Parthenay, où, apprenant bientôt que Philippe allait l'investir, il n'eut d'autre ressource que de solliciter la paix. Philippe-Auguste aurait probablement pu se saisir de sa personne, mais, préoccupé d'autres soucis, il se laissa fléchir, et, moyennant une forte somme, il signa à Chinon une trêve de cinq ans (septembre 1214).

Peu de jours après, le roi Jean quitta l'Aquitaine pour n'y plus revenir que très passagèrement. Il mourut, le 19 octobre 1216, d'une indigestion, après avoir eu les dernières années de sa vie empoisonnées par la turbulence des barons anglais, qui finirent par lui arracher le code de franchises connu sous le nom de *grande charte*. Il avait eu six enfants d'Isabelle d'Angoulême : l'aîné, Henri, lui succéda. Sa veuve, encore jeune, car il l'avait épousée à quinze ans, revint à sa première passion, et se remaria à Hugues de Lusignan, comte de la Marche.

IV. Après Jean *Sans-Terre*, les historiens français indiquent généralement comme ducs d'Aquitaine, Philippe-Auguste, Louis VIII et Louis IX. C'est une erreur dans laquelle il importe de ne pas tomber. La confiscation prononcée en 1202 contre Jean Sans-Terre l'avait bien, il est vrai, déclaré déchu de sa couronne ducale comme de ses autres possessions sur le continent; mais cette confiscation n'eut jamais d'exécution dans le Midi, et le traité de 1206 en détruisit aussi bien le fond que la forme.

Lorsque le jeune Henri III succéda à son père, l'ancienne Aquitaine était très réduite, puisqu'on en avait détaché successivement le Berry et l'Auvergne, une partie du Poitou, de la Marche et du

Limousin; mais Bordeaux, Dax, Bayonne et toute la partie méridionale de la contrée jusqu'aux Pyrénées lui appartenaient encore, et les trois provinces les plus récemment détachées ne tardèrent pas elles-mêmes à lui revenir. Du reste, les rois d'Angleterre ne cessèrent de porter le titre et la couronne ducale d'Aquitaine qu'après le traité de 1259, ainsi que nous le dirons en son lieu.

Henri n'avait que neuf ans quand il succéda à son père. Fit-il ou fit-on pour lui acte d'hommage de l'Aquitaine au vieux roi Philippe? La chose est probable, quoique je n'en aie pas trouvé de preuves certaines dans les écrivains que j'ai consultés. Cependant le maintien du traité de cinq ans, conclu avec son père, et son renouvellement pour cinq autres années, à la date du 13 mars 1220, indiquent suffisamment que les formalités de vassal à suzerain avaient été remplies (1).

Ce ne fut que lorsque Philippe eut terminé sa glorieuse carrière, le 14 juillet 1223, après quarante-trois ans de règne, que le jeune Henri d'Angleterre, parvenu lui-même à l'âge d'homme, et jugeant le nouveau roi, Louis VIII, moins redoutable que son père, au lieu de venir assister au sacre du nouveau suzerain et d'y faire hommage pour son duché d'Aquitaine, envoya vers lui l'archevêque de Cantorbéry avec mission de réclamer la restitution de la Normandie et de toutes les terres qui avaient été enlevées au roi Jean.

On est surpris que pendant la période de onze années qui s'écoulèrent entre l'élévation de Henri III et cette réclamation surannée, aucun trouble important n'ait éclaté en Aquitaine, et que le pays, satisfait du gouvernement de Savary de Mauléon, qui y remplissait les fonctions de sénéchal d'Angleterre, ait gardé sa foi à l'héritier des Plantagenets. Évidemment il faut voir dans cette conduite le résultat de la crainte de tomber sous la seigneurie directe du roi de France. Suivant l'ancienne règle politique de leurs aïeux, les seigneurs aquitains préféraient, indépendamment de toute autre considération, avoir pour seigneur un roi qui fût loin d'eux. Com-

---

(1) Rymer : *Collect. des hist. des Gaules*, t. XVII, p. 111.

munément, le seigneur éloigné laissait le pays se gouverner lui-même, selon ses coutumes locales, et par des hommes nés dans son sein, ce que ne permettaient guère les suzerains dont la terre était voisine (1).

Ce foyer de puissance souveraine, conservé au sud-ouest de la Gaule, aurait peut-être servi longtemps de point d'appui contre le roi de France aux populations méridionales encore indépendantes si un événement imprévu n'eût ruiné tout à coup les forces du pays situé entre la Méditerranée, les Cévennes et la Garonne, c'est-à-dire le vaste comté de Toulouse et les régions avoisinantes.

Depuis une vingtaine d'années, la science mal comprise de l'antiquité grecque, les téméraires conceptions du génie arabe, les traditions altérées du magisme persan et des vieilles hérésies mystiques du premier âge chrétien, surgissant pêle-mêle avec de nouvelles interprétations de l'Évangile audacieusement progressives, avaient produit sur l'esprit inflammable des populations du Midi de la France une sorte d'effervescence religieuse qui, dans un zèle mal entendu de réforme chrétienne, venait d'enfanter les deux sectes hérétiques des Vaudois et des Albigeois.

Toulouse, Alby, Foix, Carcassonne, Béziers, premiers centres des religions nouvelles, avaient bientôt étendu leurs ramifications dans toutes les vallées et sur toutes les montagnes du Midi; Raymond VI de Saint-Gilles, comte de Toulouse, séduit ou indifférent, avait laissé faire; l'hérésie avait gagné jusqu'aux desservants des communes, et les évêques eux-mêmes avaient peine à ne pas se laisser entraîner par l'exemple de tout un peuple. Pour arrêter cette contagion intellectuelle, le souverain Pontife, Innocent III, eut d'abord recours aux foudres de l'Église; mais bientôt, voyant que les courriers pontificaux apportaient en vain à Alby, à Toulouse et à Narbonne des bulles d'excommunication, il crut pouvoir s'appuyer sur l'exemple des croisades, et publia par toute l'Europe que quiconque s'armerait pour faire la guerre aux hérétiques du Midi obtiendrait une part de leurs biens et la rémission de ses péchés.

---

(1) Aug. Thierry : *Hist. de la conquête d'Angleterre*, t. IV, p. 159.

Ducs d'Aquitaine.

L'époque n'était malheureusement que trop favorable pour cette guerre de chrétiens contre chrétiens. Le nombre des chevaliers sans aveu et des coureurs d'aventures, s'était indéfiniment accru pendant les dernières guerres. Il s'en trouva plus de cinquante mille disposés à suivre Simon de Montfort-l'Amaury, lorsque ce gentilhomme, déjà connu par ses exploits en Palestine, et la tournure fanatique de son esprit ambitieux, reçut du légat romain le commandement de la croisade. A la tête d'une pareille troupe, quelques mois suffirent à Simon pour prendre Béziers, Carcassonne, Castres, Alby, Pamiers et Cahors. La victoire de Muret couronna son triomphe. Raymond fut déclaré déchu de son titre de comte, sa couronne donnée à son vainqueur, et les hommes du nord commencèrent sur la Gaule méridionale une nouvelle invasion plus terrible que toutes les précédentes, parce qu'elle avait la religion pour prétexte, écrasant sous les pieds de leurs chevaux de guerre, arts, industrie, poésie et liberté.

Au point de vue des intérêts de Henri III, le résultat de cette guerre fut de lui arracher encore une province, ou du moins l'hommage et le service féodal de son chef, car les nouveaux comtes institués par l'Eglise en pays hérétique ne prêtèrent jamais hommage qu'au roi de France, et finirent même, un peu plus tard, par laisser leur héritage à la couronne.

Malgré le bruit que faisait à ses oreilles le fracas de cette funeste lutte, engagée sur une terre de sa dépendance, le jeune roi, engagé dans les embarras d'une minorité orageuse, et d'ailleurs imitant en cela la réserve de Philippe-Auguste, refusa constamment d'y prendre part. Il réservait ses forces, comme nous l'avons dit, pour recommencer la lutte dans les provinces septentrionales de l'Aquitaine, où la victoire devait lui donner avec les bénéfices de l'hommage, ceux de la propriété féodale.

Mais ce fut Louis VIII qui entra le premier en campagne. A peine la seconde trêve de cinq ans expirée, il partit pour l'Aquitaine, à la Saint-Jean 1224, avec une bonne armée. Ebranlé à son approche, Aymery, vicomte de Thouars, et nombre d'autres barons du parti anglais s'empressèrent de lui jurer obéissance. Après avoir pris le château de Montreuil-Bonnin, ancienne résidence du roi Richard, et battu les Anglais près de Saint-Maixent, il s'empara successivement de Niort et de La Rochelle dans deux siéges mémorables auxquels le connétable de Montmorency prit une part active, et qui illustrèrent à jamais le nom de Savary de Mauléon, sénéchal d'Aquitaine pour le roi Henri.

« La chute de La Rochelle, une des principales villes maritimes de l'Aquitaine, détermina la soumission immédiate des communes et des seigneurs de la Saintonge, de l'Angoumois, du Limousin, du Périgord et de la moitié du Bordelais. Les Français n'eurent qu'à recueillir partout des serments d'allégeance, et ne s'arrêtèrent qu'aux bords de la Garonne, vis-à-vis de Bordeaux, que son archevêque parvint à maintenir dans l'obéissance du roi anglais. En moins de quatre mois Louis VIII avait enlevé à l'héritier des Plantagenets tout ce qui lui restait en Gaule, à l'exception de Bordeaux et de la Gascogne. Il était difficile d'obtenir de plus brillants résultats en moins de temps et avec moins de peine (1). »

A cette nouvelle, les turbulents barons anglais, qui avaient refusé à leur roi leur concours pour défendre ses terres d'Aquitaine, consentirent, moyennant la confirmation de la *grande charte*, à l'aider à les recouvrer. Mais Henri III, élevé dans la mollesse et l'inaction, n'était pas homme à enflammer des soldats par son exemple. Il se contenta d'envoyer son frère Richard à Bordeaux, avec une armée au commencement du printemps de 1225; cette troupe ne servit à rien, car après quelques hésitations, le jeune prince voyant que sa voix n'était pas écoutée des seigneurs aquitains, fut soudain pris de peur et se rembarqua précipitamment.

Louis VIII n'eût trouvé aucun obstacle à s'assurer du reste de l'Aquitaine si le pape, qui protégeait constamment les intérêts anglais depuis que Jean Sans-Terre, s'était déclaré son vassal, n'avait obtenu encore une trêve pour Henri III, en présentant au roi de France comme un devoir l'obligation de se croiser de nouveau contre les Albigeois.

---

(1) H. Martin : *Histoire de France*, t. III, p. 422.

Le pauvre jeune prince mourut dans cette expédition, après trois ans de règne, laissant le trône à un enfant. Mais cet enfant devait être Louis IX, et il avait pour mère Blanche de Castille (8 novembre 1223).

Cette femme, la plus grande qui eût porté la couronne en Gaule depuis sa compatriote Brunehaut, était digne de gouverner et de défendre l'héritage de Philippe-Auguste. A peine nommée régente par les grands du royaume, elle prit les rênes de l'état d'une main si ferme, que tous les plus turbulents feudataires furent vaincus par sa profonde politique; tous, excepté une autre femme.

On se souvient qu'Isabelle d'Angoulême, veuve de Jean Sans-Terre, avait donné sa main au plus ancien de ses prétendants, Hugues de Lusignan, comte de la Marche. Cette princesse, dont Henri III était le fils, avait conservé un orgueil et des prétentions fort au-dessus de la puissance de son second mari. Elle souffrait impatiemment son rang subalterne comme vassale du roi de France; elle ne mit plus de mesure à son chagrin et à son emportement quand elle apprit que Louis VIII, par son testament, avait laissé le Poitou et l'Auvergne à Alphonse, son second fils, et qu'ainsi ses fiefs étaient médiatisés (1).

Elle empêcha d'abord son fils de prêter le serment d'usage du vassal à l'avènement d'un nouveau suzerain; puis, pendant dix ans, elle ne cessa de susciter, par tous les moyens imaginables, des ennemis à Blanche parmi les grands feudataires de la couronne.

Une première ligue, formée par ses soins en décembre 1226, entre le vicomte de Thouars, le comte de la Marche et le seigneur de Parthenay, ayant échoué, elle en noua une deuxième au mois de janvier 1230, dans laquelle entrèrent le roi d'Angleterre et Pierre de Dreux, comte de Bretagne. Mais l'ineptie de Henri III et de Hubert du Bourg, son favori, en détruisit tout le danger, car après avoir pris terre en Bretagne au commencement du printemps avec une grande armée, ce prince se contenta de paraître en Poitou pour y

---

(1) Grellet-Dumazeau : *Mémoires de la société archéol. du Limousin*, t. II.

prendre Mirebeau, et, sans attaquer ni Poitiers, ni Niort, ni La Rochelle, il se retira à Nantes, où il passa l'été « en festins et en bombances » avec ses barons, « vivant parmi les pots comme s'il eût fêté Noël chaque jour. » Lorsqu'il eut mené cette vie joyeuse jusqu'au mois d'octobre, il se rembarqua, laissant à peine quelques troupes à son sénéchal d'Aquitaine.

L'occasion d'une troisième ligue s'offrit en 1241, époque où le roi Louis IX, devenu majeur, après avoir célébré à Saumur une fête chevaleresque restée célèbre sous le nom de la *Nonpareille*, vint faire couronner à Poitiers son frère Alphonse, comme comte de la province, et lui faire prêter hommage par les vassaux nouvellement rattachés à la couronne. Isabelle persuada à son mari qu'un seigneur de son importance, qui possédait en propre l'Angoumois, la Saintonge et la Marche, dont les cadets régnaient en Orient et possédaient la Bretagne, dont la femme était mère d'un roi d'Angleterre, ne pouvait prêter hommage qu'à un roi lui-même, et non à un enfant comme Alphonse de Poitiers.

Depuis trente-cinq ans que le Poitou avait été en partie conquis par Philippe-Auguste, aucun traité définitif n'avait réglé les possessions françaises et les anciens droits anglais. Encore en ce moment, Richard, frère cadet du roi d'Angleterre, portait le titre de comte de Poitiers. Les seigneurs de la contrée avaient trouvé leur compte dans cette situation incertaine qui leur permettait de se tenir à peu près indépendants entre les deux couronnes. Le comte de la Marche n'eut donc point de peine à trouver des complices dans le pays. Il y fit entrer encore les rois d'Aragon, de Navarre, d'Angleterre, et l'ancien comte de Toulouse. Confiant dans ces puissants auxiliaires, Hugues de Lusignan saisit l'occasion des fêtes de Noël, époque fixée par le nouveau comte pour le renouvellement de l'hommage, et, se présentant la tête haute et la main sur la garde de son épée : « Comte, lui dit-il, ne te dois nul hommage, à toi ni à aucun fils de Blanche; n'es qu'un usurpateur, et te déclaires que oncques ne serai homme lige de cil qui déloyaument a robé la comté à Richard, mon beau-fils, ores qu'estait oultre-mer à guerroyer ennemis du Christ. »

L'affront fait à un fils de France excita au plus haut point l'indignation du roi et de son conseil. Le parlement féodal fut réuni. L'assemblée déclara unanimement Hugues déchu de son fief. Alphonse convoqua le ban et l'arrière-ban de ses gentilshommes, au nombre de vingt mille; son frère y joignit quatre mille chevaliers et vingt-cinq mille hommes de pied, et les hostilités s'ouvrirent.

L'aspect de ce formidable armement dut promptement dissiper les illusions du comte de la Marche, car il ne tarda pas à s'apercevoir que ses alliés avaient promis plus qu'ils ne pouvaient tenir. Henri III, lui-même, n'avait pu décider qu'un petit nombre de chevaliers anglais à s'embarquer avec lui. La majeure partie de la force des révoltés se composait de troupes mercenaires. Incapables de tenir la campagne contre la puissante armée du roi de France, ils prirent le parti d'éparpiller leurs forces dans tous les châteaux de la contrée.

Le nombre en était considérable, car la France, au XIIIe siècle étant encore incomplètement peuplée, et les mœurs publiques étant depuis longtemps tournées à la guerre, chaque petit seigneur, chaque monastère transformait en forteresse son manoir ou son église. Sur la cime des montagnes, dans les escarpements des rochers, aussi bien que dans les plaines, au bord des fleuves, les donjons se reconnaissaient au loin à leur triple enceinte crénelée, à la haute tour devenue comme l'épée, l'apanage de la noblesse. Là se trouvaient disposés, pour les éventualités d'une attaque, les fossés, les mâchicoulis, les poternes, les herses, les citernes, les portes de chêne bardées de fer, les prisons, les oubliettes et les larges souterrains qui fuyaient dans la campagne. Par ces hauberts de pierre, comme par des troupes rangées, une armée entière pouvait se trouver arrêtée à chaque pas, et il suffisait d'une poignée de braves pour lui résister.

Néanmoins Louis IX enleva promptement les forteresses que Lusignan avait en Poitou : Moncontour, Montreuil-Bonnin, Berruges, Vouvent, Mervent, Fontenay-le-Comte et Fontenay-l'Abattu.

Henri III, pendant ce temps, débarquait à Royan avec un corps assez considérable, et rassemblait sous ses drapeaux tous les Aquitains restés fidèles à sa famille.

Confiant dans son droit et son épée, le roi s'empressa de se frayer une route entre les châteaux qui bordent la Charente, et arriva inopinément dans les prairies qui avoisinent Taillebourg, près du pont de la rivière, dont la berge opposée était occupée par l'armée des révoltés. C'était le 21 juillet 1242.

Les péripéties de la bataille de Taillebourg ont été trop de fois décrites pour qu'il soit nécessaire de les redire. Les alliés y perdirent la moitié de leur armée. Deux jours après, la bataille de Saintes acheva de ruiner leurs forces; et tandis que Louis IX entrait en vainqueur dans la ville, Henri d'Angleterre, talonné par la peur, partait bride abattue, pour Blaye, oubliant ses bagages et ses trésors. Les chevaliers de son armée, honteux, mais n'en pouvant, mais partirent après lui sur leurs meilleurs chevaux, abandonnant la multitude à son malheureux sort.

Quelques jours après, le comte de la Marche vint en suppliant vers le vainqueur pour signer un engagement par lequel il promettait d'abandonner au comte de Poitiers tout le territoire que le roi lui avait enlevé, de ne garder aucun autre fief que la Marche et Angoulême, et de se reconnaître vassal du comte Alphonse. Cette soumission entraîna celle de tous les seigneurs du Poitou, de l'Angoumois et de la Saintonge.

Quant au roi d'Angleterre, il fut trop heureux d'obtenir de son beau-frère une trêve de cinq ans et un sauf-conduit pour traverser le royaume. Comme quelques courtisans riaient à ce sujet : « Ne doutons, leur dit le roi, que par autre et sage conduite, fasse oublier les fautes émues par séduction. » Montrant ainsi sa clémence appuyée sur sa sagesse et sa vertu.

Les années savantes virent la paix sinon le bonheur renaître en Aquitaine, tant dans la partie française que dans la portion encore soumise au roi d'Angleterre. L'une gouvernée par le sénéchal d'Alphonse, l'autre par celui d'Angleterre.

C'est pendant ce temps que Louis IX, ayant pris la croix alla faire la huitième croisade (1243-1254). Le comte de la Marche se croisa aussi, après la mort de la comtesse en 1245. Henri III passa ce temps fort occupé de luttes incessantes que soutenait contre lui le baronnage anglais. La reine Blanche, qui gouvernait la France en l'absence de son fils, mourut en 1252.

Au retour de Louis IX, le roi d'Angleterre, déjà vieux, et mûri par le malheur ne songea plus à recourir aux armes pour reconquérir l'Aquitaine. Il prit le saint roi par son côté faible; il l'attaqua par des négociations, par des conférences intimes, dans lesquelles il sut intéresser sa générosité, ses dispositions à la paix et son amour propre de suzerain (1).

En 1152, l'Aquitaine anglaise tourmentée tour-à-tour par la tyrannie et l'anarchie était en proie à de grandes agitations. Depuis la dernière trêve, elle avait subi de la part des baillis du roi des exactions odieuses. « Les injustices, les outrages, les tyrannies de vos baillis, écrivaient l'archevêque et le clergé de Bordeaux à Henri III, ne se peuvent rapporter sans amertume de cœur. Parmi les prêtres et les religieux, les paysans, les pauvres, les orphelins, les uns sont mis à mort, les autres frappés de verges ou retenus dans les prisons; d'autres, par la saisie de leurs personnes et de leurs biens, sont forcés de se racheter à prix d'argent. On trouverait à peine une paroisse dans laquelle il reste encore le tiers des habitants; les autres sont morts de faim et de misère, ou ont été forcés de s'enfuir sur un sol étranger. »

Dans un pays indocile au joug comme la Gascogne, ces exactions ne pouvaient manquer d'amener un soulèvement. Henri, dépêcha contre eux Simon de Montfort, comte de Leicester, un des héros de la guerre des Albigeois. Ce jeune homme, aussi farouche et aussi intrépide que son père, n'était point le sénéchal qu'il eût fallu pour apaiser les esprits. « Simon réduisit les Gascons; mais il abusa si cruellement de la victoire, que la révolte devint presque générale. Le vicomte de Béarn, et beaucoup d'autres seigneurs offrirent au roi de Castille de reconnaître sa suzeraineté : La Réole, Saint-Emilion et plusieurs châteaux reçurent garnison espagnole. Henri se décida enfin à passer lui-même en Aquitaine, et vint descendre au mois d'août 1253, à Bordeaux, qui ne s'était pas déclaré pour les rebelles de peur de perdre le débit de ses vins en Angleterre. Henri repri La Réole et les autres places fortes, fit la paix avec le roi de Castille

---

(1) Grellet-Dumazeau : *Mémoi. de la Société archéologique du Limousin*, t. II.

et détermina les Gascons à rentrer sous sa seigneurie par quelques concessions (1).

C'est au retour de cette expédition que le roi Henri, commença les premières démarches pour séduire celui qu'il avait jusque-là traité en ennemi. Il demanda à passer par Paris pour retourner en Angleterre. Louis IX accueillit avec empressement cette ouverture amicale, alla au-devant de son parent jusqu'à Chartres, et lui fit pendant huit jours les honneurs de la capitale. Cette entrevue eut pour premier résultat une prolongation des anciennes trèves : elle servit en outre à préparer les négociations qui devaient aboutir quatre ans plus tard au fameux traité de 1259, que les ennemis du saint roi lui ont tant de fois reproché (2).

Voici le texte de ces célèbres conventions : « — Le roi de France cède à son bon ami et féal Henri d'Angleterre tous ses droits sur le Limousin, le Périgord, l'Agenois, une partie du Quercy et la portion de la Saintonge au-dessous de la Charente, avec la réserve de l'hommage-lige. Il n'inquiétera point Henri pour le défaut de services et autres charges semblables. — De son côté, Henri renonce à tout jamais, à la possession de la Normandie, de l'Anjou, du Maine, de la Touraine, du Berry, de l'Auvergne, du Languedoc et du Poitou. Il doit faire hommage au roi de France *comme vassal* de tout ce qu'il reçoit et de tout ce qu'il possède déjà, déclarant lui et les siens, tenir ses grands fiefs à titre de pairie, à la cour du roi, et de ses successeurs. »

Ainsi fut effacée de la carte des Gaules, cette antique et noble province d'Aquitaine, pour être divisée entre deux races ennemies. Son nom disparut comme son unité pour ne plus jamais revenir. Et cent ans de guerres continuelles vont à peine suffire pour réparer la faute d'un jour en chassant l'étranger du territoire de nos aïeux.

---

(1) H. Martin : *Histoire de France*, t. IV, p. 255.

(2) En signant ce traité, saint Louis considérait que la confiscation prononcée en 1202 contre Jean Sans-Terre, n'avait pu frapper les domaines particuliers d'Aliénor, sa mère, qui vivait encore, et ne mourut qu'en 1203.

CHAPITRE V.

(1339-1431).

Vicissitudes des anciennes provinces qui formaient le duché d'Aquitaine jusqu'à la guerre de Cent ans. — Fruits de paix du traité de saint Louis. — Revendication du trône de France par les Plantagenets. — Bataille de Crécy. — Siège de Calais. — Trève. — Bataille de Poitiers. — Captivité du roi Jean. — Traité de Brétigny. — Succès des armées de Charles-le-Sage. — Le prince Noir. — Du Guesclin. — Trève. — Charles VI et Richard II. — Bataille d'Azincourt. — Armagnacs et Bourguignons. — Henri VI et Charles VII. — Jeanne d'Arc. — Les Anglais chassés de France. — Morcellement définitif de l'Aquitaine

I

Le démembrement définitif de l'Aquitaine met un terme à la tâche de l'historien de ses ducs. Leur couronne, sept fois séculaire est à jamais brisée, et désormais les nouveaux fiefs taillés dans leur territoire relèveront tous, directement et au même titre, du donjon royal du Louvre; cependant il m'a semblé que le lecteur, accoutumé à suivre avec moi les luttes de l'Angleterre et de la France dans ces contrées, me saurait gré de poursuivre leur histoire jusqu'à l'expulsion définitif de l'étranger : c'est ce que je vais faire aussi succinctement que possible.

Pour suivre avec fruit ma narration, il importe que le lecteur se fasse une idée bien exacte de la division du pays. — Le duché d'Aquitaine comprenait, comme je l'ai répété souvent, tout le territoire entre les Cévennes et l'Océan, entre les Pyrénées et la Loire, c'est-à-dire la Gascogne, le Languedoc, ou comté de Toulouse, le Périgord, l'Auvergne, la Marche, le Berry, le Poitou, l'Angoumois, la Saintonge et le Bordelais. — Désormais la partie possédée par les rois d'Angleterre à titre de fief, portera le nom de Guyenne. Elle changera souvent de limites ; mais celles consenties par Louis IX sont : toute l'ancienne Gascogne, entre l'Océan, les Pyrénées et le Toulousain, augmentée, au nord, du Bordelais, du Périgord, du Limousin et de la Saintonge jusqu'à la Charente ; — quant au comté de Toulouse, à l'Auvergne, à la Marche, au Berry, au Poitou et à l'Angoumois, ils forment d'autres fiefs, dont deux, le Poitou et le Languedoc, appartiennent au frère du roi, le comte Alphonse, tant de son chef que de celui de sa femme, Jeanne de Toulouse, deux à la maison de Lusignan, la Marche et l'Angoumois, un à la maison d'Auvergne, qui porte son nom, et le dernier, le Berry, à la couronne.

Nous allons voir toutes ces provinces tantôt par extinction de ses seigneurs, tantôt par conquête, aller aujourd'hui au roi de France, demain au roi d'Angleterre, être bien des fois perdues et reprises, se soumettre, se révolter, et cent fois se couvrir de sang par la guerre, jusqu'à ce qu'enfin elles viennent se fondre dans le domaine royal et prendre une part directe à ses destinées.

De 1259 à 1328, c'est-à-dire pendant soixante-neuf ans, le traité de saint Louis porta des fruits de paix. Si dommageable qu'il fût aux intérêts de la couronne, les clauses en furent à peu près respectées pendant les règnes de Philippe III, le *Hardi*, de Philippe IV, le *Bel*, de Louis X, le *Hutin*, de Philippe V, le *Long*, et de Charles IV, le *Bel*.

Henri III, après avoir lui-même prêté solennellement l'hommage entre les mains de saint Louis, le 30 novembre 1259, céda le duché de Guyenne à son fils Edouard I, alors âgé de dix-neuf ans. C'est en cette qualité que le jeune prince prit part, sur la fin du règne de Louis IX, à la célèbre croisade de Tunis qui devait engloutir tant de héros. On vit à la même expédition Alphonse, comte de Poitiers, frère du roi, qui y mourut, en 1271, sans avoir pu accompagner en France les reliques de saint Louis.

Cette double perte fit aussitôt retourner à la couronne le Poitou et le Languedoc, car Alphonse mourait sans enfants. Le jeune Philippe III le Hardi, qui régna de 1271 à 1285, recueillit cet héritage avec celui de son père, et uniquement préoccupé de cicatriser les plaies d'une longue guerre, il ne négligea aucun sacrifice pour se maintenir en bonne intelligence avec Edouard, que la mort de son père appela lui-même au trône d'Angleterre à partir de 1272.

Il faut dire que pendant tout le règne de Philippe III, les populations des provinces nouvellement cédées montrèrent une répugnance extrême à se soumettre à l'étranger dont elles avaient eu tant de peine à secouer le joug; et quoique tous les priviléges de la royauté fussent restés à la couronne, c'est-à-dire la garde et les régales des évêchés, l'hommage direct des communes et de plusieurs seigneuries, et le maintien des sénéchaux royaux dans les pays restitués (1). Il est facile de reconnaître à une foule d'indices, notamment dans les Annales du Limousin et de la Saintonge, combien l'esprit public était hostile aux Plantagenets. On en voit un exemple dans les difficultés qui s'élevèrent entre le duc Edouard et le Limousin en 1274, et dans l'intervention armée du roi entre le même duc de Guyenne et le vicomte de Béarn.

Le passage du Toulousain des mains de ses comtes propres dans celles du roi de France ne se fit pas non plus sans quelque difficulté. La pensée de devenir les sujets directs « du roi du nord » effrayait ses populations qui ne lui avaient jamais été soumises. Il s'ourdit parmi elles un complot pour appeler les Aragonais et offrir le comté à leurs princes; mais la cour d'Aragon n'osa entrer en lutte avec le roi de France, et les capitouls de Toulouse finirent par prêter serment à Philippe III quand ils apprirent que leur capitale allait devenir le siège d'un parlement institué à l'instar de celui de Paris, dont le ressort embrasserait tous les anciens domaines de la maison de Saint-Gilles.

Edouard, à son retour de Terre-Sainte, où il était allé conduire les débris de la neuvième croisade, était venu à Paris rendre à

---

(1) Tillemont: *Vie de saint Louis*, t. IV, p. 162.

genoux l'hommage qu'il devait au roi de France. Quand celui-ci fut mort dans cette expédition de Catalogne, il vint avec la même solennité prêter serment dans les mains de Philippe IV le Bel, son successeur.

Philippe, jeune, frondeur, avide d'argent, remplit son règne de péripéties bien diverses et d'événements difficiles à justifier; mais en ce qui concerne les provinces de l'ancienne Aquitaine, il n'y envoya un instant ses troupes, en 1294, sous les ordres du maréchal de Nesle, que pour montrer à Edouard que sa suzeraineté n'était point un vain mot, et que quand il demandait réparation d'un dommage, si mince fût-il, ses vassaux devaient l'exécuter. La lutte se termina, en 1293, par une trêve à laquelle succéda, en 1303, un traité qui remettait les choses dans l'état où elles étaient depuis quarante-sept ans. Malgré cette tranquillité apparente, le pays fut profondément remué pendant toute la seconde partie de son règne, surtout lorsqu'Edouard I, étant mort, son fils Edouard II lui eût succédé au trône d'Angleterre et au duché de Guyenne.

En effet, à peine le nouveau duc avait-il prêté le serment féodal, qu'un voyage du pape Clément V à Poitiers commença à donner l'éveil. Le souverain pontife avait été archevêque de Bordeaux. On savait qu'il devait son élévation à Philippe. Leur entrevue dont le but apparent était de négocier un mariage entre Edouard II et Isabelle fille du roi, en avait un secret d'une plus haute importance. C'était la suppression de l'ordre des Templiers et la confiscation de leurs immenses domaines. Cet ordre possédait un nombre considérable de commanderies en Aquitaine, et presque toutes les grandes familles du pays lui avaient donné des membres. Le procès scandaleux qui termina son existence quelques années plus tard, et la manière odieuse dont fut exécutée la sentence y causèrent un deuil général.

Une autre cause de trouble et de frayeur fut l'empoisonnement des fontaines, dont on accusa généralement les Juifs, et qui servit de prétexte à leur expulsion du territoire français et à la saisie de tous leurs biens.

Enfin, un dernier signe des préoccupations terribles de ce temps, fut l'apparition soudaine et les procès insensés de la secte des *Gallois* et *Galloises*, ou pénitents d'amour, qui inondèrent les provinces du sud-ouest de la France à cette époque, et dont les pratiques bizarres ne se peuvent expliquer que par la folie.

Philippe le Bel ne quitta Poitiers qu'après avoir reçu des mains de Guy de Lusignan, à son lit de mort, la donation de ses comtés de la Marche et d'Angoulême. C'était encore une portion de l'Aquitaine qui revenait à la couronne. On fit au donateur de magnifiques funérailles.

Lorsque Philippe, à son tour, mourut à quarante-huit ans, en 1314, après vingt-neuf ans de règne, il laissa une mémoire généralement abhorrée. Son fils, Louis X, le Hutin, qui lui succéda, ne fit que passer sur le trône, puisqu'il régna un an à peine. Philippe le Long, qui vint ensuite (1317), ne vécut que le temps nécessaire pour recevoir l'hommage d'Edouard II. Il mourut en 1322. Charles IV le Bel, déjà connu dans le Midi comme comte de la Marche, fut couronné après lui ; et, à part une mince querelle qui amena momentanément la saisie d'Agen et de La Réole, et l'hommage un instant refusé du vieil Edouard II, les deux gouvernements vécurent encore en bonne intelligence jusqu'à la fin de son règne ; mais sa mort (janvier 1328) fut l'occasion et la date d'une rupture qui menaçait depuis longtemps.

II.

Les trois fils de Philippe le Bel venaient de passer sur le trône sans laisser d'héritiers mâles. Il s'agissait de savoir qui prendrait la couronne. Les barons du royaume présentaient Philippe de Valois, prince chevaleresque, magnifique, dans la force de l'âge et dans l'âge de la gloire. Mais il n'était que le cousin germain du feu roi. Quelques mécontents, considérant que le jeune prince de Galles, qui, sous le nom d'Edouard III venait d'être couronné roi d'Angleterre, était petit-fils de Philippe le Bel par sa mère, soufflèrent à son ambition la pensée de se porter comme prétendant.

De ce choc jaillit l'étincelle qui devait allumer la *guerre de cent ans*. Philippe VI, couronné et unanimement reconnu, le prit de han¹. Il somma son jeune rival, comme duc de Guyenne, de venir lui prêter hommage et féauté. Force fut d'obéir, car l'Angleterre manquait d'armée ; mais Edouard se retira le cœur ulcéré en méditant des projets de vengeance.

Il mit onze ans à mûrir sa haine, à chercher des alliés, à acheter des traîtres. Enfin, au mois d'août 1339, après s'être assuré le concours du comte de Hainaut, son beau-père, des communes de Flandre, et d'un certain nombre de petits seigneurs allemands qui étaient toujours prêts à prendre les armes « mais qu'on leur donnât de l'argent à l'avenant, » comme dit Froissard, enfin celui de Robert d'Artois, qu'un procès perdu au parlement rendait ennemi de son pays, il donna ordre d'écarteler ses armes de France et d'Angleterre, et prit publiquement le titre de roi de France.

Philippe n'était pas homme à se trouver pris au dépourvu. Il avait à l'avance convoqué ses vassaux et ses arrière-vassaux, noblesse, municipalités et couvents. Son armée comptait cent mille hommes prêts à se lever pour défendre la royauté et la patrie.

Après quelques hostilités préalables, les deux armées se rencontrèrent à Vironfosse, et restèrent deux jours en présence sans oser s'attaquer ; mais cette frayeur dura peu, et la bataille navale de l'Ecluse, le siège du Quesnoy, la défense de Tournai et de Saint-Omer couvrirent de gloire et de sang ceux qui y prirent part.

Cependant au gré de l'impatience de Philippe, le sort de la guerre ne se décidait pas assez promptement dans le nord. Il résolut de susciter un nouvel embarras à son ennemi en envahissant la Guyenne. Personne n'ignorait qu'Edouard et ses sénéchaux étaient détestés dans ces contrées. Sa révolte contre son suzerain était une violation du droit féodal qui déliait ses propres vassaux; tous les seigneurs des pays restitués, notamment ceux du Limousin, de la Saintonge et du Périgord, s'étaient empressés d'offrir au roi leur épée. « La Guyenne, livrée à elle-même, dit M. Grellet-Dumazeau, se déclara française unanimement jusqu'à la Garonne : au-delà de ce fleuve un grand nombre de seigneurs et de villes embrassèrent le même parti. » Il suffit donc au comte de l'Ile-Jourdain, sénéchal de France en ces contrées, de se montrer pour voir s'ouvrir devant lui toutes les villes. Il ne resta à l'Angleterre que Bordeaux et Bayonne, et seulement quelques seigneurs gascons que des rivalités locales armaient contre leurs voisins partisans de la France.

Un si grand désastre émut vivement Edouard. Il s'empressa d'envoyer en Guyenne son lieutenant-général, Henri de Lancastre, comte de Derby, qui débarqua à Bayonne en 1344 avec une nombreuse armée. Ce général obtint quelques succès, et prit après de vives résistances Bergerac, La Réole, et même Angoulême. « Mais cette dernière ville fut bientôt assiégée par le prince Jean, fils aîné de Philippe de Valois, et la garnison anglaise voyant que ceux de la ville s'inclinaient plus aux Français qu'autre part, se retira à l'aide d'un stratagème en abusant de la bonhomie de ce prince Jean, dont nous aurons bientôt à raconter les fautes royales. »

Par malheur le roi rappela son fils et son armée dont il avait besoin ailleurs. Le comte de Derby, auquel le champ restait libre, s'empressa de reprendre l'offensive. Il traînait avec lui cinq ou six mille hommes au plus; mais tous bien résolus et habiles à guerroyer. Il s'avança vers Mirambeau dont le château passait pour une place importante et s'en empara. La plupart des autres petites places de Saintonge, Mortagne-sur-mer, Taillebourg, Aulnay, Surgères, Benon, Saint-Jean-d'Angely, eurent le même sort, mais il échoua devant Marans et Niort que défendait le capitaine Richard d'Angle. En revanche les Anglais brûlèrent Lusignan, hormis le château que le feu ne voulut mordre, prirent Saint-Maixent, où ils mirent garnison, et arrivèrent à Montreuil-Bonnin où se faisait alors la monnaie du roi. Les monnayeurs se mirent en défense; mais ils furent tous tués et le château pris.

Incontinent après, dit l'historien Bouchet, le comte de Derby alla assiéger Poitiers, qui était, comme elle est encore, une ville grande et spacieuse entourée de bonnes murailles, et défendue non-seulement par les habitants, mais par bon nombre d'étrangers qui depuis la guerre s'y étaient retirés avec leurs richesses. La ville fut prise par rase, le 4 octobre 1346, et livrée au pillage pendant douze jours, jusqu'à ce que les Anglais, gorgés de richesses, mais trop faibles en nombre pour pousser plus loin leurs dévastations, reprirent tranquillement la route de Bordeaux pour y entasser leur butin.

Si Derby faisait merveille en Guyenne, son maître faisait mieux encore dans les provinces qui avoisinent Paris. A l'instigation du traître Geoffroy d'Harcourt, il avait commencé par envahir la Normandie, « pays ouvert, gras et plantureux qui n'avait pas vu la guerre depuis cent ans. » Débarqué à la Hogue, en juillet 1346, il avait promptement pris Cherbourg, Valognes et Saint-Lô, battu les comtes d'Eu et de Tancarville, et emporté d'assaut et pillé Caen, brûlé les fermes et les châteaux jusqu'à Evreux, mis le feu à Louviers, incendié Vernon, Verneuil et le Vexin, et était enfin arrivé sans résistance jusqu'à Poissy, où il assit son camp le 14 août dans la vieille résidence du roi Robert.

C'était « grand déshonneur, dit un annaliste, qu'au milieu du royaume le roi d'Angleterre dissipât, gâtat, et dépensât les vins de la cour; » mais la position était dangereuse. Edouard comprit sans peine que son ennemi allait l'envelopper, et décampant au plus vite il prit sa route vers l'embouchure de la Somme. Philippe, qui brûlait de venger ses provinces ravagées, et son habileté surprise, se mit à sa poursuite et l'atteignit le 25 août à Crécy.

On connaît les péripéties de cette grande bataille et le désastre qui la suivit. On y voyait parmi les Anglais, le traître Geoffroy d'Harcourt, le jeune Jean Chandos déjà célèbre, et le prince royal d'Angleterre, Edouard, vêtu pour la première fois de cette armure de fer bruni qui lui a valu le surnom de *Prince-Noir;* — Dans l'armée française, trois rois, les plus grands feudataires du royaume, et un nombre infini de gentilshommes. Toute l'élite de notre noblesse et plus de trente mille soldats succombèrent dans cette journée; jamais la France n'avait vu un pareil désastre.

Edouard usant de sa victoire avec une prudence consommée, ne voulut point rentrer dans le cœur du royaume tout ouvert qu'il fût à ses entreprises. Il préféra se porter sur Calais qui devait lui assurer la possession de la Manche, et investit la place avec un appareil formidable. C'est à ce moment que Philippe retira son fils de Guyenne avec l'armée qu'il y commandait. Il voulut d'abord se porter à la défense de cette malheureuse ville. Mais les évènements modifièrent son projet, il chercha d'abord une diversion en suscitant des ennemis à Edouard; il voulut ensuite racheter Calais; Edouard refusa. Enfin lorsque la ville se fut rendue avec les dramatiques circonstances qui ont rendu si populaire le nom d'Eustache de Saint-Pierre, le roi de France baissant sous les coups de la fortune, sa tête humiliée, demanda une trêve qui fut signée le 28 septembre 1347. Mais il ne put survivre à sa gloire et mourut le 22 août 1350.

III.

La guerre a des trêves, mais les passions n'en ont point : elles rallument le flambeau de la discorde, au moment où la politique croyait l'avoir éteint.

Jean II, qui succédait à son père à l'âge de quarante ans, était un prince d'humeur assez pacifique. Il se serait certainement entendu avec Édouard d'Angleterre, devenu vieux et rassasié de sang, mais son gendre Charles le Mauvais, roi de Navarre, corrompu et avide, et d'autre part Jeanne de Montfort, duchesse de Bretagne, avaient intérêt à continuer la guerre, ils le poussèrent malgré lui à une rupture.

Aussitôt trois armées anglaises débarquèrent sur le continent : l'une à Calais, conduite par Édouard III lui-même, la seconde à Cherbourg, sous les ordres du duc de Lancastre, la troisième à Bordeaux avec le prince Noir pour chef.

Édouard avait vivement à se plaindre de ses sujets de Guyenne. Les cantons du pays basque surtout n'avaient pour lui aucune sympathie et en donnaient des preuves continuelles. Les vicomtes de Béarn, de Bigorre, de Comminges ne juraient fidélité qu'à prix d'argent, et au premier acte de tyrannie abandonnaient leur suzerain. Depuis que durait la guerre entre le roi de France et lui, tous les petits châtelains de Gascogne, allaient de l'un à l'autre suivant le vent, et se donnaient d'autant plus d'importance qu'ils voyaient plus souvent arriver chez eux des messagers chargés de les gagner à l'une ou l'autre cause. De là la célébrité qu'obtinrent tout d'un coup pendant ces guerres les sires d'Albret, d'Armagnac et d'autres bien moins puissants tels que les sires de Durfort, de Duras, de Fezenzac (1).

Depuis la dernière trêve un grand nombre de ces petits tyrans, s'étaient laissés gagner au parti français et molestaient publiquement les agents de la puissance anglaise, qui, parlant une autre langue en remplissant constamment des fonctions fiscales étaient universellement honnis. Le prince Noir débarqua à Bordeaux avec l'intention bien arrêtée de châtier sévèrement ces défections. Il en sortit promptement à la tête d'une bande de six mille aventuriers recrutés un peu partout, mais également avides de pillage, auxquels il permit de traiter le Languedoc, comme son père, quelques années auparavant, avait traité la Normandie. Après s'être montré successivement sous les murs de Toulouse et de Narbonne, et avoir tout ravagé sur son passage, il rentra à Bordeaux traînant après lui mille chariots chargés de toutes les richesses du pays, sans que le comte d'Armagnac, lieutenant du roi, en Languedoc, eût tenté le moindre effort pour lui arracher sa proie.

Le roi Jean lança sur le Midi une armée commandée par le connétable Jacques de la Marche; mais son apparition n'empêcha point le jeune prince de continuer ses succès. Suivi d'une nouvelle armée, il reprit la campagne avec une énergie nouvelle et la rapidité de la foudre. Avant que l'armée royale ait pu trouver sa trace, il entra dans le Rouergue, franchit l'Auvergne, pénétra en Limousin, traversa la Marche, se jetta en Berry, essaya de surprendre Bourges, passa sous les murs d'Issoudun, et était en train de gorger ses soldats de vin à Vierzon, lorsqu'il apprit que le roi de France en personne était à Chartres à la tête d'une grosse armée pour marcher contre lui.

Cette nouvelle changea le plan d'opération du prince Noir, qui était de rejoindre la Normandie par le Maine. Il prit le parti de se replier sur Bordeaux par le Poitou et l'Angoumois, qui n'avaient pas été pillés depuis dix ans.

---

(1) Aug. Thierry : *Histoire de la conquête d'Angleterre*, t. IV, Passim.

Jean, de son côté, résolut de manœuvrer de manière à lui couper la retraite, et à l'enfermer comme dans un réseau, afin que pas un anglais n'échappât. La chose était d'autant plus facile que le prince Noir n'avait que douze mille hommes, tandis que l'armée française comptait plus de quarante mille combattants.

Les deux armées en vinrent aux mains le 19 septembre 1356, dans les vignes de Maupertuis, près Poitiers. Je supprime le douloureux récit de cette bataille qu'on trouve dans tous les historiens. Le roi Jean y fit des prodiges de valeur, mais cela ne l'empêcha pas de rester prisonnier, après avoir perdu toute la fleur de la chevalerie française, et particulièrement la noblesse d'Aquitaine (1). On lui a reproché, non sans raison, de n'avoir pas accepté la proposition que lui faisait le prince Noir avant la bataille, de restituer toutes ses conquêtes; mais la mauvaise foi des Anglais était proverbiale. Il est surtout blâmable d'avoir livré la bataille avec cette étourderie, ce mépris de toute tactique, et ce désordre qui avaient déjà signalé le désastre de Crécy.

Heureusement l'aîné des fils de France, celui qui fut le sage Charles V, échappa au désastre, et pendant que son père était conduit captif à Bordeaux, et de là en Angleterre, il courut à Paris prendre le gouvernement de l'état.

Quand la nouvelle de la captivité du roi arriva à Paris, la stupeur fut générale, et on s'empressa d'assembler les états-généraux (18 octobre 1356) pour aviser à lever des troupes et à payer la rançon du roi; mais aucune contrée ne se montra plus dévouée à la cause royale que l'ancienne Aquitaine. On y vit partout les gentilshommes « s'abstenir de porter anneaux et autres bagues d'or et d'argent, de tous vêtements, ébats et passe-temps joyeux, de tous banquets et bonne chère jusqu'à ce que leur roi fût délivré. » Et par le sage conseil du comte d'Armagnac ils convinrent de lever à leurs frais cinq mille hommes d'armes, chacun à deux chevaux, mille

---

(1) L'historien Bouchet à recueilli les noms de cent soixante de ces héros, qui furent enterrés dans les couvents des Frères-Prêcheurs et des Frères-Mineurs de Poitiers.

sergents à cheval, mille arbalétriers et deux mille coustilliers, afin de mettre garnison dans les villes que les Anglais avaient ravagées. » Une trêve de deux ans, que Charles V s'empressa de signer avec Édouard III, rendit ces précautions inutiles; mais elles n'en témoignaient pas moins de la tendance des esprits à cette époque.

La guerre fut reprise en 1359. La France était trop épuisée pour que le roi d'Angleterre ne reprît pas avec énergie son projet de mettre sur sa tête la couronne de saint Louis, et le régent venait d'y ajouter une grave offense en refusant de signer une convention dont son père acceptait les conditions. Édouard débarqua à Calais le 28 octobre, et se mit à piller de nouveau une contrée déjà bien des fois visitée par ses soldats.

Mais il ne tarda pas à reconnaître que le régent, tout jeune qu'il fût, n'agissait pas à la légère et avait profité des dures leçons de l'expérience. Pendant qu'il parcourait la Picardie, abandonnée et sans culture, le comte de Saint-Pol se tenait dans Arras, le connétable de France à Amiens, et personne ne bougea pour marcher à sa rencontre. Passant outre, il entra en Champagne, et ne trouva de soldats qu'à Reims, où il fut repoussé. On le laissa de même ravager le Nivernais, parcourir la Brie, et revenir sous Paris sans lui opposer de résistance. Partout où il passait il trouvait les terres en friches, les fermes vides, et les vivres si rares que pour nourrir son armée il fallait épuiser ses trésors. C'est ce qu'avait prévu le régent. La famine le poussa en Beauce et s'y trouva bientôt si à bout de ressources, que lui-même il arriva à proposer la paix avec des conditions fort dures encore, mais beaucoup plus douces que celles du premier projet.

Un nouveau traité fut donc conclu à Brétigny, près de Chartres, le 8 mai 1360. Édouard renonça à ses prétentions sur le trône de France, la Normandie, l'Anjou, la Bretagne, le Maine et la Touraine; mais il reçut *en souveraineté directe pour les tenir sous nulle mouvance de la couronne*, le Poitou, l'Angoumois, la Saintonge, l'Agenais, le Périgord, le Limousin, la Marche, le Quercy, le Rouergue et la Gascogne, c'est-à-dire toute l'ancienne Aquitaine, moins le Languedoc, l'Auvergne et le Berry. De plus, la France s'obligea à payer trois millions d'écus d'or pour la rançon du roi Jean.

Une clause de ce traité, comme le fait remarquer M. Grellet-Dumazeau, peint énergiquement l'état des esprits dans les provinces ainsi sacrifiées. « Et s'il y a en le duché d'Aquitaine aucun seigneur, comme le comte de Foix, le comte d'Armagnac, le comte de l'Isle-Jourdain, le comte de Périgord, le vicomte de Limoges ou autres qui tiennent terres ou fiefs dans les limites desdits lieux, ils en feront hommages au roi d'Angleterre, et tous autres services et devoirs. »

Une autre clause prouve que, même à l'apogée de leurs conquêtes, les Anglais ne possédaient réellement aucune autre place importante que Bordeaux, Dax et Bayonne. Il fut stipulé que le roi Édouard et son fils ne donneraient leur renonciation à la couronne qu'après avoir été mis en possession de terres, villes et châteaux nouvellement rétrocédés, notamment de Limoges et du pays limousin, d'Angoulême et du pays angoulêmois. « Que si le roi de France ne pouvait bailler ni délivrer aisément les cités, villes, forteresses, châteaux et pays ci-dessus, combien qu'il en doive faire son pouvoir sans dissimulation, il devrait en faire la délivrance dans les quatre mois de l'année accomplie. »

Le traité de Brétigny prévoyait un fait qui se réalisa. Plusieurs seigneurs et villes de l'ancienne Aquitaine refusèrent de passer sous la domination anglaise. Limoges, Poitiers, Périgueux et plusieurs autres villes n'ouvrirent leurs portes qu'en 1361. Froissard nous peint admirablement les regrets des habitants de La Rochelle. « Ne s'y voulaient accorder, et s'excusèrent par trop de fois, et différèrent plus d'un an que oncques ils ne voulaient laisser entrer les Anglais dans leur ville; et se pourrait-on émerveiller des douces et aimables paroles qu'ils écrivaient et réécrivaient au roi de France, en suppliant pour Dieu, qu'il ne les voulût ni quitter de leur foi, ni éloigner de son domaine, ni mettre en main étrangère; et qu'ils avaient plus cher à être taillés tous les ans de la moitié de leur avoir que s'ils fussent aux mains des Anglais. » Il fallut enfin obéir, « mais ce fut à grande dureté, et, disaient les plus notables de la ville :

« Nous honorerons les Anglais des lèvres, mais nos cœurs ne seront jamais à eux. »

Combien il y a loin de ces dispositions à celles qui avaient accueilli le premier des Plantagenets après son mariage avec Aliénor d'Aquitaine, deux siècles auparavant, et quels progrès la haine de l'étranger avait fait faire au sentiment national dans ces provinces autrefois si jalouses de leur indépendance.

IV.

Les dix années qui suivirent le traité de Brétigny furent occupées, de part et d'autre, à réparer les maux de la guerre.

Le roi Jean mourut en 1364, et fut remplacé par son fils Charles le Sage, qui depuis sept ans tenait les rênes de l'état. Les routiers, ou corps de troupes mercenaires sans occupation, et dont les loisirs étaient aussi préjudiciables aux populations que la guerre même, furent chassés de France; Charles le Mauvais réduit à poser les armes, et la Bretagne délivrée de sa guerre de succession, permirent enfin aux paysans français de reprendre leurs travaux et leurs cultures.

En Aquitaine il n'en était pas tout-à-fait ainsi. Le prince Noir, établi par son père vice-roi sur nos provinces, était plutôt un habile général qu'un sage administrateur, et les qualités éminentes du célèbre Chandos, son connétable, ne suffisaient pas toujours à modérer l'humeur irritable et vindicative du maître. Le prince de Galles aimait le faste, et ses revenus étaient minces. Il accabla d'impôts un pays déjà ravagé par la guerre, et qui eût eu besoin, pour se remettre, des plus grands ménagements. Il avait abandonné l'Aquitaine à d'avides gouverneurs pour aller, avec l'argent des Aquitains et à la tête de leur noblesse, levée de force, porter la guerre en Espagne et y combattre dans le parti opposé à celui que soutenait le roi de France. Il en était revenu, traînant à sa suite en captivité l'illustre Du Guesclin, le plus célèbre des généraux français, dont la renommée était déjà populaire (1). Toutes ces causes, auxquelles il faut joindre les secrètes menées des agents de Charles V, soulevèrent à la fois le peuple et les barons.

C'est alors que les comtes d'Armagnac, de Comminges, de Périgord et d'Albret se rendirent à Paris pour se plaindre des vexations du prince anglais et en appeler au roi, comme s'il eût toujours été suzerain de l'Aquitaine. « Cher sire, lui dirent-ils, entreprenez hardiment la guerre : vous y avez juste cause ; et sachez que sitôt que vous l'aurez entreprise vous verrez et trouverez que les trois quarts du duché d'Aquitaine se tourneront devers vous, prélats, comtes, barons, chevaliers, écuyers et bourgeois des bonnes villes. Le prince procède à lever le *fouage*, dont pas ne viendra à chef, mais en demeurera dans la haine et malveillance de toute personne. En sont ceux de Poitou, de Saintonge, de Quercy, de Limousin, de Rouergue, de La Rochelle, de telle nature qu'ils ne peuvent aimer les Anglais, quelque semblant qu'ils leur montrent : et les Anglais, qui sont orgueilleux et présomptueux, ne les peuvent aimer non plus. » En même temps les communes, successivement rassemblées à Angoulême, à Poitiers, à Bordeaux, à Bergerac, refusaient énergiquement de payer ce fameux impôt.

Édouard fut ajourné devant la cour des pairs pour rendre compte des violences exercées contre ses sujets de France. C'est alors qu'il fit cette fière réponse ; « Nous irons volontiers à notre ajournement à Paris, mais ce sera le bassinet en tête et soixante mille hommes en notre compagnie. Ceux qui ont fait appel contre moi n'ont d'autre ressort que monseigneur mon père, et votre roi se mêle de ce qui ne lui appartient plus. »

C'était une déclaration de guerre : la lutte fut reprise cette fois

---

(1) C'est à la suite d'un repas donné par le Prince-Noir aux grands seigneurs de Guyenne et du Poitou, que le vainqueur de Poitiers, piqué de ce qu'on crût qu'il retenait Duguesclin par crainte de se mesurer avec lui, fit amener son illustre captif et le pria de fixer lui-même sa rançon. — Je la mets à cent mille francs, répondit le fier Breton, et il fut mis en liberté. Une souscription publique couvrit cette somme qui était énorme pour l'époque.

principalement au-dessous de la Loire, où était le siège de l'insurrection. Le vicomte de Rochechouart donna le signal en s'emparant du château de Lusignan, et remplaçant, sur sa principale tour, la bannière d'Angleterre par l'étendard de France. En même temps les Anglais s'emparaient, sur les terres du roi, du château de la Roche-sur-Yon, qui fut lâchement livré par Jean Blondeau, son gouverneur.

A ce signal, deux armées se levèrent en Aquitaine comme par enchantement. L'une sous les ordres du duc d'Anjou, frère du roi, qui résidait à Toulouse; l'autre sous la conduite du duc de Berry, autre frère de Charles V. — De son côté, le roi d'Angleterre fit embarquer pour la Guyenne une flotte, mais elle fut prise près de La Rochelle, et le prince Noir, déjà atteint de la maladie qui devait le conduire au tombeau, en fut réduit à se porter sur Angoulême avec des forces insuffisantes, tandis que Chandos attaquait les insurgés du Périgord.

Chandos s'appliqua à soumettre les petites places de Rocamadour, Garache, Villefranche, mais pendant ce temps le duc d'Anjou recevait l'adhésion de Milhau, Montauban, Moissac, Agen, Tonneins, Aiguillon, et le duc de Berry mettait le siège devant Limoges.

Ce siège est célèbre dans les annales du pays, non pas par la défense des Limousins, mais par la vengeance que tira le prince de Galles de la défection de l'évêque, qui avait livré sans combat la cité aux Français. Il l'assiégea pendant un mois, la prit, en fit massacrer tous les habitants, et la détruisit de fond en comble (19 septembre 1370). Ce fut son dernier exploit : la maladie le força bientôt à reprendre la route d'Angleterre pour y mourir.

Pendant ce temps Du Guesclin, accouru au secours de l'armée royale, soumettait Saint-Yrieix, Bourdeilles, Périgueux, Bergerac, Condat, Sauveterre, Mussidan, Blaye et plus de cent autres places du Querci, du Périgord, du Rouergue et du Poitou. Moncontour, Bressuire, Saumur, Montmorillon, Chauvigny, eurent bientôt le même sort. Poitiers lui ouvrit ses portes en apprenant que son illustre gouverneur, Chandos, surpris par un parti de Français au pont de Lussac, y avait trouvé la mort. Saint-Maixent, Saint-Jean-d'Angely, Saintes, Melle, Aulnay, La Rochelle, furent emportées ou se rendirent volontairement; enfin la conquête du Poitou fut complétée par la prise de Thouars, dernier boulevard des seigneurs poitevins de la faction anglaise (30 septembre 1372). La bataille de Chisé lui ouvrit pareillement Niort, la Saintonge et l'Aunis.

Se dirigeant alors sur la Guyenne, et malgré les armées du duc de Lancastre il continua à emporter cette province comme il avait fait des autres, lambeaux par lambeaux. Plus de quatre cents villes, et trois mille châteaux, dit un historien, ouvrirent successivement leurs portes et laissèrent chasser honteusement les garnisons anglaises, si bien qu'il ne restait plus à Edouard III, en Guyenne, d'autre place importante, que Bordeaux, lorsque le pape interposa sa médiation pour une trêve de deux ans (1375).

V

Cette courte halte eut un résultat auquel on ne pouvait s'attendre. Sa durée suffit pour faire disparaître tous les grands personnages qui avaient pris part à la lutte. Le prince Noir succomba en 1376, emporté, dans la quarante-sixième année de sa vie, par une maladie de langueur. Edouard III, son père, mourut l'année suivante; Du Guesclin périt en 1380 en faisant le siège d'une petite place de Gévaudan; enfin, Charles le Sage mourut lui-même à quarante-trois ans, le 16 septembre de la même année.

Deux enfants succédaient aux couronnes ennemies. Richard II, âgé de onze ans, en Angleterre, et en France, Charles VI, âgé de douze ans. On aurait pu croire que cette circonstance devait changer la trêve en paix définitive, mais il n'en fut rien. Seulement l'ancienne Aquitaine venait de montrer d'une façon si énergique son antipathie pour l'Angleterre, que les tuteurs du jeune Richard comprirent qu'il fallait changer de champ de bataille, et ce fut dans les provinces du nord qu'ils reprirent les hostilités.

Le règne de Charles VI, qui régna de 1380 à 1422, c'est-à-dire pendant quarante et un ans, dont trente en état de démence, est trop tristement célèbre pour qu'il soit nécessaire d'en détailler les événements. Un roi faible d'esprit, une femme désordonnée, des oncles ambitieux, des ministres violents, des peuples mutins, ne pouvaient amener qu'un abîme de misères.

Les choses se maintinrent à peu près, à force de sacrifices, tant que vécut Richard II, prince plus occupé de plaisirs que de conquêtes. Mais lorsqu'en 1413 il eut été remplacé par Henri IV, puis par Henri V, que la folie du roi fut devenue incurable, que les factions des *Armagnacs* (partisans de Louis, duc d'Orléans, frère du roi), et celle des *Bourguignons* (partisans du duc Jean de Bourgogne, son oncle), eurent divisé les cours et rempli Paris de sang, que la maudite reine Isabeau de Bavière, eut levé le masque de ses turpitudes, que la défaite d'Azincourt, comparable aux défaites de Crécy et de Poitiers, eut achevé de détruire la noblesse de province (21 octobre 1415), que Paris fut livré aux Anglais par ceux mêmes qui en avaient la garde, que le roi d'Angleterre, devenu gendre de Charles VI, eut reçu la lieutenance générale du royaume, avec promesse de future succession, au détriment de l'héritier légitime du trône (9 avril 1420), il y eut un moment où les derniers défenseurs de la nationalité française et du trône de saint Louis purent se demander s'il ne fallait pas déchirer le drapeau des lys et tendre les mains à l'esclavage.

Pendant cette longue période, sans être aussi éprouvées que la France du nord, les provinces méridionales n'avaient point été exemptes de troubles et de rapines. Les rapides conquêtes de Du Guesclin, et des autres généraux de Charles le Sage avaient plutôt mis en déroute qu'expulsé les Anglais du Poitou, de la Saintonge, de la Marche, du Limousin et du Périgord. Ils avaient eu encore moins le temps de s'affermir en Guyenne. De cet état de choses résulta une lutte de château à château, de ville à ville, peut-être encore plus funeste que la grande guerre.

C'est surtout pendant ces quarante années que se commirent toutes ces pilleries, toutes ces exactions, tous ces brigandages que nos paysans racontent avec effroi de génération en génération quand ils parlent *du temps des Anglais*. « Quelques châteaux inexpugnables, notamment ceux de Ventadour, de Châlusset, du Vallon, de La Roche-Vaudois, servaient de repaires aux plus renommés de ces aventuriers ; d'autres occupaient les petites villes, ou simplement la forteresse d'une grande cité, et se servaient de leur qualité d'étranger comme d'un titre de propriété. » Restons Anglais, disaient-ils, pour exploiter le pays de France, le routier ne peut vivre qu'en pays ennemi. »

En dehors de ces luttes intestines, il ne se fit rien de remarquable dans nos provinces pendant tout le règne de Charles VI. Jean de Neuville, le duc de Lancastre, Thomas de Percy et Thomas de Clarence, gouvernèrent les possessions anglaises d'une façon assez obscure: Le duc de Berry, administrateur de la partie française, se fit plutôt remarquer par ses prodigalités et son goût pour les lettres, que par ses exploits. Il vécut jusqu'en 1416, et fut remplacé par le jeune Dauphin, depuis Charles VII qui aimait beaucoup la ville de Poitiers, y fonda une université, et y fit transporter le parlement auquel le séjour des Anglais à Paris enlevait toute son indépendance.

VI

Les Anglais occupaient Paris depuis sept ans, et se regardaient comme devant être bientôt maîtres de toute la France, lorsque la même année, et presque le même mois virent mourir Henri V et Charles VI (1422).

En fermant le tombeau du pauvre insensé, un héraut d'armes s'écria, sous les voûtes même de saint Denis : « Dieu donne bonne vie, et longue à Henri VI de Lancastre, par la grâce de Dieu, roi de France et d'Angleterre, notre souverain seigneur. » Mais le même jour, dans un simple village du Berry, à Mehun-sur-Yevres, quelques gentilshommes de province, escortés de cinq ou six capitaines de routiers, proclamaient de leur côté comme roi de France, le dauphin Charles VII, et le menaient couronner à Poitiers.

La guerre allait recommencer plus âpre, plus animée, plus terrible que jamais. Le parti anglais s'y prépara en rassemblant de nombreuses troupes, sous les ordres du duc de Bedfort, régent pour le jeune Henri VI, du duc de Bourgogne, et du comte de Warwick : le *roitelet de Bourges*, comme l'appelaient plaisamment ses ennemis, confia sa cause à des cœurs dévoués, comme le connétable de Richemont, Dunois, Lahire, Xaintrailles et quelques autres.

Un phénomène assez remarquable se produisit alors. Les Anglais se sentant détestés dans le midi de la France, ne cherchèrent aucunement à tirer profit des établissements qu'ils y possédaient et dirigèrent constamment leurs attaques du nord vers le sud. L'héritier du trône, au contraire, au lieu de s'appuyer sur les anciennes possessions de la couronne chercha principalement un appui dans les provinces situées au-dessous de la Loire : il sentait, comme dit Scaliger, que le cœur de la France s'était déplacé, et qu'il était désormais à Poitiers.

La lutte fut d'abord assez incertaine de part et d'autre. Charles, d'une nature généreuse mais indolente et facile à décourager, menait une vie obscure dans ses petites résidences de Poitiers, de Bourges, et de Mehun, s'adonnant à des plaisirs indignes d'un prince déchu qui a une couronne à reconquérir. Mais plus royalistes que le roi ses serviteurs dévoués, à la tête desquels était le grand connétable, ne s'arrêtaient point dans leurs projets de conquête, et ne négligeaient rien pour ameuter les populations contre les Anglais, certains que le secours viendrait des entrailles même du peuple, quand le peuple aurait suffisamment compris la honte de sa servitude. C'est ce qui arriva : Jeanne d'Arc parut, et à sa voix inspirée une nouvelle ère sembla s'ouvrir pour la fortune de la France.

Trois grandes batailles venaient d'être perdues, celle de Crevant, près d'Auxerre, celle de Verneuil, en Perche, celle des Harengs ou de Rouvroy, dans l'Orléanais : de plus le comte de Warwick avec des troupes fraîches assiégeait Orléans, ville que les deux partis considéraient comme la clef des provinces d'outre Loire. Le péril était surhumain : l'assistance fut divine.

L'humble jeune fille de Domrémy paraît, s'ouvre un chemin vers le Dauphin, comme on disait alors, apaise les scrupules de l'église, surmonte la répugnance des capitaines à suivre les intentions d'un tel chef, et en deux ans, du 25 avril 1429 au 29 mai 1431, elle fait lever le siège d'Orléans, emporte Jargeau, gagne la victoire de Patay, soumet Saint-Florentin, Troyes, Châlons, qui appartenaient aux Bourguignons alliés des Anglais, fait couronner le Dauphin à Reims, jette l'épouvante dans le parti anglais, reçoit les clefs de Laon, Soissons, Château-Thierry, Coulommiers, La Charité, Saint-Pierre-le-Moustiers, conduit le roi jusque sous les murs de Paris, et meurt en martyre, brûlée par ceux qu'elle avait vaincus.

Mais l'élan était donné, la France avait honte de son joug, et le supplice de l'héroïne populaire venait d'achever la ruine du crédit du parti anglais. Richemont parvint à détacher, par le traité d'Arras, le duc de Bourgogne de l'alliance d'Henri VI; l'armée française entra dans Paris dans la nuit du 15 avril 1436; peu après Montereau fut pris après soixante-dix jours de résistance, alors toutes les villes de Normandie ouvrirent leurs portes à Dunois ou au connétable, et la bataille de Formigny, suivie de la reddition de Cherbourg, couronna l'expulsion des Anglais des provinces du nord, après une occupation de plus de trente-cinq ans (août 1450.)

L'Aquitaine n'avait pas attendu l'arrivée des armées royales pour commencer la même exécution. Depuis la mort de Jeanne d'Arc, l'esprit national avait fait de si grands progrès qu'il étouffa complètement l'ancienne doctrine politique des grands seigneurs méridionaux, de maintenir leur pays en équilibre entre les rois ennemis pour s'assurer une plus grande indépendance. Les deux tentatives de la Praguerie, et de l'assemblée de Nevers, dont on peut voir le détail dans Monstrelet échouèrent complètement. La petite noblesse, les bourgeois, des municipalités déjà nombreuses, les paysans surtout, le vrai fond de la nation, aspiraient à un chef unique et nourrissaient contre l'étranger une haine deux fois séculaire.

Peu à peu et sans l'intervention de Charles VII, on avait chassé les Anglais des châteaux qu'ils occupaient, châtié leurs rapines, mis à raison leurs gens de gabelle. Une certitude instinctive, provenant de la rapidité des triomphes des Français dans le Nord, et du rôle qu'y avait joué Jeanne d'Arc, s'était répandue dans le pays. On croyait que la cause du roi de France était favorisée du ciel, et quand l'armée royale entra de trois côtés en Guyenne, elle n'éprouva ni de la part des habitants, ni même de celle des Anglais la résistance sur laquelle elle avait compté.

Déjà en 1441, après avoir enlevé les dernières places que les Anglais possédaient en Poitou et en Saintonge, Charles VII s'était rendu à

Limoges où il tint une grande cour. Il avait marché ensuite vers Toulouse, où il avait convoqué tous les seigneurs qui défendaient son parti dans le Languedoc et la Gascogne. Il y avait trouvé réunis cent quarante barons à bannière, quatre mille lances, huit mille archers, et huit mille fantassins : et avec cette armée il avait fait lever le siége de Tartas, et pris Saint-Sever, Dax, Agen et La Réole.

Cette fois le succès fut encore plus facile. Les comtes de Dunois, de Penthièvre, de Foix et d'Armagnac, qui attaquèrent la Guyenne de différents côtés à la fois n'eurent que des succès à enregistrer. L'un prit Bergerac, clef de la Dordogne, un autre se fit ouvrir La Réole, Marmande et Bazas; Bordeaux après un délai suffisant pour sauver son honneur, reçut Dunois dans ses murs, et Bayonne, la dernière place qui restât aux Anglais en Guyenne, suivit le même exemple au mois de juin 1451.

Ainsi fut réunie à la couronne, par le dévouement à la cause commune de l'indépendance nationale, cette vieille terre d'Aquitaine, qui depuis Clovis avait su maintenir son indépendance et son autonomie, ainsi se termina la longue lutte entre la France et l'Angleterre, après avoir occupé la vie de dix rois, et dévoré quatre générations de héros.

A partir de ce jour la Guyenne, la Gascogne, la Marche, le Limousin, le Poitou, la Saintonge et l'Angoumois, formèrent des provinces séparées, indépendantes, et reçurent des apanagistes et des gouverneurs particuliers, comme faisaient déjà le Berry, l'Auvergne et la Gascogne; le nom de l'Aquitaine disparut à jamais de la carte de France; mais le souvenir de sa gloire restera à jamais dans le cœur de ses enfants.

FIN.

Limoges. — Imp. E. ARDANT et Cⁱᵉ.

www.ingramcontent.com/pod-product-compliance
Lightning Source LLC
Chambersburg PA
CBHW051914160426
43198CB00012B/1882